오늘의 문화유산 보존과 활용

Cultural Heritage Conservation Today
International Principles and Practice

국립중앙도서관 출판시도서목록(CIP)

오늘의 문화유산 보존과 활용 = Making UNESCO world her-
itage / 지은이: 김광식. -- 서울 : 시간의물레, 2013
    p. ;   cm

권말부록 수록
ISBN 978-89-6511-080-4 93300 : ₩17000

문화 유산[文化遺産]

600.15-KDC5
353.7-DDC21   CIP2013026771

오늘의 문화유산
보존과 활용

Cultural Heritage Conservation Today
International Principles and Practice

김광식 편저

시간의 물레

머리말

1964년 베니스에서 문화재전문가들에 의해 채택된 '베니스헌장'은 두 번에 걸친 세계대전에서 파괴 손실된 역사적 기념물과 유적을 보호하자는 운동의 결실이다. 이 운동은 범세계적으로 무르익어 1965년 전문가 조직인 '국제기념물유적협의회(International Council On Monuments and Sites-ICOMOS)'라는 조직의 결성을 맺게 된다. 이에 앞서 유네스코는 1950년대 이집트 유적의 구제를 위하여 특별국제기금을 모금하여 누비아 유적을 수몰 위기로부터 안전한 곳에 옮겨, 처음으로 문화유적 보호의 국제적 협력 사례를 만들었다. 이는 범세계적 문화유산이 인류 공동의 유산이라는 인식이 대두하여 세계유산이란 새로운 개념을 만들어 내었으며, 베니스 헌장의 정신을 기초로 1972년 세계유산협약의 체결을 보게 된다.

2013년 현재 전 세계적으로 981개의 자연, 문화 및 복합유산이 이 협약에 의거 등재되어 소유국 정부에 의하여 보호, 관리되고 있다. 유네스코 195개 회원국 중 190개국이 비준한 세계유산협약은 이제 범세계적인 문화유산 보호 장치가 되었을 뿐만 아니라 문화유산 보존을 국제적 차원으로 끌어올리고 이를 문화외교의 중요한 부분으로 발전시켰다. 뿐만 아니라 문화유산 보호의 철학과 실천의 발전에 새로운 전기를 마련하여 세계유산이 인류의 공통의 유산이란 새로운 이념을 도입 정착시켰다. 여기 문화유산 보호에 이론적 실천적 뒷받침을 하는 것이 베니스 헌장이고 실천적으로 이를 집행하는 것이 세계유산 운영 지침이 된다. 내년으로 60년이 되는 베니스 헌장과 이후 ICOMOS 전문분야 헌장, 선언문 및 각종 문서와 더불어 범세계적 문화유산의 보존과 보호에 관한 원칙의 근간을 제공하는 것이다.

우리나라의 '문화재'라는 용어는 1962년 문화재보호법의 제정과 더불어 도입되어 정착이 되었으며, 이 법은 문화재 보호에 긴요한 제도적 장치가 되어왔다. 1988년 세계유산협약을 비준한 우리나라도 세계적인 추세에 맞추어 2011년 문화재보호법을 개정할 때 세계유산 등의 등재 및 보호에 관한 규정을 신설하여(제19조) 세계유산 개념을 문화재보호법에 통합시켰고 이를 통해서 인류 문화재의 보존에 있어 국제협력의 의지를 공식화 하였다.

여기 실린 글은 필자가 문화유산분야에 관계하면서 써놓은 것과, ICOMOS 국제본부의 전 M.Petzet 회장이 현재 전 세계적으로 통용되는 문화유산보존의 근간인 베니스헌장 정신을 국제원칙으로 해설한 저서를 옮겨놓은 것이다. 출판에 앞서 변변치 못한 원고를 읽어주시고 세세하게 조언해주신 성균관대학교 명예교수(전 ICOMOS 한국위원회 위원장) 李相海 교수와 세종대학교 명예교수(ICOM국제박물관협회의 한국위원회 명예위원장) 崔槙苾 교수 두 분에게 심심한 감사를 드리고 싶다.

끝으로 문화유산 보존의 세계화 추세에 비추어 공부하는 젊은이에게 조금 이라도 도움이 되었으면 하면서 출판계가 어려운 시기에 저의 책을 출판해주신 시간의 물레 권호순 사장에게도 감사드린다.

2013년 12월
저자 김광식

Contents

제1부 ‖ 문화유산 보존이론의 진화

도게 팔레스 주두(Capital) – 베니스

제1장 존 러스킨의 건축 보존론

1. 소개하며

존 러스킨(John Ruskin)의 건축론 "건축의 7등불(Seven Lamps of Archi-tecture)" 중에 "기억의 등불(Lamp of Memory)"을 간추려 그의 건축보존이론을 소개하려고 한다. 그는 건축의 본질을 이끌어내는 것으로 7개의 등불이 건축의 본질이라고 주장했고, 이들 등불이 이끌어 건립한 건축이 좋은 건축이라고 건축가의 역할을 강조하였다. 최고의 건축을 이룩하기 위한 7개는 희생·진실·힘·미·생명·기억·순종의 "등불(lamp)" 또는 "정신(spirit)"이다. 그의 건축이론은 훗날 "베니스의 돌(Stones of Venice)" 3권으로 확장 출판되었다.

현대적인 문화유산 보존 관행이 19세기에 들어 낭만주의적 사고와 이론이 태어났다. (제2장 문화유산 보존 이론의 전개 참조) 그는 당시의 고딕 건축을 가장 아름다운 건축으로 인식하였다. 고딕 건축은 로마네스크 양식을 이어받으면서 매우 훌륭한 저택을 지었고 가장 잘 표현된 예술로서 성당 건축을 들었다. 고딕건축의 풍요로움은 장식적 조각과 스테인드 유리창과 같은 공예작품이 회화적 건축의 종속적인 일부분이 되어 이 건축양식을 꽃피게 한 것이다. 회고주의적 사조에 영향을 받아 근대 보존이론의 초기 이론을 개발한 존 러스킨(John Ruskin, 1819~

1900)은 1849년 "건축의 7등불(Seven Lamps of Architecture)"에서, 고딕건축 리바이벌 운동의 핵심적 사고를 개발한다. 그는 책에서 '중건이라는 이름의 복원'을 반대하고 있으며, 프랑스 건축가 레 르 둑(Viollet le Duc)이

노트르담성당 복원에서 전혀 준거할만한 자료가 없는 상태에서, 훼손되어 없어진 부분을 중건한 것을 '창조'로 몰아붙여 '위선자'라고 비판하면서 복원반대론을 일으켰다.

러스킨은 미적 감상이라는 테두리에서 영국건축의 전통을 논하면서, 르네상스와 산업혁명 이후 건축기술의 기술적 혁신이 정신적 콘텐츠를 경시하고 활력을 약화시켰다고 주장하였다. 그는 건축의 미는 '정직함'에서 나오는 것이며, 건축의 아름다움

건축의 7등불(1889판 표지)

은 자연과 작업자의 손에서 나와야 한다고 말한다. 그래서 건축의 겉치장, 마감, 숨겨진 버팀재나 기계 몰딩을 정직하지 못한 건축이라고 하였다. 그의 영감은 고딕 리바이벌에 지대한 영향을 주었지만 실제에 있어 그의 7등불은 현대건축에 별로 수용되지 못했다고 보는 것이 타당하다. 다만 그의 기념건조물 복원 보존 이론은 훗날 20세기 들어서 문화유산보존 운동과 국제적인 보존원칙 설정에 지대한 영향을 끼친 것은 분명하다. 여기서는 그의 건축관 중 보존 복원론의 핵심 여섯 번째 건축인 기억의 등불을 중심으로 소개한다. 여기 사용한 텍스트는 현재 공공영역(public domain)으로 분류되어 있는 원전으로 캘리포니아 대학(University of California, Berkely) 전자도서관에서 다운로드한 "Seven Lamps of Architecture"(6th Edition, George Allen, Sunnyside, Orpington,

Kent, 1889)이다. 아울러 다카하시 쇼센(高橋しょうせん)이 번역한 『建築の 七燈』(도쿄 岩波書店, 1930)을 참고하였다.

2. 건축에서 받는 감동

그는 우리들이 건축으로부터 받는 4종류의 감동을 다음과 같이 설명한다.(건축의 7등불 부록1)

교양 있는 사람은 훌륭한 건축과 조우했을 때 네 가지의 감동을 느낀다.

첫 번째는 감상적인 감동으로, 여행자가 손에 횃불을 들고 성당에 들어섰을 때, 어둠 속에서 성가대의 찬송이 들려오면 대부분의 사람들은 감동을 느낀다. 또한 달빛 아래 폐허가 된 수도원을 찾아갔을 때 혹은 자기 자신이 흥미를 가지고 있던 건축을 찾아갔을 때에 느끼는 감동이 이것이라고 한다.

두 번째는 자랑스러운 감동인데, 이런 감동은 대부분의 사람들이 어떤 건축의 소유자 또는 감상자로서 외견상 완성된 큰 건물 앞에 섰을 때 건축물의 위엄으로부터 받는 희열을 느끼게 되는 감동이다.

세 번째 감동은, 훌륭하고 정교한 적석과 더불어 건축의 선과 질감 또는 조형(造型) 장식에서 조화로운 비율(proportion)을 지각(知覺)했을 때 느끼는 감동이라고 한다.

마지막으로 예술적 감동을 느끼는데, 이는 건축의 벽면 장식이나 주두(柱頭)의 조각이나 회화를 감상할 때의 감동이다.

이 책에서는 해당 부분의 내용을 독특한 방법의 짧은 경구(aphorism)로 본문과 본문 사이에 배열해 내놓았다. 이것만 파악해도 그가 강조하고자 하는 생각, 또는 건축에 관한 도덕률을 알아볼 수 있다. 경구는 본문과 본문 사이에 세 개씩 배치하여 격언과 서언의 중요한 부분을 소개한다.

- ▶ **우리들은 무엇이 옳은가를 알 수 있다. 그러나 무엇이 가능한지는 항상 알지 못한다.** (1)
- ▶ **실제적 법칙은 모두 도덕적인 법칙을 대표하는 것이다.** (2)
- ▶ **우리 시대의 예술이 호화스러워서는 안 된다. 또 형이상학도 안일해서도 안 된다.** (3)

신의 계시에 힘입은 바 있는 인간의 지각과 양심은, 성실하게 사용한다면 무엇이 옳은가를 판단하기에 충분할 것이다. 그렇지만 그의 지각도, 양심도, 감각도 자기를 위해 무엇이 가능한가를 판단하는 데 충분한 능력을 가졌다고 할 수 없다. 왜냐하면 신이 인간을 창조함에 있어, 인간이 자기가 무엇을 할 수 있는지 결정하는 능력을 충분히 부여하지 아니 하였기 때문이다. 그는 자기 자신의 힘이나 그의 동료의 힘도 모르며, 우군을 얼마만큼 신뢰할 수 있는가 아니면 그의 적이 얼마나 저항해 올 것인가를 알아낼 수 없다. 문제는 인간의 열정이 그 결정을 그르칠 수도 있고 지식의 결여가 그의 결단을 제약할 수도 있다. 그렇지만 지식의 부족으로 말미암아 자기의 할 일을 하는 데 지장이 생기거나 정의의 인식을 저해한다면, 이것은 그 자신의 잘못이다. 나는 지성인들이 특히 정치적 문제에 관해 노력함에도 불구하고 실패하는 사례를 많이 보는데, 왜 실패하는가에 관해 흥미가 있어 그 원인을 알아보면 대부분의 경우 단 하나의 실수로부터 기인한다. 즉 확실하지 않고 설명하기 어려운 능력과의 관계·기회·저항, 그리고 불편 등 불가피하게 예측하기 어려운 사안을 추정(inquiry)함에 있어 무엇이 절대적으로 옳은지 결심하는 것에 실패의 원인이 있다. 때로는 우리의 힘에 대한 냉랭한 추정이 우리들이 최선이라고 추측한 것을, 너무 쉽게 옳은 것이라 환언하면, 과실은 죄가 아니라는 치명적인 과오로 인도되어 우리들의 단점을 아무것도 아닌 것처럼 해버리는 사례가 너무 쉽게 일어나고 있다.

인간의 정치에 관한 진실한 사실은 예술분야에서 정치적인 한 면을 가진 건축에 관해서도 마찬가지로 진실인 것으로 사료된다. 나는 오래 전부터 건축이 발전하기 위해서는 만연해온 불완전하거나 제한적 관행으로 지장을 받아온 전통유지와 교리(dogmata)라는 혼란스러운 짐(mass)을 결연히 해방시킬 필요가 있다고 확신해 왔다.

건축은 기술적 요소와 정신적 요소를 가지고 있으며 양자가 필연적으로 결합되어 있다. 마치 인간의 육체와 정신적 관계가 같은 것으로 이 둘은 때로 아래가 위가 될 때가 있는 것 같이 구조적 요소가 건축미의 순정성과 단순성을 저해하는 경향을 보인다. 이러한 경향은 사회가 물질주의에 기울어져 가듯 시대가 바뀔수록 증가하고 있다. 그리하여 이를 방지하는 유일한 방법은, 부분적 선례를 들어 옛것은 낡은 것이라고 경시하면서 건축의 새로운 형태와 용법을 요구함에 있어 옛것을 적용하기 어렵다는 주장에 저항(resist-반대)하는 것이다.

현대의 건축이 주장하는 필요성이 얼마나 유용한 것인지는 유추할 수 없다. 현대건축은 현대 변화의 그늘에서 이상스럽게 조급히 들어선다. 건축예술 본래의 성질을 희생함이 없이 어떤 정도까지 필요에 응할 수 있을 것인지를 특수 계산과 관찰을 통해 결정함은 불가능하다. 과거의 관행으로 볼 때 새로운 조건이 등장하거나 새로운 소재의 개발로 인하여 전복되지 않는 법칙과 원칙은 없다. 가장 합리적인 방법으로 완전한 멸절의 위험을 타개하기 위해서는 조직적이고 일관된 반론 불가능한 정당성 있는 일반적인 법칙을 제정하는 데 집중하는 것이다. 그리하여 이러한 법칙은 지식만을 바탕으로 하는 것이 아니라 인류의 본질에 바탕을 둔 보편적인 것으로, 예를 들면 지식의 증가나 인간의 불완전성이 어느 정도 진행되었다 하더라도 그 유효성은 없어지게 하서는 안 된다.

3. 일곱 등불

1) 희생의 등불

희생의 등불에서 강조한 경구는 다음 세 개다.

> ▸**모든 건축은 인간 정신에 영향을 주려는 목적을 가지고 있다. 단지 인간의 신체만을 편하게 하려는 것은 아니다.** (4)
> ▸**가정의 사치는 국가적인 장엄을 위해 희생해야 한다.** (5)
> ▸**현대 건축가와 건설업자는 별로 능력이 없고 그것도 최선을 다하지 않는다.** (6)

모든 건축은 인간의 신체만을 위한 것이 아니라 인간정신에 영향을 미치는 것을 목적으로 한다고 정의하였다. 건축은 인간의 즐거움에 기여하는 예술이라고 정의하고, 건축이 되기 위해서는 건물의 일반적인 용도를 초월한 몇 가지의 특성을 가져야 한다고 주장한다. 그는 종교적인 건축과 기념적인 건축은 다른 건축보다 정신적인 것을 위한 귀중한 것이라 말한다. 즉 그 건물이 필요해서가 아니라 신을 사랑하고 순종하는 증거로서 희생으로 바치는 정신을 맨 먼저 강조한다.

(1)

건축이란, 인간에 의해 세워진 건물로서 용도가 무엇이든지 이를 보면서 인간의 정신적 건강, 육체적 즐거움에 기여하는 예술이다. 이런 사실을 탐구하기 전에 건축(architecture)과 건물(building)을 주의 깊게 구별할 필요가 있다. 'To build―세우다', 또는 '건조하다'는 어미를 확인하면 통상적인 의미로 몇 개의 조각을 조립하고 조정한 건조물, 또는 상당한 크기의 용기(receptacle)를 의미하는 것으로 이해한다. 그러므로 우리는 교회건물(church building), 주택건설(house building), 조선(ship building), 차량건조(coach building)와 같은 용어를 사용한다. 건조 또는 건설작업을 기술(art)로 보면 어떤 건조물은 지상에 세워지고 어떤 것은 물에 뜨고, 어떤 것은 철제 스프링으로 매달리게(현가-suspend)하여, 건조하는 기술(art of building)로 보면 본질적 차이는 없다. 일에 종사하는 사람들을 기술에 따라 건축가, 또는 건축업자, 교회건설업자, 조선업자와 같은 다른 직명을 부여하지만, 건조하는 기술이 세우거나 만든 건조물이 안정성만 가지고 건축이 되지 않는다. 차량을 편리하게 탈 수 있도록 만들거나, 선박을 신속하게 운행할 수 있는 것이 건조가 아닌 것과 마찬가지로, 교회를 세우고 종교적 의식을 행할 소요 인원을 편히 수용할 수 있는 시설을 갖추었다 해서 건축이라고 할 수 없다. 물론 건축이란 용어가 많은 경우, 예를 들면 조선을 선박 건축이라고 하는 등 부적당하게 사용하고 있지만, 이렇게 혼동해서 사용한다면 건축은 예술(fine arts)의 영역에 속한다 할 수 없다. 그러므로 부정확한 용어 사용으로 원래는 건물(building)에 속하는 모든 원칙을 건축의 범위로 확대하여 혼란을 발생시키고 있다.

그러므로 우리는 건축이라는 용어가 적용되는 조건, 말하자면 일반적 용법에서 인정되는 건축에 해당되는 조건(법칙)을 정의할 필요가 있다. 요새의 능보(陵堡, bastion) 높이나 위치를 결정하는 법칙을 건축적법칙이라고 부르지는 않을 것이다. 그러나 요새 능보의 석벽 표면에 불필요하지만 케이블 장식(cable moulding)[1]이 추가되었다면 이는 건축의 문제이다. 이러 것을 명확히 구분하는 것은 그리 쉬운 것은 아니다. 건축이란 건물의 일반적인 용도를 초월한 몇 가지의 특성을 가져야 함을 이해할 필요가 있다. 여기서 일반적으로 언급한 것은 신을 숭배하기 위해, 또는 특정의 인간을 기념하기 위해 만들어진 건축이 대부분 그에 맞는 건축적 장식을 가지고 있다. 그러한 장식이 전체적인 설계나 세부적인 것까지 불가피하게 필요성을 제한하고 있지는 않기 때문이다.

(2) 건축의 목적과 용도에 따라 보통 다음의 5항목으로 분류한다

◆ 종교적인 것 - 신을 섬기거나 숭배하기 위해 세운 모든 건물
◆ 기념적인 것 - 기념건조물이나 묘지를 포함
◆ 민간의 것 - 국가나 사회가 일반사업, 또는 국민의 오락을 위해 세운 모든 건물을 포함
◆ 군사시설 - 바위를 목적으로 한 민간, 또는 공공의 건축을 포함
◆ 일반의 주택 - 모든 계급 모든 종류의 주택을 포함

이제부터 발전시키고자 노력할 건축에 관한 각종 원칙은 앞서 서술한 바와 같이 모든 단계와 양식의 건축에 적용해야겠지만, 특히 어떤

---

1) 케이블 몰딩 - 영국에서 로마네스크 형식 건축에서 장식용으로 새끼줄 모양으로 꼰 듯 다듬은 석재 장식(Cable molding - Convex molding carved in imitation of a twisted rope or cord, and used for decorative moldings of the Romanesque style in England) - 출처: wikipedia

것은 지도적이기보다는 한정된 자극을 유발시키는 건축에 더 많은 관계를 가지고 있다. 그 중에서 종교적 건축과 기념적인 건축은 다른 건축보다 한층 정신적으로 귀중한 사물로 단지 그것이 귀중한 것이라는 이유로 섬기는 정신, 즉 그 건물이 필요해서가 아니라 우리들 자신에게 바람직한 것을 제공하고 양도하여 희생을 받친 정신을 맨 먼저 강조하고 싶다.

오늘날 종교적인 건축을 세우고 있는 사람들은 이러한 감정이 완전히 결여되어 있을 뿐만 아니라, 이런 사람들이 세운 건축은 매우 위험한 범죄적인 행위가 된다고 생각하는 것이다. 이런 생각에 대하여 여러 가지 이론이 있을 수 있겠으나 나는 논쟁하고 싶지 않다. 신의 뜻에 따르고 인간에 대하여 영예로운 건축은, 우리들이 이제까지 보아온 그리고 그보다 더 좋은 건축이 나오기까지 독자들에게 인내심을 가지고 기다리라고 하고 싶다.

(3)

여기서 희생의 등불, 또는 정신, 또는 신에 대한 희생이라는 표현을 명확히 정의해둘 필요가 있다. 일반적으로 어떤 것이 유익하거나 필요해서가 아니라 단지 귀중하기 때문에 귀중한 사물을 바치고 싶은 마음이 생기는 것을 앞서 말했다. 동등한 범위라면 보다 고가의 것을, 보다 많은 사상을 포용하기 위해, 예를 들면 동등하게 미려하고 유용한 내구성 있는 두 개의 대리석이 있다면 외견상 보다 고가로 보이는, 또한 동등하게 효과가 있는 두 개의 장식품이 있다면 그 중에 보다 더 정교한 것을 선택하는 정신이라는 것이다. 그러므로 이러한 비이성적 열정적 선택을 부정적으로 정의하지 않아 최소한의 경비로 최대한의 결과를 생산하려는 현대에 널리 퍼진 의식과는 상반되는 정의에 해당

한다.

이와 같이 인간의 감각은 두 개의 상이한 형식이 있다. 첫째는 행동해야 할 요청도 없고 달성할 목적도 없는데 사랑하고, 원하는 원망(願望)을 버리는 자기 수양을 위한 자기 부정과 자제하는 원망의 실행이다. 두 번째는 희생을 치르고 누군가를 영예롭게 하고 기쁘게 하려는 원망이다. 두 번째에 관한 경우 특히 예술에 밀접한 관계를 가졌을 때 이런 감각이 정당한지 아닌지는 의문점이 있다. 그것은 신에게 물질적인 사물을 바치는 것, 또는 인간에게 즉각적으로 유익하지 않은 열망과 지혜를 바치는 것으로 신을 영광스럽게 할 수 있는가에 대한 광의의 질문으로 우리들의 대답에 좌우된다.

2) 진실, 힘, 미, 생명의 등불

(1) 진실(제2)의 등불

건축은 정직하게 표현해야 하며 보잘것없는 건축을 잘 보이게 하기 위해서 표면을 장식을 해서는 안 된다고 한다. 목재를 가지고 석재를 표현하려 해서는 안 된다. 진실의 등불에서 강조한 경구들

- ▸ 상상의 성격과 존엄(9)
- ▸ 구조에 있어 철의 적절한 용도(10)
- ▸ 위대한 회화는 사람을 속이지 않는다.(12)
- ▸ 벽돌 위에 대리석을 붙이는 것은 모자이크를 만드는 것으로 허용된다.(13)
- ▸ 건축의 적당한 색은 자연석의 그것이다.(14)
- ▸ 주조한 철 장식은 야만이다.(15)
- ▸ 트레이서리(tracery) 장식은 융통성 있게 넣을 수 있을 것이나 상상해서는 안 된다.(16)

(2) 힘(제3)과 미(제4)의 등불

건축은 모양(shape)이고 매스(mass)이다. 건축가의 임무는 모양(shape)을 가장 효과적으로 표현해야 한다. 이를 위해서는 건축하는 주변 환경과 조망을 고려해야 하는 것이다. 언덕 위에 있는 건축은 매스를 잘 표현할 수 있지만, 거대한 산을 배경으로 한 건축은 그렇지 못하다. "건축의 두 가지의 지적 힘은 숭배와 지배다"(17)라고 규정하면서 이 두 가지의 다른 점은 단지 건축이 자연 속의 아름다운 것을 가리키는 것이 아니라 인간의 작품으로서 유서가 있는 것과 독창적인 것을 가리킨다고 하였다. 건축에서 나타나는 숭고함이란 건축가의 힘의 크기와 비례한다. 건축이란 인간을 수용할 뿐만 아니라 인간을 지배하는 힘을 가지고 있어야 하기 때문이다. 이런 의미에서 러스킨은 비잔틴 건축을 "종교적으로 고귀하다"(18)고 하였다.

러스킨은 제4 '미의 등불'에서 "모든 미는 자연계 형상의 법칙을 따른다."(19) "간단하고 일상에서 관찰할 수 있는 것이 가장 자연스럽다."(20) "좌우동형(symmetry)은 추상이 아니다."(21)라고 규정한다. 미의 근원을 자연에서 찾으며, 건물은 자연의 모양과 선과 형태를 닮아야 한다고 주장하였다. 우리가 건축의 열주(列柱 : colonnade)에서 또는 아치의 곡선에서 아름다움을 발견한다면, 그것은 자연을 보는 우리의 눈이 늘어선 나무 기둥에서 미의 근원을 찾고, 아치가 아름답다고 느낀다면 자연 속의 나무 가지(枝)와 잎사귀의 모양을 아름답게 생각하기 때문이다. 러스킨의 주장인 건축의 "힘"과 "미"의 개념은 현대까지 이어져 오고 있다.

(3) 생명(제5)의 등불

▸ 건물은 숙련된 사람의 손으로 만들어져야 하고 작업자의 생명력이 살 아있어야 한다. 신이 창조한 자연과 인간이 창작한 물체는 무수한 유 사점이 있다. 어떤 물체의 실체, 용도 또는 외형에 물체의 생명감이 표 출된다. "모든 물질의 생명활동 증거는 생명감이 차있는 정도에 따라 존귀하거나 무시해도 될 정도로 구분된다."(23)
▸ 인간이 만든 물체는 그 물체를 만들 때에 몰두했던 심적 에너지의 양 에 비례하여 존귀한 것도 무시할 것도 결정된다는 것이다. "완전한 조 각은 가장 엄격한 건축의 일부가 되어야 한다."(22)
▸ "끝마감이 완전한 것이 가장 좋은 건축이고 동시에 가장 좋은 회화의 특징이다."(24)

러스킨은 건축에 포함된 기술적 콘텐츠가 저하되는 건축의 대량생 산을 비판하였던 것이다. 그러나 러스킨의 생명의 등불의 정신인 개개 건축가와 작업자의 기여는 현대의 대량생산에 길을 내주고 잊힌 과거 의 일이 되었다.

(4) 기억(제6)의 등불

제6장은 러스킨의 복원 반대론을 극명하게 표현한 부분이다. 러스 킨은 "복원(restoration)이란 건축물이 감내할 수밖에 없는 완전한 파괴이 다. 죽은 자를 다시 살릴 수 없는 것과 같이, 죽은 아름답고 위대한 건 축물을 다시 복원한다는 것은 불가능하다. 지나간 작업자의 손과 눈이 만들어낸 의도는 다시 불러들일 수 없기 때문이다. 후세의 작업자가 다시 다른 정신성을 집어넣을 수는 있겠지만 그것은 다른 작업일 뿐이다."라고 주장하면서, 재료적 진정성과 최소한의 수리(minimal intervention)를 강조했 다. 영국 고건축보존협회(Society for the Preservation of Ancient Buildings-SPAB)는 "매니페스토"를 공표하고 원래의 구조(fabric)와 원래의 제작기술,

파손된 유적, 보기 좋은 고색창연한 퇴화, 풍수에 시달린 재료(patina-고색, 녹청)를 문화유산의 진정한 불가분의 일부로 보아야 한다고 주장했다. 미카엘 페체트는 "그래서 존 러스킨이나 윌리엄 모리스 경고의 발언에도 불구하고, 시간의 경과에 따라 수세기 동안 쌓인 세월의 흔적뿐만 아니라 역사적 중층(historic layers)을 희생시켰다고 주장한다.

그의 여섯 번째의 등불을 훑어본다.

①

나의 인생에 있어 아주 큰 기쁨과 깊은 교훈을 얻은 것들, 그리고 깊이 마음에 남은 것을 후일 고마운 마음을 가지고 되돌아보는 삶의 시간들이 있다. 그것은 지금부터 수년 전에 일어났던 일인데 황혼 무렵 주라 산맥 가운데 있는 샹파뇰르 마을에 흐르는 아인강 상류를 따라 뒤덮은 소나무 숲 사이로 해가 질 무렵이었다. 그 언저리는 알프스 산지 다른 곳과는 달리 우람스럽지 않고 장엄한 곳이었다. 그곳은 위대한 힘이 지상에 나오는 것을 느끼는 곳으로 거대한 산의 교향곡이, 송림 언덕의 길고 낮은 선이 서서히 오르면서 깊고 장엄한 화음(concord)으로 울려 퍼지고, 능선을 따라 높아지면서 알프스의 연봉을 따라 험하고 난폭하게 변화하는 산의 모습이 연주되는 힘 있는 교향곡의 서곡을 감상하는 기분이었다. 멀리 보이는 전원 모습 뒤로 연봉이 계속되는데, 마치 길고 폭풍이 이는 먼 바다에서 밀려오는 조용한 수면에 긴 탄식을 토하는 듯 교향곡의 힘은 아직 억제되고 있었다.

거기에는 깊은 부드러움이 단조로운 전원에 차 있었고, 중앙의 산맥에서 느끼는 파괴적인 힘이나 엄격한 표정도 여기서는 감추고 있다. 그러면서 부드러운 주라 초원에는 빙하시대 얼음에 깎이고, 그 위에 먼지가 쌓였을 고대 빙하기의 부서진 조각이나 흔적은 보이지 않았다.

아름다운 숲에서는 폐허의 흔적도 퇴적한 무더기도 찾아볼 수 없다. 그녀(주라 전원을 가리킴-역자 주)의 바위 사이에는 거칠고 수로를 바꾸어 놓았던 희끄무레하고 더럽혀진 난폭한 물 흐름도 안 보인다. 소용돌이마다 휘돌아가는 맑은 녹색의 물결은 예부터의 개울바닥을 잘 아는 듯 유유히 흐른다. 태연히 서있는 어둠침침한 송림 아래는 지상의 모든 축복을 받은 그 어떤 것보다 아름다운 꽃이 연년 피어오른다.

그때는 봄철이었다. 모든 꽃들은 그저 사랑 때문에 무더기를 지어 피어오른다. 더 많은 꽃들이 피어도 거기에는 충분히 넓은 공간이 있지만, 서로 가까운데 피어 있으려는 듯 각각의 꽃잎들은 기묘한 모양으로 서로 부딪치며 겹쳐 피어 있었다. 아네모네 낙엽수가 성운처럼 여기저기 군락을 이루면서 퍼져있다. 사람 사는 곳에서 떨어진 엄숙한 자연미 이외에 아무것도 없는데서 이보다 더 좋은 풍경을 상상하기란 어려웠다. 그렇지만 내가 지금도 뚜렷하게 기억하는 것은 그때의 감흥의 원천에 정확하게 도달할 때, 그것은 신대륙에나 있는 원시림의 풍경으로 상상해보려고 할 때 공허감과 냉기가 홀연히 엄습해온 사실을 기억한다. 꽃들은 즉시 빛을 잃었고 개울은 음악을 잃었다. 산들은 압박할 정도로 황량한 것으로 변했다. 숲의 나뭇가지에 어둠이 깃들자 나무들이 누리던 힘이 그들 자신의 것이 아닌 다른 생명에 의존했는가, 또 불후의 또는 부단히 갱신되는 피조물의 영광이 얼마나 그들의 재생 자체보다 기억의 귀중한 사물에서 반사되는 것을 보여주는 것이었다. 지금도 피어있는 꽃, 흐르는 물이 인간의 인내와 용기와 덕이라는 짙은 색채로 물들어 있었다. 저녁 하늘에 솟은 검은 봉우리들이 깊은 숭배를 받는 까닭은 산영이 주(Joux) 요새와 그랑송의 네모난 아성에 드리워진 그림자 때문이었다.

②

건축을 엄숙히 생각할 때 가장 중요한 관점은 건축이 신성한 영향력을 모으고 보호한다는 관점이다. 인간은 건축 없이도 생활할 수 있으며 예배드릴 수 있으나, 건축 없이 과거의 기억을 되살릴 수 없다. 현존하는 국가가 기록하는 것과 불후(uncorrupt)의 대리석이 갖고 있는 것과 비교하면 후세에 쓰인 역사서는 얼마나 냉랭하고 비유적 상상은 얼마나 생명력이 없는가! 겨우 얼마 안 되는 석축이 남아 있기에 얼마나 많은 역사적 기록에 대한 의문이 해명되었는가! 바벨탑을 지은 사람들은 그들의 야망을 나타내기 위하여 이 세상에 방향을 잘 잡았다. 그것은 시와 건축이다. 인간은 망각이란 속성을 가지고 있는데 이를 이겨내는 것은 시와 건축뿐이다. 후자는 어느 정도 전자도 포함하는데, 건축의 실재성은 막강하다. 과거의 인간이 느낀 것 또는 생각한 것이 아니라 그들이 손으로 만지고 힘으로 작업한 것이다. 과거 사람들이 매일 눈으로 보고 만진 것이 실제로 존재한다는 것은 오늘날 우리에게 얼마나 좋은 일인가. 호머의 시대는 어둠으로 차 있고[2] 그의 인품도 의심되는 바가 많다. 그러나 페리클레스 시대의 사정은 그렇지 않다.[3] 그리스에 관하여, 그 시대의 시인이나 군인 역사가의 저술로부터 나온 저술이 아니라 조각난 조각 파편에서 더 많은 것을 알아냈다는 사실을 고백할 수밖에 없다.

건축은 역사의 전승이 되도록 만들며 보존되어야 한다. (27)

우리가 만약 과거를 아는 것이 유익하다고 생각하거나 후세에 기억되는 것을 어떤 즐거움으로 생각한다면, 그리고 그것이 현재 우리들의

---

2) 호머: BC 9세기 그리스 문학 최고의 기념비적 작품 일리아드와 오디세이의 저자
3) 페리클레스: BC 495~429 고대 그리스의 정치가로서 당시 시가지 건축의 최성기를 이루었음.

노력과 인내에 힘을 안겨준다면 우리는 국가적 건축에 관하여 다음과 같은 두 가지의 의무가 발생한다고 믿는다. 첫째는 현재의 건축을 미래의 역사에 남게끔 짓는 것이고 둘째는 지나간 시대의 건축을 과거로부터의 유산 중에 가장 귀중한 것으로 보전하지 않으면 안 된다.

　기억이 건축에 있어 여섯 번째 등불이라고 말하는 것은 앞서 언급한 건축의 종류 가운데 처음 두 항목에 한한 것이다. 일반적인 건축이나 주택은 기념되거나 기념물적인 건축이 되었을 때 진정으로 완성되는 것이다. 어떤 건축은 그렇게 될 것을 예상하여 아주 견실하게 건조하며, 어떤 건축은 각각의 장식이 비유적인 역할을 하게 하거나 역사적 의미에 의해 생겨나기도 한다.

> ▸ **지구는 세습자산이지 누구의 점유물이 아니다.**(29)
> ▸ **건물의 위대함은 그의 연령에 있다.**(30)

③

　미래를 존중하기 때문에 현재에서 손해를 보는 일은 없다. 모든 인간행위는 미래를 고려함으로써 명예, 품격 그리고 진정한 장엄함을 얻는 것이다. 인간의 모든 속성 가운데 사람을 사람으로부터 분리하여 그의 창조주에게 가까이 가게 하는 것은, 멀리 보고 침착하고 자신이 있는 인내인 것이다. 어떤 행위도 어떤 예술도 이 기준으로 재어본다면 그 장엄함을 얻어내지 못하는 것은 없다. 그러므로 건축을 할 때 영겁을 위해 짓는다고 생각하자. 현재 사용하기 위함만이 아니라 언젠가 우리들의 후손이 감사하는 것을 만들자. 우리가 돌 위에 돌을 쌓을 때 후일 우리가 쌓은 돌을 신성시 할 때가 있을 것이란 생각을 가지고 쌓자. 그때 우리의 노동과 땀이 들어간 적석(積石)을 보면서 "보라! 우리들의 조상들이 우리를 위해 만들어 주셨다."고 할 것이 아닌가.

건축의 최대의 영광은 거기 박힌 돌에 있는 것은 아니고 거기 붙은 황금에 있는 것이 아니다. 건축의 영광은 그것이 지어진 연대(age)에 있는 것이다. 그곳을 지나쳐간 사람들의 물결에 오랜 세월 씻긴 벽에 넘치는 사람들의 목소리와 엄하게 감시하는 눈이 있으며, 아니 불가사해한 공감이나 비난도 배어 있다. 건축의 영광은 과거의 사람들의 행위에 대한 부단한 목격자로서 존재한다. 사물은 쉽게 변함에 반하여 건축은 조용하지만 대비(contrast)되는 존재이다. 건축은 자체의 힘 즉 계절과 시대가 지나가고, 왕조의 흥망, 지구 표면과 바다 경계의 변화를 통하여 아름다운 모양을 영원히 유지하고, 잊히는 고대와 후세를 서로 이어주는 힘, 그리고 반분(半分)은 여러 나라 사람들의 동정을 집중시키는 자기 정체성의 힘으로 존재하는 것이다. 건축의 영광은 시간으로 생긴 황금의 녹(stain)이야말로 우리가 보려는 건축의 진실의 빛이고 색채이며 귀중함이다. 건물이 예부터 이런 속성을 지니지 못하는 한, 이런 명성이 주어지지 않은 이상, 그리고 위대한 명성을 전하라는 위탁을 부여받기 전까지, 남은 벽채는 핍박을 받을 것이다. 벽채가 핍박을 이겨내기까지, 기둥이 죽음의 그림자로부터 일어서기까지 건축의 존재는 주변의 자연보다 오래갈지 모르나 이들이 갖는 언어나 생명을 부여받지 못할 것이다.

④
건축의 보전에 관하여 자세히 다룰 계획은 없었지만, 오늘날의 건축 보전에 관하여 몇 마디 해 둘 필요가 있다.

이른바 복원이란 가장 최악의 파괴 방법이다.(31)

일반 공중이나 공공 기념건조물의 관리자들도 복원이라는 어휘의 진정한 의미를 이해하지 못하고 있다. 그것은 건물이 입을 수 있는 가장 전체적 파괴이고, 아무런 유물 조각도 수집할 수 없으며, 파괴된 건물의 거짓 묘사를 수반하는 복원이라는 이름의 파괴인 것이다.[4] 이런 중대한 문제에 대하여 우리들 자신이 속지말자. 위대하고 아름다운 건축물을 복원한다는 것은 죽은 자를 다시 살리는 것과 같이 불가능한 일이다. 나는 이미 모든 건축물은 전체로서의 생명에 있다는 것과 장인이 손과 눈으로 얻어낸 당초의 정신은 결코 되돌릴 수 없는 것이라고 하였다. 다른 시대에 다른 정신이 주어질 수 있겠지만 이는 그 시대의 새로운 건물이 된다. 당초 건물을 지은 장인의 정신을 다시 불러오거나 다른 사람의 손과 사상을 지도할 수 없다. 따라서 직접적이고 단순한 복제는 명백하게 불가능한 일이다. 표면이 반 인치가량 닳아버린 것을 어떻게 복제한다는 것인가? 그 기념물의 닳아 없어진 반 인치 안에 기념물의 마무리가 있었다. 그런데 그 마무리를 복원하려한 다면 그것은 당신의 추측이 개입되는 것이다. 만약 남은 부분을 복제하려한다면 정확한 모사는 가능하겠지만, 얼마나 주의 깊게 다루고 얼마나 비용이 드는가는 불문에 부치고, 새로운 작업이 옛 작업과 비교하여 얼마나 좋은 것이 될까? 오래된 것은 그래도 어느 정도의 생명을 가지고 있다. 그것이 어떤 것이었을까 그리고 없어진 부분에 관해서도 어떤 신비스런 암시가 있다. 비와 태양 빛이 작용하여 생긴 부드러운 선이 보여주는 달콤한 맛이다.

⑤ 복원이란 처음부터 끝까지 거짓이다

그렇지만 복원의 필요성은 있을 것이라 한다. 그럴 것이다. 복원이 필요한지 상대편에서 살펴보자. 그것은 파괴의 필요성이다. 복원할 것

---

4) 원저의 주: 이해하기 힘든 가장 혐오스런 거짓이다. (False, also in the manner of parody, -the most loathsome manner of falsehood.)

으로 인정하여 건물을 헐고, 거기서 나온 돌을 어느 구석에 몰아넣고, 밸러스트(ballast)를 하고 회반죽(mortar)을 하려면 하라. 그렇지만 파괴하려면 성실히 하되 그 자리에 거짓을 만들어 놓아서는 안 된다. 그러나 필요가 오기 전에 살피라, 그러면 예방할 수 있을 것이다. 오늘날 시행하고 있는 원칙은 건물은 돌보지 않고 버려두고 후일 이를 복원하는 현상이다. (이런 관행은 프랑스의 석공들이 자기들의 일을 계속하기 위해 조직적으로 행하는 원칙이다.) 기념건조물을 잘 관리하면 복원할 필요성이 일어나지 않는다. 오래된 건물을 주의 깊게 관찰하고 비용이 들더라도 노후와 파괴의 힘으로부터 최선을 다하여 보호하라. 쌓은 돌을 왕관의 보석처럼 귀중히 여기라. 성곽으로 둘러싸인 성문처럼 경계하라. 이음이 느슨해진 부분은 철물로 조이고, 기울어지는 곳은 나무로 버티어 주라. 사용한 보조 장치가 보기 흉한지는 상관하지 말라. 지체(limb)를 잃는 것보다 클러치를 사용하는 것이 낫다. 애정을 가지고 존경의 염으로 지속하는 것이 좋다. 그러는 동안 그 그늘아래서 후세들이 낳고 가버리고 할 것이다. 그러다가 최후의 날이 올 것이다. 그렇지만 그 날은 예기한 것처럼 공연하게 올 것이다. 불명예스럽게 거짓의 대체물을 사용하여 기억을 장사지내는 짓은 하지 말라.

⑥

더 이상 이러한 무모하고 무지한 파괴에 관하여 말하는 것은 무익한 일이고, 나의 주장은 파괴를 행하는 자에게는 도달하지 않을 것이다. 그렇지만 들리든 말든 나는 진실을 말해두어야 한다. 과거의 건축을 보전할 것인가 아닌가 하는 것은 편의상이나 감정의 문제가 아니다.

우리들(비평가)은 이런 것을 터치할 권리가 없다. 우리들의 일이 아니다. 부분적으로는 이를 건축한 사람들에게, 그리고 나머지는 우리들

후에도 나올 인류의 모든 세대에 속하는 문제이다. 죽은 자들도 권리를 가지고 있다. 그들이 일해서 얻은 것들, 성취한 것에 대한 찬양이나 종교적 감정표현, 또는 그밖에 무엇이던지 그들이 건축을 하면서 영구하게 존속하기를 의도했던 것을 말살할 권리는 없는 것이다. 우리가 지은 것을 헐어버리는 것은 우리들의 자유이다. 그렇지만 다른 사람들이 그들의 힘과 땀 그리고 돈과 생명을 바쳐 지은 것은 그들이 죽은 자가 되었다 해도 없어지는 것이 아니다. 더욱이 그들이 우리에게 남겨준 것은 우리에게만 주어진 것이 아니고 그들의 모든 후계자들에게 속하는 것이다. 우리들이 오늘의 편의를 위해 헐어버린 건축은 후일 수백만 인에게 슬픔과 상해의 원인이 될지도 모른다. 이러한 비애와 손실을 입힐 권리를 우리들은 갖고 있지 아니하다. 아브랑쉐 대성당은 이를 파괴한 폭도들의 것인가5) 아니면 슬픈 마음으로 폐허의 초석 위를 걷는 우리 세대의 것인가? 그 어떤 건축도 폭도들이 폭행을 가할 건축은 없다. 폭도는 영원히 폭도이다. 그들은 분노하였고 어리석은 짓이었다고 해도 상관없다. 위원회의 공개회의에서 행한 결정에 상관없이 누구든지 이유 없이 건축과 기물을 파괴하는 사람들은 폭도이다. 건축은 늘 이유 없이 파괴되어 왔다. 그 어떤 이유도 파괴를 정당화할 충분한 이유는 있을 수 없다. 언젠가 정당화 할 시기가 올지 모르지만 지금은 아니다. 과거의 장소도 미래의 장소도 우리들 마음에 있는 불안과 불만스러운 현재로 너무나 많은 것을 빼앗기고 있는 오늘은 아니다.

---

5) 프랑스 노르망디 지방의 고딕 양식의 대성당으로 1780년 파괴되어 폐허만이 남아 있다 - 역자 주)

제2장 문화유산 보존이론의 전개

1. 보존 복원의 제 원칙의 발전

보존은 수장품으로서 수집·보관·전시가 시작되면서 박물관과 미술관 개념으로 발전하게 되고, 유물의 보존과학 문제가 대두되면서 복원·수복 등의 학문적 연구와 기술이 발전하여 왔다. 한편, 건축과 같은 기념물에 대한 문화유산 보존 운동도 유럽에서 먼저 일어났으나 오늘날과 같이 널리 보편화된 문화유산 보존론도 생각보다는 그리 오래된 역사를 가진 것은 아니다. 현대의 보존 원칙은 유럽적 전통과 사고에서 출발하고 발전하여 왔다. 필리포트에 의하면 "역사적 유물유적 보존의 근원은 18세기 말 성숙하기 시작한 근대역사인식과 연관되어 있다고 한다. 보존(preservation)이란 단어는 넓은 의미에서 일상에서 마주치는 과거의 문화적 작품과 살아있는 접촉(living contact)이라고 할 수 있다."[6]고 규정한다. 즉 건축의 보존과 복원은 건축이라는 과거와의 대화 작업이라고 하는 것인데 18세기에는 폼페이 발견이란 고고학적 발굴이 있고 난 후부터라고 보는 것이다. 또한 18세기에 일어난 프랑스혁명은 문화유산의 감상과 보존에 커다란 계기가 된 사건이었다. 그때 일어난 문화유산 약탈과 파괴는 그 존재조차 모르던 대부분의 일반 국민에게 문화유산의 기록적, 역사적 예술적 가치에 대한 이해에 눈을 뜨게 하였던 것이다. 조킬레토는 "프랑스 혁명이 문화유산의 감

---

6) Paul Philippot; Historic Preservation-Philosophy Criteria Guidelines, Getty Conservation Institute, 1996, p.268.

상과 보존에 관한 사고(思考)의 발전 계기가 되었다"고 한다.[7]

19세기에 들어 낭만주의에서 문화유산보존의 사고와 이론이 태어났다고 그 근원을 찾는다. 18~19세기 낭만주의는 로맨티시즘(Romanticism)이라는 비현실적이고 지나치게 환상적인 이성과 합리를 부정하는 사조로서 문학에 선명하게 나타났다. 낭만주의는 중세로의 회고적 사고와 이국정서에 비상한 흥미를 모으게 한다. 19세기 초에는 이렇다 할 사조가 등장하기 전이었는데, 특히 19세기 영국에서 일어난 예술과 공예운동은 낭만주의자들에게 강력한 영향을 주었다.

복고주의적 사조에 영향을 받아 근대 보존이론의 초기 이론을 개발한 존 러스킨(John Ruskin, 1819~1900)은 건축의 최대 영광은 거기 박힌 돌이나 황금에 있는 것이 아니라, 그의 연대(age)에 있다고 했다.

러스킨은 건축은 예술이니만큼 원생산자의 손길과 흔적을 그대로 보존하는 것이 옳은 일이며, "복원(restoration)이란 건축물이 감내할 수밖에 없는 완전한 파괴[8]라고 주장하였다. 죽은 자를 다시 살릴 수 없는 것과 같이, 과거의 아름답고 위대한 건축물을 다시 복원한다는 것은 불가능하다고 하였다. 지나간 작업자의 손과 눈이 만들어낸 의도는 다시 불러들일 수 없기 때문이다. 후세의 작업자가 또다시 다른 정신성(spirituality)을 집어넣을 수는 있겠지만 그것은 다른 작업일 뿐이다."라고 주장하면서, 재료적 진정성과 최소한의 수리(minimal intervention)를 강조했다. 페체트는 그의 국제적 보존이론에서 지금 문화유산 보존이론의 기반이 되는 베니스 헌장의 이론과 관행은 19세기 이래 발전되어 온 "근대" 건축과 긴밀히 연관시켜 보아야 한다고 하였다. 그는 19세기 유럽의 보존 관행은, 프랑스 혁명 당시 겪었던 문화유산의 최

---

7) J. Jokilehto: 보존이론의 발전, ICCROM-www.iccrom.org/pdf/ICCROM_05
8) 제4장 러스킨의 건축과 보존이론-건축의 7등불: 제6 기억의 등불. 격언-31 참조.

초의 잔학한 파괴와 세속화(the Secularization)의 배경 속에서 태어났던 "낭만주의의 산물"9)이라고 하고, 19세기 관행은 역사주의 건축관과 연관된 당시 편재하던 역사적 스타일 건축을 자의적으로 참조하여, "복원"과 "새 건축"을 해석하는 데 유동적으로 전이(轉移-fluid transition)하였다는 것이다.10) (러스킨의 건축보존론, 제1장 참조)

그 후 1877년 영국 고건축보존협회(Society for the Preservation of Ancient Buildings-SPAB)는 "매니페스토"(manifesto)를 공표하고 원래의 역사적 구조와 짜임새(fabric)와 제작기술, 파손된 유적, 보기 좋은 고색창연한 퇴화, 풍수에 시달린 빛바랜 녹청(patina) 등 역사적 짜임새를 문화유산 진정성에 불가분의 일부로 보아야 한다고 주장했다. 이러한 철학과 사상적 배경을 가지고, 19세기 이후 원래의 구조(fabric - 물리적 형태)를 최대한으로 보존하여 원래의 것과 진정성(authenticity)을 유지하려는 시도가 그 후 보존이론의 근간을 이루어 왔다. 페체트는 국제적 보존 원칙 개설에서 "존 러스킨이나 윌리엄 모리스의 경고의 발언에도 불구하고, 19세기 두각을 나타낸 보전건축가는 후세의 변조를 부정하고 '스타일적 청순성'과 '스타일의 통일성'이란 아이디어에 근거한 허구적인 '오리저널' 형태와 디자인을 전적으로 지지했던 건축가들이었다. 이들은 이런 픽션에 따라 수세기 동안 쌓인 세월의 흔적뿐만 아니라 역사적 층위(historic layers)를 희생시켰다. 복원에 관한 발레 레 둑(Viollet -le -Duc)의 유명한 정의, 즉 기념적 건물을 복원한다는 것은 형상을 유지하거나, 수리 또는 재건을 의미하지 않는다. 복원은 그 어느 시점에도 존재하지 않았던 완성된 상태로의 재확립(retablir =reestablish)이다."11) 이

---

9) 원문은 낭만주의의 소생-child of Romanticism
10) 제4장 국제적 보존원칙-II. 베니스 헌장 50년의 성과
11) 원저의 프랑스어: *Restaurer un édifice, ce n'est pas l'entretenir, le réparer ou*

러한 19세기의 '복원' 관행을 거부하고 20세기 초에 실시된 '고전적' 보존 관행은 예술적 역사적 가치가 있는 기념물의 보존에만 전적으로 집중하였다. 동시에 근대화운동(Modern movement)은 모든 '역사적인 밸러스트(ballast=바닥에 무게잡기 위해 싣는 짐)'를 던져버리고 간단한 장식마저 '단순화'한 새로운 형식을 선언하였다. 구형식은 '역사 문서'에 불과하다면서 구형식과 대조되는 각각 새로운 기능을 표현하였다. 이러한 상황 아래 '순수'한 건축과 '순수'한 보존은 상반되는 존재일 뿐이었다.

20세기 들어서면서 19세기의 복원론이 대폭 비판을 받게 된다. 1900년대 '고전적' 기념물 보존의 창시자 게오르그 데히오(Georg Dehio)는 '보존하고 복원하지 말라'는 슬로건을 내놓고 복원을 비판하였다. 당시 세계는 엄청난 규모로 전개된 전쟁 및 분쟁과 같은 불안정한 국제정세 아래 많은 문화유산이 소실 파괴되는 현상에 직면하게 되었다. 또한 전쟁동안 점령국이 피점령국의 수많은 문화유산을 자국으로 약탈해가는 현상이 일어났던 것을 우리는 기억한다. 문화재를 안전하게 보존하고 현대적 문화유산 활용안 마련을 위한 전문가회의가 1931년 아테네에서 개최되어, 국제사회의 문화재 또는 문화유산의 보존과 보호에 관한 범세계적인 운동의 효시가 되었다. 제2차 세계대전 후 파괴되거나 소멸된 문화유산의 보존 대책을 강구하기 위한 제2차 전문가회의가 1964년 베니스에서 개최되어, 역사적인 베니스 헌장이 문서화되었다. 이러한 운동의 배경에 대하여 페체트는 "베니스 헌장이 유럽에서 20세기 초 역사주의의 복원 관행에 반대적 입장에서 발전한 고전적 기념물 보존운동과 관련 있다"고 주장한다.

---

le refaire, c'est le rétablir dans un complet qui peut n'avoir jamais existé à un moment donné (Dictionnaire raisonné, vol. VIII, 1868, p. 4).

석재로 된 유럽의 문화유산인데 원칙적으로 원형으로 복구하지 않고 폐허 유적으로 보존한다. −로마 콘스탄티누스 대제 개선문

베니스 회의의 정식명칭은 '제2차 국제 역사적 기념건조물 건축가 및 보존과학자 총회'12)이며, 이를 계기로 탄생한 것이 '기념건조물과 유적의 보존, 복원 국제헌장'이다.13) 그리고 이때 채택된 공식헌장 명칭이 '국제기념건조물협의회(ICOMOS)'14)라는 국제전문가 조직으로 지난 반세기동안 세계유산의 보존원칙에 관한 규범을 발전시켜왔다. 참고로, 'Monument'와 'Site'를 우리나라에서는 '기념물'과 '유적'으로 옮기고 있다. 같은 개념을 다른 한자권(漢字圈) 국가에서 자국어로 옮기는데 다른 표현을 하고 있는 경우를 볼 수 있다. 그러나 동아시아 한자권에서 monument와 site가 개념상 바로 이해되지 않은 사례로 이에

12) 2nd International Congress of Architects and Technicians of Historic Monuments
13) International Charter for the Conservation and Restoration of Monuments and Sites
14) International Council on Monuments and Sites

대한 의견은 추후 기회 있으면 밝히고자 한다.

베니스 헌장을 토대로 국제사회의 문화유산 보존과 보호에 관한 이론, 이를 구현한 세계유산협약의 정신과 협약의 실천을 위한 기구로 정부 간 세계유산위원회가 설립되어 운영지침을 수립하였고, 이를 보조하기 위한 세 개의 기구가 지정되었다. 즉 유네스코 세계유산 차원에서 문화유산은 유네스코 회원국 정부 간 기구인 '국제기념건조물 보존 및 복원센터(ICCROM)[15]'가 연구와 교육을 담당하며, 박물관 정책과 소장품은 '국제박물관협의회(ICOM)[16]'가 담당하며, 박물관이 수용하지 못하는 부동산적 유산의 성격을 가진 기념건조물과 유적지는 ICOMOS 전문가가 이론을 개발하고 규범화했던 것이다. 세계문화유산조약은 국제적인 제도로서 자리매김하였는데, 문화유산 보호의 철학과 실천의 발전에 새로운 전기를 마련하여 세계유산이 인류 공통의 유산이란 새로운 이념을 도입하고 정착시켰다. 그리하여 세계유산 시스템이 정착되고 문화유산보존의 방법에까지 커다란 변화를 가져왔다.

지난 반세기 이상, 보존 이슈는 베니스 헌장에 이어 채택된 진정성(authenticity)에 관한 '나라 문서(Nara Document)'가 보존의 기술적 전범이 되었다. 국제적인 보존이념과 이론의 추이를 파악하기 위해서는 베니스 헌장 이후 수정·발전하여 온 이론체계와 유네스코와 같은 국제기구의 활동, 그리고 여기에 동력을 제공하는 전문가 조직과의 네트워크가 대단히 중요한 일이다. 나라문서는 진정성에 관하여 세계유산은 지리상, 기후상 혹은 환경상의 자연조건과 문화적, 역사적 배경과의 매각에서 보존되어야 한다는 점을 강조하여 베니스 헌장에 명시된 원론

---

15) International Centre for the Conservation and Restoration of Monuments
16) International Council of Museums

적 보존이념에 커다란 수정이 가해졌다.

한편 전 세계적으로 진행되는 거대한 규모의 환경파괴의 배경에 관련하여 기념물의 보호와 관리에 관한 도덕적 차원의 논의가 전혀 안 되고 있는 실정에서, 기념물로 형성된 문화경관뿐만 아니라 앞으로도 지속될 자연의 역사 자연경관도 문제에 부딪히고 있는 가운데, 범세계적인 자연과 문화유산의 보전 및 지속 가능한 발전을 위하여 범세계적 대처방안과 모든 원리가 계속 모색되어 갈 것이다. 그 가운데 이코모스의 창립 정신이 된 베니스 헌장의 원리가 국제적인 협력을 통하여 중심적 역할을 할 것이다.

다른 한편으로 유럽의 문화적 유산 보존을 이론화해 온 베니스 헌장은 범세계적으로 적응시키면서 여러 다른 문제를 제기하여 왔다. 당시 베니스 헌장 제정에 참여한 전문가들은 유럽, 중동, 미주 중심이며 동남아와 동북아 전문가들의 의견은 전혀 반영되지 않았다.

이어서 보존, 복원의 사고와 관행을 달리 해온 목조 구조물 중심의 동아시아 건축유산과 토속(vernacular)건축의 보존에 관하여 살펴보자.

2. 동양의 목재 문화유산의 보존 복원

유네스코 운영지침에 '중건(reconstruction)[17]'과 베니스 헌장에 문화유산 보전[18]에 관하여 규정하고 있는데, 중건은 대체적으로 금기시되고 있다. 문화유산 보존에 사용되는 중건·복원·개수·교체 등의 전문 용

---

17) reconstruction은 중건(이코모스 한국위원회는 이코모스 헌장과 선언문집(2009), 또는 복원국립문화재연구소)으로 번역한다.
18) preservation: 문화유산 보호에 있어 넓은 의미로 보존conservation을 포함한다.

어와 이에 해당되는 개념은 서양과 동양에서 약간의 차이를 보이고 있으며 이에 따른 적용 원칙도 차이가 있다. 특히 목재구조물을 중심으로 한 동아시아에서의 보존은 석재구조물 중심의 서양의 관행과 궤를 달리한다. 베니스 헌장에서 '복원(restoration)'은 단지 예외적으로 해야 하고, '개수(renovation)'는 부정하고, '대체(replacement)'는 마땅치 않게 여기며(제12조), 나아가서 '중건(reconstruction)'은 고고유적에만 적용(제15조)하고 있다. 국제적으로 인정되는 보존과 복원에 관한 국제적 규범인 베니스 헌장을 동아시아에서 그대로 적용할 수 있을 것인가?

서구 문화유산 중심의 보존이념을 수정하기에 이른 것은 동서양의 문화유산의 재료적 이양성에 있다고 볼 수 있다. 주지하다시피 회의가 개최된 곳은 일본 나라시(奈良市)로서 동아시아에서 흔히 볼 수 있는 목조 건조물을 둘러싼 보존실태를 고려해보면 알 수 있다. 서양의 석조건물과 달리 목조건물은 건축재료가 쉽게 노후화되기 때문에 좋은 상태로 보존하기 위해서는 규칙적인 간격으로 중건이라는 이름의 보존공사를 필요로 한다. 이것은 유럽에서 통용되던 최소한의 보존조치와 전혀 다른 보존방법이다. 이러한 재료적 이양성에 대한 보존방법을 이코모스는 학술위원회에서 토의를 거쳐 1999년 역사적 목조건조물 보존을 위한 원칙을 채택하기에 이르렀다. 여기에서 확정한 이념은 역사적 건조물은 전통적인 방법을 우선적으로 따르며, 일정기간 경과 후에는 전부 또는 부분적 해체와 여기에 따른 조립이 필요하다는 것을 인정하게 된 것이다.

잠깐, 동아시아에서의 문화재 보존 사고를 한번 살펴볼 필요가 있다. 우리나라를 비롯한 동아시아에서 문화유산을 보조한다는 사고(思

考)나 규범이 생겨난 것은 그리 오래된 것은 아니다. 제도적으로는 일본이 제일 빠른 편이다. 1871년 고기구물보존방(古器旧物保存方)이 최초이고 이는 1897년 고사보존법(古社寺保存法)이 제정 대체되었다. 고사보존법 제정의 배경은, 에도막부(江戸幕府)정권 시대에 특별한 대우를 받던 불교사찰(이때까지 모든 일본국민은 사찰에 등록해야 했음)에 대해 메이지유신(明治維新-1868) 이후 척불(斥佛) 정책의 영향을 받아 많이 훼손되었기 때문이라고 한다. 이 제도는 쇼와(昭和)시대 1929년 국보보존법(国宝保存法)이 시행되면서 대체 폐지된다. 우리나라는 조선이 일제에 병합되던 해 1910년 "향교재산관리규정(郷校財産管理規程-學府令제2호)"이 제정 실시된 것이 우리나라에서의 최초의 문화재관련법령으로, 그 이듬해 조선총독부의 "사찰령(寺刹令)"이 공포되어 사찰 내의 건물·불상·고문서·고서화 등의 현상변경을 규제하는 문화재보호의 기본이 되었다.[19] 일제강점기에 일본의 국보보존법은 우리나라에는 시행되지 않았고, 1933년 '조선 보물 고적명승 천연기념물 보존령'이 제정되어 1962년 문화재보호법이 제정될 때까지 시행되었다.

목조건조물이 주축을 이루는 동아시아에서는 유럽과 건조물의 보존방법을 달리해왔다. 서양의 석조건물과 달리 목조건물은 건축 재료가 쉽게 노후화되기 때문에 양호한 상태로 오래 보존하기 위해서는 규칙적으로 "중건(重建)"이라는 이름의 보존공사를 필요로 한다. 부식한 목재료를 새것으로 대체하고, 석축물도 필요에 따라 대체된다. 그러므로 건축물을 해체하고, 다시 짓는 것을 동양에서는 하나의 정의된 보존수단이라고 여겨왔다. 이것은 유럽에서 통용되던 불개입(non-intervention)

---

19) 大橋敏博 : 韓国に於ける文化財保護システムの成立と展開, 総合政策論叢第8号 2004. 12.

원칙이나 최소한의 보존조치와 전혀 다른 보존방법이다.

　동양식 수리복원 방법에 대해 유럽 중심적 사고에 젖은 보존 전문가는 베니스 헌장에 어긋나는 일본식의 건조물 해체와 재조립을 '받아들일 수 없는 방법(unacceptable)'이라고 비판하였다. 서양전문가에게는 건조물의 오랜 세월의 흔적은 그 건조물의 한 부분이라는 생각이 오랜 전통이 되어왔기 때문이다. 그러나 비서구적 건조물에 베니스 헌장 원칙을 그대로 적용할 수 없다는 생각에 공감이 넓어져 갔다. 1994년 일본 문화청은 진정성에 관한 나라(奈良) 회의를 주관 개최하였다. 그리고 여기서 '나라 문서(Nara document)'가 채택되어, 오늘에 이르기까지 기념건조물의 보편성을 판단하는 기준으로 삼게 되었다. 나라문서는 진정성에 관하여 세계적 유산은 지리상, 기후상 혹은 환경상의 자연조건과 문화적, 역사적 배경과의 맥락에서 보존되어야 한다는 점을 강조하여 베니스헌장에 명시된 원론적 보존이념에 커다란 수정이 가해졌다. 종래의 서양식 보존이념을 수정하기에 이른 것은 동서양의 문화유산의 재료적 이양성에 있다고 볼 수 있다. 나라 문서는 주로 건조물이 지니고 있는 미적 역사적 가치를 구미건축의 외형뿐만 아니라, 비서구문화권의 건축유산이나 무형의 행사를 중요 요소로 하는 역사적 유산의 특성을 표출하는 진정성을, 형태와 의장, 재료와 재질, 용도와 기능, 전통과 기술, 입지와 환경, 정신과 감성 그 밖의 내적 외적 요인인 당초부터 변조되지 않고 보존되고 있는 데에서 찾은 것이다.

　진정성에 관한 나라 문서는 1964년 베니스 헌장의 정신에 기초하고 있지만, 유산의 진정성은 해당 유산이 원래 가지고 있던 가치로부터 나오고 유산의 가치는 그 유산에 현재의 신뢰성과 진실성의 정도에 달려 있다고 하는 것이다. 문화유산의 보존은 무엇보다도 유산의 성격, 문화적 맥락, 그리고 시간의 경과로 인한 변화에 따라서, 진정성에 대한 판단을 (유산의) 정보원천이 갖고 있는 가치로서, 형태와 디자인, 재료와 실체, 사용성과 용도, 전통과 기술, 위치와 환경, 정신과 느낌, 그리고 다른 내·외적 요인들이 정보원천에 포함된다고 하였다.(제13항)

1999년 멕시코시티에서 열린 제12차 이코모스 정기총회에서는 목조 건물의 이러한 특성을 감안하여 '역사적인 목재구조물의 보존 원칙 (Principles for the Preservation of Historic Timber Structure)'을 제정하였다. 멕시코시티 총회는 '목재 구조물의 보존 원칙'을 다음과 같이 정하였다.

▶모든 시대의 목재구조물이 세계문화유산의 일부분으로서 가지는 중요성을 인식한다.
▶역사적 목재구조물의 심원한 다양성을 고려한다.
▶역사적 목재구조물을 건축하는 데 사용한 다양한 수종과 특성을 고려한다.
▶전체 혹은 부분적으로 목조 건조물은 습도의 변화, 빛, 곰팡이와 벌레로 인한 피해, 마모와 균열, 화재 또는 기타 재해와 같은 다양한 환경적, 기후적 조건에 의해 재료부식과 성능저하의 취약점을 인식한다.
▶취약성, 오용, 전통적 설계와 건축 기법에 관한 기술과 지식의 상실로 인해 역사적 목재 구조물이 점차 희귀해지고 있음을 인식한다.
▶이러한 유산 자원의 보전과 보존을 위해 필요한 활동과 조치의 다양성을 고려한다.
▶베니스 헌장, 뷰라 헌장, 및 관련된 유네스코와 이코모스의 원리에 유념하며, 역사적 목재구조물의 보호와 보존에 이러한 일반원칙들의 적용을 모색한다.

문화유산의 진정성은 가치라는 본질적 요인으로 나타난다고 규정하면서, '모든 문화와 사회는 그들의 문화유산을 구성하는 유·무형의 특별한 형태 및 수단에 근거를 두고 있으며, 이들은 존중되어야 한다.'고 하여 시간적·지리적·역사적 특수성을 인정하고, 문화유산의 가치 판단은 문화마다 다를 수 있고, 심지어 같은 문화 내에서도 다를 수 있기 때문에 고정된 기준으로 가치와 진정성을 판단하는 것은 불가능하다고 규정하여 베니스 헌장의 범세계적 일괄적 적용이 불가능함을 인정하였다. ICOMOS는 '나라 문서'를 바탕으로 동서양의 재료적 이양성에서 오는 보존방법의 다름을 어떻게 대처할 것인가를 놓고 수년간 학술위원회 토의를 거쳐 1999년 멕시코시티에서 열린 제12차 ICOMOS 총회에서 채택한 '역사적 목조건조물 보존을 위한 원칙'을 확정한 것이다.[20] 여기서 역사적 건조물은 전통적인 보존방법을 우선적으로 따르며, 일정기간 경과 후에는 전부 또는 부분적 해체와 조립이 필요하다는 것을 인정하였다. 우리는 세계유산보존에 관한 유네스코의 차분하고도 의욕적인 접근 방식을 높게 살 필요가 있다.

우리나라의 문화재는 목재건축이 주축이므로 화재에 취약하고 일정기간이 지나면 중건해야 한다.

동양에서 행하는 다른 사례를 하나 보겠다. 목조건축의 양식과 축조방법을 보존 전수하는 방법으로 정기적으로 복제 건물을 건축하여 옮겨 사용하는 관행이 있다. 일본의 이세진구(伊勢神宮)에서는 1300년 동안 20년에 한 번씩(式年式) 축조 이전 사용하는 방법으로 7세기의 건축 양식을 전수하여 왔다. 기록을 보면 "이세진구"의 최초 건립연도는 690년이다. 일본 천황가를 모시는 이 건조물은 신전(神殿)을 두 개의

20) 역사적 목조건조물 보존원칙(1999) -멕시코시티 개최 제12차 ICOMOS총회 채택

나란히 붙은 등분의 대지에 20년마다 옆에 있는 건물과 똑같은 새로운 건물을 짓고 신위(神位)를 새 건물로 모신 다음(일본에서는 遷宮이라고함) 헌 건물을 해체하는 방법이다. 이렇게 함으로써, 막대한 비용이 들긴 하지만 이를 지휘한 도편수는 일생동안 세 번 이상 같은 양식과 형태의 집을 지어본 경험을 가진 기술자로 하여금 한 세대마다 전수해이어가게 한다는 것이다. 이렇게 되면, 옆자리에 새로 건물을 지을 때참고할 정보원이 있기 때문에 7세기의 건축 양식이 그대로 전수되는놀라운 결과를 확인할 수 있다. 그러나 이세진구(伊勢神宮)를 일본정부는 아직 문화재로 지정하지 않고 있다. 현존하는 천황가의 궁궐과 능묘는 문화재보호법 상의 보호대상이 아니기 때문이다.

위에서 살펴본 바와 같이 국제적 보존원칙은 베니스 헌장 채택으로모든 원칙이 수립되고, 여러 번의 주제별 헌장과 선언문 다듬기부터시작하였다.

세계유산인 종묘의 정전 열주

화재로 중건한 남대문

화재로 그을린 남대문 석재와 새로 끼워 넣은 석축

제3장 유네스코의 문화유산 보존과 국제협력

1. 문화재와 문화유산

현재 범세계적으로 통용되고 있는 문화유산의 국제적 보존 규범은 세계유산협약에 근거한다. 협약은 베니스 헌장(1964)에 근거하여 초안되었고 협약에 규정된 바에 따라 제도적으로 ICOMOS 전문가의 기술적 자문을 받고 있다. 베니스 헌장의 정식 명칭은 '기념건조물 및 유적의 보존과 복원에 관한 국제헌장'21)으로 1965년 바르샤바에서 창설된 ICOMOS는 베니스 헌장의 명칭을 고스란히 이어받은 것이다.

문화재 문화유산을 보존 또는 활용하는 철학과 규범이 만들어진 것은 그리 오래된 일이 아니다. 세계적인 시야에서 보면 보존이론은 유럽에서 대두되고 아시아는 한참 후의 일이다.

제2차 세계대전 후 탄생한 국제연합(United Nations)은 유네스코를 교육·과학·문화 활동 등을 통하여 세계평화에 이바지한다는 이념 아래 창설하였는데, 문화의 여러 분야에 새로운 국제협력 무대가 생겨났다. 19세기까지만 하더라도 건축문화유산에 관한 인식은 국내적인 관심사에 머물러 있었고, 유럽에서의 역사적 건축의 보존에 관한 제도도 그때부터 등장하기 시작한다. 두 번의 세계대전을 겪으며 유산의 파괴와 소실을 경험한 유럽 나라들은, 자신들의 뿌리인 문화유산의 피해복구

---

21) 영어명칭: International Charter for the Conservation and Restoration of Monuments and Sites.

세계유산 상징 로고

를 위해 공동으로 대처한다는 생각에 1964년 베니스 헌장이 채택되면서 세계유산 개념이 구체화되고 실현되기에 이른다. 또 하나 주목할 것은 2001년 유네스코의 문화다양성 선언이다. 창설 이래 회원국의 정치·경제·사회적 상황에 대하여 문화를 여러 각도에서 해석하고 발전시켜 온 유네스코는 1982년 멕시코에서 열린 세계문화정책회의(문화장관회의)에서 유네스코 차원의 문화에 대한 정의를 다음과 같이 하였다. 훗날 이 정의는 '문화다양성 선언'의 근본이 된다.

문화란, 특정의 사회 또는 사회집단 특유의 정신적·물질적·지적·감정적 특징을 합친 것이다. 또 문화는 예술 문학뿐만 아니라, 생활양식이나 인류의 기본권으로서의 가치관인 전통과 신앙을 포함하는 총체이다.22) 문화는 사람들에게 그 자신을 돌아볼 능력을 부여한다. 문화야말로 우리들을 합리적인 존재로 만들어주고, 판단력과 도덕성을 부여한다. 문화를 통하여 우리들은 가치를 구별하고 선택할 수 있게 하며, 인간은 자신을 표현하고, 자신을 알게 하며 자신이 완전하지 않다는 것을 알게 한다. 그러므로 자신의 성취를 돌아보며 쉴 새 없이 새로운 의미와 작업으로 자신을 모방으로부터 뛰어넘게 해주는 것이다.

---

22) 유네스코 문화 정의 원문: Culture in its widest sense, culture may now be said to be the whole complex of distinctive spiritual, material, intellectual and emotional features that characterize a society or social group.

2001년 유네스코 총회에서 '문화다양성선언'을 만장일치로 통과시키면서, 개발 정책은 사람들의 문화 정체성을 존중하고, 그들의 사회구조나 가치관 신앙 등 문화적 특징에 맞춰(tailor made) 정책을 개발해야 한다고 강조하였다. 따라서 문화에 힘입어 정서적 행복과 물질적 행복을 충족할 수 있는 참된 개발목표가 달성된다고 하였다.

국제사회에서 논의되고 있는 문화다양성 개념은 다분히 정치적 차원의 또 다른 의미가 포함되어 있으며, 이 용어에 대한 정의를 어렵게 하고 있다. 문화의 개념이 확산되어 '정체성'과 동일시하고, 개념을 발전과 관련하여 최근에는 민주주의와 인권이 연계되기 시작한 것이다.

그 후 문화다양성의 언급은 문화유산에 대한 세계적 선언인 '베니스 헌장'과 진정성에 관한 '나라 문서'에도 같이 언급되어 갔다. 나라 문서 제5항은, "세계의 문화 및 유산 다양성은 모든 인류에게 있어 정신적·지적 풍요로움을 가져다주는 무엇과도 대체될 수 없는 원천이다. 문화 및 유산다양성의 보호와 증진은 인류발전의 핵심적인 측면으로 적극적으로 권장되어야 한다."고 지적한다. 이와 같이 문화의 개념 속에 전통과 정체성 존중이란 사고가 자리 잡으면서 문화유산이 정체성을 유지하는 데 필수불가결한 부분으로 인정되기 시작하였다.

최초의 갤러리는 1471년 로마 법왕이 세운 '카피토리노 미술관'에 세워졌는데 그 당시에는 군주 귀족들이 미술의 최대 옹호자였다.[23] 그 후 보존진열을 위해 '박물관(museum)'이란 용어가 처음 쓰였는데, 17세기 초에 개관한 옥스퍼드대학 애슈몰리언 박물관(Ashmolean Museum)이 처음으로 알려졌고, 1759년 개관한 대영박물관이 정식으로 박물관이란 명칭을 사용하기에 이른다. 대영박물관은 처음부터 많은 해외의 수

---

23) 지로디 저·김혜경 역, 『미술관, 박물관이란 무엇인가』, 화산문화, 1996, p.29.

집품을 전시하여 해당 문화재가 생산된 원 소유국으로부터 자주 반환 요구를 받기도 하였는데, 이 박물관에서는 관람료를 받지 않는 것으로 유명하다. 이때 개인의 수집품(collection)에서 재화(goods)로, 다시 공공재(公共財)로 전환되었다. 문화적 가치가 있는 공공재로서 동산(動産)은 문화재이다. 박물관과 같은 기관이 보관하고 관리하는 조각·공예품·회화와 같은 동산문화재나 식물·동물 등이 문화재로 정의되나 '세계유산'의 등록 대상에서 제외된다. 문화재에는 부동산은 포함되지 않는다.

예를 들어 우리 국내법에서 문화재라고 정의한 부동산은 국제사회에서는 문화재로 구분하지 않는다. 국제사회에서 "문화재"란 용어를 본격적으로 사용한 것은 1954년에 체결하고 1956년에 성립·발효된 '1954년 헤이그협약'이라 부르는 '전시문화재보호협약'24)과 '1970년 문화재 불법 반출입 및 소유권양도금지와 예방수단에 관한 협약'25)이다.

'문화재'란 용어가 우리 사회에 처음 쓰인 것은 일본의 문화재보호법이 처음이다. 그때까지 우리들은 재화(財貨)의 의미를 문화에 부치는 것은 동양 유교적 발상에서는 대단히 서투른 용어였다. 그러다가 일본의 국보 1호인 나라 법륭사(法隆寺)의 금당(金堂-법당) 화재로 인한 벽화의 소실 사건을 계기로, 종전의 국보보존법과 사적명승천연기념물보존법의 보호대상을 '문화재'라는 새로운 개념으로 포섭하여 통일적인 보호를 도모하고, 보호대상도 새롭게 정의하는 문화재보호법이 성립되었었다. 당시 입법에 관여했던 문화재전문가의 회고에 의하면, 위의 두 법을 새로운 개념으로 묶으려고 검토하고 궁리하다가 '문화재'라는

---

24) Convention for the Protection of Cultural Property in the Event of Armed Conflict, 1954.
25) Convention on the Means of Prohibiting and Preventing the Illicit Import, Export and Transfer of Ownership of Cultural Property 1970.

용어를 채택하였다고 한다. 그러나 당시 경제학에서 쓰는 재화(goods)의 개념을 문화에 붙이는 것에 대해 토론과 검토를 거쳤다고 한다. 문화재를 분류하면서, 유형과 무형유산으로 나눈 것도 획기적인 제도가 되었고, 이를 통해 많은 무형유산이 발굴 보존되었을 뿐만 아니라 우리나라 법제에도 영향을 미쳤다. 2005년에는 유네스코 차원의 무형유산보호협약도 생기게 되었으며, '문화재'는 이런 과정을 통해 우리에게 매우 친숙한 용어가 되어 널리 통용되고 있다. 그러나 '문화재'란 용어는 앞서 말한 바와 같이 법률적 배경이 강하고, 재화(goods)·개체(대상 -objects)라는 용어와 상호 대체 또는 혼용된다. 대체적으로 '문화재'라 함은, '소유권'과 연결시킨 법적 근거가 있는 개념으로,26) 언어와 종교 같은 문화현상은 문화재로 구분하지 않는다. '문화유산(cultural heritage)' 은 유산이 의미하는 바와 같이 다음 세대에 물려주는 일을 강조27)하는 특징이 있으며, 언어와 종교도 문화유산이란 개념에 포함된다.

일반적으로 '문화유산'이란 용어에 문화재를 포함시키거나 대체하는 경향도 보인다. 문화유산 전문에서는 1931년 '아테네 헌장'과 1964년 '베니스 헌장'에서 부동산 문화유산을 '기념물'과 '유적지'로 분류하기 시작했으며, 이 정의는 1972년에 채택한 '세계유산협약'을 시행하면서 지금까지 준용되고 있다. 그러므로 '문화재'와 '문화유산'이란 용어는 각각의 협약이나 각국의 법제에서 정의하는 의미를 새겨서 이해해야 한다. 참고로 우리나라에서는 문화재관리 주무 부서를 법적으로도 '문화재청' 으로 부르고 있다. 그런데 이 기관의 영문 명칭을 "문화유산관리청

---

26) 유네스코의 문화재/문화유산에 관한 해설문: Generally, the word "property" has a legal background(linked to "ownership"), (출처: FAQ, UNESCO Culture Portal)
27) "heritage" stresses conservation and transfer from generation to generation. (출처: FAQ, UNESCO Culture Portal)

(Cultural Heritage Administration)"이라 부르면서 혼동을 초래했다.

문화재의 수리와 복원은 동산을 중심으로 박물관이 선도하여 보존과학으로 발전시켜 왔다. 그러나 박물관은 수집품 이외 박물관에서 소장하기 힘든 '기념건조물과 유적(monuments and sites)'의 보존과 보호대해서는 별도의 개념으로 하고 있다. 그렇다면 왜 박물관이 문화재 보존 이론의 효시를 형성하였을까? 절대군주제의 퇴화와 함께 귀족계급이 없어지면서 박물관이 이들을 대신하여 유물수집과 보관의 중심이되고, 유물의 보존과 관리를 체계적으로 시도하기 시작한 후 서서히생겨난 것이다.

한편 '문화유산'이란 용어는, 법적용어로 자리매김한 문화재(property)와 혼용되면서, 두 단어의 구별을 명확히 할 필요가 생겼다. '문화유산(heritage)'이란 용어는 사용하기 시작한 것은 그리 오래되지 않았다.
'문화재'와 '문화유산'의 뜻과 개념을 살펴보자.
문화재란, 단어의 뜻은 문화적 가치가 있는 어떤 물건(또는 대상 - object)을 군주나 왕족 및 귀족이 수집품(collection)하여 보관(보존)해 오다 르네상스 이후 이를 진열 전시한 것을 효시로 박물관, 또는 갤러리(gallery)란용어가 생겨났다. 이전까지 이런 것들을 표현하는 용어로 골동품·보물·사적·고택과 같은 단어가 쓰였고, 영어권에서는 고택을 '역사적 자산(historic property)'으로 오래된 정원을 '역사적 정원(historic garden)'으로 불러왔다.

앙코르와트 불교사원은 14세기 앙코르왕조가 세운 세계유산이다. 앙코르와트 사원
은 앙코르 왕조가 태국에게 패망한 후 잊힌 유적으로 1866년 프랑스인들이 발견했
다. 지금도 밀림 속에서 사원 석벽을 타고 올라간 열대수림이 볼거리이다. 크메르
공산정권이 멸망하고 난 후 일본을 비롯한 유네스코의 특별국제원조자금으로 복구
가 계속되고 있다.

2. 유네스코 – 국제적 문화기구의 탄생과 활동

문화유산보존은 유네스코 문화 활동의 일환이다. 이 업무 추진을 위해 국제협력 장치(instrument)가 만들어졌는데, 바로 국제적인 논의를 거쳐 발효된 '1954년 전시문화재보호협약'과 '1970년 문화재 불법 반출입 및 소유권 양도금지와 예방 수단에 관한 협약'이다. 1972년에는 '세계의 문화유산 및 자연유산의 보호에 관한 협약(Conservation Concerning the Protection of the World Cultural and Natural Heritage)'이 체결 비준 발효되면서, 문화재와 문화유산 보호의 국제적 협력관계가 성립하게 된다.

미국의 주도하에 세계자연보전연맹(International Union on Conservation of Nature-IUCN)을 추진하던 자연유산협약은 문화유산협약과 경합하다가 '세계유산협약(World Heritage Convention)'으로 통합되었는데, 여기서는 자세한 추진 경위는 생략하기로 한다.

세계문화유산협약은 1964년에 채택된 '베니스 헌장'이 기본이 되었다. 베니스 헌장은 1931년 아테네 헌장의 뒤를 이어 받아, 기념건조물 건축가 및 전문가 총회가 열려, 처음으로 '역사적 기념건조물(Historic Monument)'이라는 전문적 용어가 선보였고 '아테네헌장(Athens Charter for the Restoration of Historic Monuments)'이 채택되었다. 제1차 세계대전이 끝난 후 처음으로 범국가적인 문화재 보존과 보호에 관한 국제적인 논의가 시작되어, 문화유산은 한 나라의 단일 소유라기보다는 세계의 공동자산이 되어가고 있다는 사실을 인식하기 시작했으며, 국제적인 NGO(비정부기구)의 설립 필요성이 제기되었다.

아테네회의에서 처음으로 역사적 기념건조물을 보호하기 위해, 각국이 법률적 수단을 마련할 것과, 특정 건조물이 비록 사적으로 소유한 것이라 해도 그 소유권에 대한 공동체의 특정한 권한을 인정하라는 권고를 채택함으로써, 문화재에 대한 사적재산권의 제한 가능성을 최초로 공개적이면서 국제적으로 언급하였다. 아테네 헌장은 세계의 역사적 건조물에 대해 현재 통용되는 원칙과 반향을 처음으로 제시하였다. 그러나 당시 국제연맹(International League)은 제대로 기능을 하지 못하고, 제2차 세계대전을 겪으면서 또다시 많은 역사적 건조물의 파괴를 목격해야만 했다.

세계 제2차 대전 후 1964년 '베니스 헌장'이 채택되었다. 정식명칭은 '기념물과 유적의 보존복원을 위한 국제헌장'이다. 베니스 헌장은 그 명칭이 표현하는 '기념물'과 '유적', 또는 '사적지'를 주축으로 보존 보호 대상을 규정한 바에 따라, 세계문화유산을 전문가적 기준으로 심의하고 모니터하는 '이코모스(ICOMOS-International Council on Monuments and Sites)'가 조직되었으며, 유네스코의 세계유산 등재 업무를 보조하는 기구가 탄생되었다. 오늘날 유네스코에서 문화재와 문화유산업무에 자문활동을 하는 NGO 기구는 '국제박물관협의회(International Council on Museum)'와 '이코모스' 2곳뿐이다.

3. 세계유산협약 성립과 운용

1950년대 이집트는 전력 사정 개선과 안정적인 수자원을 확보하기 위해 나일강 유역에 아스완 하이 댐을 건설하기로 결정하였다. 그로 인해 이집트 아스완 지역은 물론 이웃 나라 수단의 누비아 계곡에 남아있던 고대 누비아 유적(고대 이집트 문명으로서 람세스 2세가 세운 아부심벨 대 신전과 소 신전, 프톨레마이오스 왕조 시대에 세운 필레 신전 등이 대표적 유적)이 물에 잠길 운명이 되었다. 이집트와 수단 정부는 유적을 보호하고자 1959년 유네스코에 지원을 요청하였다. 유네스코는 곧바로 세계적인 누비아 유적보호운동을 전개하여 국제사회에 큰 반향을 일으켰으며, 유네스코 50개 회원국에서 약 8천만 달러가 모금되었다. 그리하여 1968년 누비아 유적의 핵심이라고 할 수 있는 아부심벨 사원이 이전되었고, 1973년 수단 내 유적 발굴이 완료되면서 이 운동은 1980년 공식적으로 종료되었다. 국제사회는 이 사건을 계기로 누비아 유적과 같이 인류사적으로 중요한 유산을 상시적으로 보호할 수 있는 체제의 필요성을 절감하였다. 유네스코가 세계유산협약을 체결하여 시행하게 된 계기는 '누비아 유적보호운동'으로 촉발되었던 것이다.

세계유산협약의 주요 내용은 베니스 헌장에 기초를 두고 있다.

첫째는 세계 문화 및 자연유산을 정의하고 유산 보호를 위한 국가적인 노력을 경주하여야 하며, 유산보호에 협력하는 것이 국제사회 전체의 의무라는 것을 인식하고, 둘째는 세계 문화 및 자연유산 보호를 위한 정부간위원회(회원국 정부 대표를 구성하며 통칭 세계유산위원회라고 부른다)를 설치 운영하여, 이 위원회가 세계유산 등재 및 모니터링을 담당하는 한편 유네스코 세계유산기금을 운영하며, 셋째는 일반인들의 세계유산 보호에 관한 인식을 증진시키기 위한 교육활동을 벌이고, 정보제공을 권장하는 활동이다.

1) 등재를 위한 국제적 기준

세계유산으로 등재할 수 있는 문화유산은 일정한 등재(inscription) 기준에 맞아야 한다. 세계유산위원회는 운영지침(Operational Guideline)을 만들어 다음과 같은 기준에 맞는 요건을 제시하였는데, 유산을 등재하고자 하는 신청국은 이 기준에 맞는지를 증명하여야(justification) 한다.

세계유산으로 등재되기 위해서 갖추어야 할 가치로서, 첫 번째는 한 나라에 한정되지 않는 '세계적 탁월한 보편적 가치(Outstanding Universal Value-통칭 OUV)'를 지니고 있어야 하며, OUV를 평가하는 10가지의 등재기준에 부합되어야 한다. 또한, 유산의 가치를 보여줄 수 있는 모든 요소를 포함해 법적, 제도적 관리 정책이 수립되어 있어야 세계유산으로 등재할 수 있다. 즉 문화유산은 디자인·재료·제작기술 또는 주변 환경, 건축 환경(setting-이하 세팅이라고 표현)에 관하여 진정성(authenticity)이 충분히 검증되어야 한다. 두 번째는 등재 문화유산이 보존될 수 있도록 적절한 법적제도와 함께 관리체제와 관리계획을 가지고 있어야 한다. 방문객이 많은 곳에 대해서는 유적지의 전체적인 보존관리 대책과 함께 대중들이 쉽게 접근할 수 있는 방안을 의미하기 때문이다.

OUV(Outstanding Universal Value)에 맞게 등재할 수 있는 유형의 문화유산으로서 다음 세 가지로 분류하는데[28], 우리나라 문화재보호법의 문화재 정의와 비교되는 부분이다.

---

28) 부록: 세계유산협약 참조

(1) 기념건조물(monument)

이에 해당하는 유산은 OUV를 지닌 비명(碑銘)·동굴·생활의 흔적·조각·그림 또는 이의 복합물, 그리고 건축물이 포함된다. 우리가 아는 기념물과는 개념이 다르며, 대부분의 유형유산이 여기에 해당된다.

(2) 유적(지)(site)

인간이 만들어 낸 산물이나 OUV를 지닌 고고학적인 장소를 포함한다. 영어에서의 'site'는 '유적'만 의미하지 않는다. 취락이나 문화경관은 '유적지'로 분류된다. 즉 우리가 통상적으로 인식하는 고고학적 발굴지만을 뜻하지 않고, 건조물의 장소와 현장도 site로 표기되는 경우가 많다.

(3) 건축물군(groups of buildings)

건축물이나 주변 경관과의 동질성이나 주변과의 조화에 기인하는 역사 과학 예술적 관점에서의 OUV를 지닌 단일 건축물군 또는 서로 분리된 건축물군.

운영지침에 규정한 '세계적 탁월한 보편적 가치'는 '국가의 영역을 넘어서 전 인류에게 현대에서 후세까지 공통으로 인정할 아주 예외적인 문화적·자연적 중요성을 뜻한다'고 하여, 탁월한 보편적 가치를 지닌다고 할 경우 그 유산이 완전성과 진정성을 충족시키고, 유산의 관리를 확실하게 할 적절한 보호와 관리체계를 보유하지 않으면 안 된다고 규정하고 있다.

세계유산 협약을 시행하기 위한 운영지침에 구체적으로 정한 OUV의 기준(Criteria)은 다음과 같다.

▣ 문화유산

① 인간의 창의성으로 빚어진 걸작을 대표할 것

② 오랜 세월에 걸쳐 또는 세계의 일정 문화권 내에서 건축이나 기술 발전, 기념물 제작, 도시 계획이나 조경 디자인에 있어 인간 가치의 중요한 교류를 반영하는 것

③ 현존하거나 이미 사라진 문화적 전통이나 문명의 독보적 또는 적어도 특출한 증거일 것

④ 인류 역사에 있어 중요 단계를 예증하는 건물, 건축이나 기술의 총체, 경관 유형의 대표적 사례일 것

⑤ 특히 번복할 수 없는 변화의 영향으로 취약해졌을 때, 환경이나 인간의 상호 작용이나 문화를 대변하는 전통적 정주지나 육지와 바다의 사용을 예증하는 대표 사례일 것

⑥ 사건이나 실존하는 전통, 사상이나 신조, 보편적 중요성이 탁월한 예술 및 문학작품과 직접 또는 가시적으로 연관될 것

▣ 자연유산

⑦ 최상의 자연 현상이나 뛰어난 자연미와 미학적 중요성을 지닌 지역을 포함할 것

⑧ 생명의 기록이나, 지형 발전상의 지질학적 주요 진행과정, 지형학이나 자연지리학적 측면의 중요 특징을 포함해 지구 역사상 주요단계를 입증하는 대표적 사례

⑨ 육상, 민물, 해안 및 해양 생태계와 동·식물 군락의 진화 및 발전에 있어 생태학적, 생물학적 주요 진행 과정을 입증하는 대표적 사례일 것

⑩ 과학이나 보존 관점에서 볼 때 보편적 가치가 탁월하고 현재 멸종 위기에 처한 종을 포함한 생물학적 다양성의 현장 보존을 위해 가장 중요하고 의미가 큰 자연 서식지를 포괄

▣ 문화경관

세계유산협약 제1조에 의하면 세계유산으로 선정할 수 있는 카테고리로 '자연과 인간의 복합 작품'을 규정하고 있다. 인간과 자연 결합의 소산으로 등재된 최초의 유산은 1979년 캐나다 뉴파운드랜드의 바이킹 유적지가 혼합유산으로 등재되었다. 그 후 영국이 '호수지구(Lake District)' 세계유산 등재를 신청하면서 인간과 자연의 결합을 놓고, 기준의 해석을 확대시킬 필요성이 대두되었다. 그리하여 1984년 부에노스아이레스에서 열린 세계유산위원회에서는 전원경관(rural land-scape)과 같이 사람의 손이 일구어낸 경관을 세계유산으로 포함시킬지를 ICOMOS와 IUCN이 수년 동안의 공동작업 끝에, 1992년 세계유산에 '문화경관'이란 새로운 개념을 확립시켰다. 이에 따라 1993년 작성된 운영지침에 협약 제1조에 명시된 '자연과 인간의 복합 작품'을 의미하는 '문화경관'이란 정의가 새롭게 추가되었다. 즉 인간과 자연의 다양한 상호작용을 표현해주고 있으며, 오랜 세월동안 자연환경과 사회·경제·문화제도에 인간사회와 주거상태의 진화를 나타내는 문화유산의 한 형태가 '문화경관'으로 등재된 것이다. 운영지침은 문화경관을 다음과 같이 분류한다.

Ⅰ. 인간이 의도적으로 설계하여 창조한 문화경관 영국의 Kew Garden이 여기에 해당한다.
Ⅱ. 유기적으로 진화해온 문화적 경관으로 자연환경과 연관되어 있다.
    Ⅱ-1. 한 시기에 발전단계가 종료되어 잔존하는 문화경관 아프가니 스탄의 바미안 불교유적이 여기에 해당한다.
    Ⅱ-2. 계속되고 있는 문화경관-코르디렐라스 다랑논, 헝가리의 포도농원 등
Ⅲ. 종교, 예술 및 문화적 연관성을 지닌 문화경관-문화적 물증보다 자연요소와 연관이 인정되는 경우

역사적·자연적 환경이 서로 다른 문화유산을 세계유산으로 등재하기 위해서는 위의 일정한 OUV와 유산이 어느 정도 역사적 짜임새와 주변적·건축적 환경을 유지하고 있는지, 재료와 디자인은 전통적 기법이 그대로 완전하게 그리고 진정하게 유지되고 있는가에 대한 논의가 나라 문서(1994)에 처음으로 정의되었다. 이에 의하면 기념건조물과 유적의 디자인·재질·기법 등에서 유산이 진정성과 완전성을 보유하고 있어야 할 것을 규정하고 있다. 이 부분은 보존이론에서 좀 더 구체적으로 다루기로 한다.

세계유산은 다음과 같은 경우 유네스코의 경제적·재정적 지원을 받는 것으로 규정하고 있다. 선진국들은 세계유산으로 등재되어도 해당 유산 보존을 위해 세계유산위원회로부터 재정 지원을 받는 경우는 거의 없다. 그러나 저개발국의 경우 세계유산에 등재되면 세계유산기금 및 세계유산센터, 국제기념물유적협의회 등 관련 기구를 통해 유산 보호에 필요한 재정 및 기술 지원을 받을 수 있는 장점도 있다. 세계유산협약 체결의 계기가 된 누비아유적을 살리기 위한 국제적 원조 캠페인, 인도네시아의 보로부두르 유적이나 캄보디아의 앙코르와트 복원 수리는 국제적인 원조로 조달되었으며, 세계유산기금과 일본정부의 해외원조자금이 여기에 투입되었다.

세계유산협약 운영지침은 지원 형태를 다음과 같이 규정하고 있다.

1) 긴급 지원 : 갑작스럽고 예기치 못한 자연적·인위적 현상 때문에 피해 위험이 임박한 지역을 대상
2) 예비 지원 : ① 잠정목록을 준비 내지 갱신하거나 잠정목록 작성을 위한 회의 개최, ② 세계유산목록 신청 준비, ③ 훈련과정의 개최와 관련된 신청을 포함해 기술 협력 준비(세계유산 국제전략,

대표성 강화, 유산지역 다양성 증가 필요성 등으로 인해 예비 지원이 매우 중요)

3) 기술 협력 : 세계유산지역의 보존과 관리를 위한 전문가와 장비 파견. 지원 수요와 배분액 면에서 국제적 지원 가운데 가장 큰 몫을 차지

4) 훈련 및 연구 지원 : 세계유산의 확인·보호·보존·홍보·기능회복 등의 분야에서 모든 수준의 담당자 훈련, 또는 세계유산지역에 필요한 연구와 과학적 조사 등을 목적을 위한 훈련 및 연구 지원

5) 교육·정보·인식제고 : 세계유산협약에 대한 인식 제고 목표. 인쇄물 발간, 번역, 정보 자료 보급 등

4. 협약의 효용성과 운영의 결과

세계유산협약은 국제적으로 다자 간 체결을 실시하고 있는 조약과 협약 중에 가장 영향력 있는 국제 규범이 되었다. 회원국 수나 세계유산 수로만 본다면 세계유산협약은 국제조약으로서는 대단한 영향력이 있고 크게 성공한 국제조약이다. 많은 나라가 세계유산의 효용성을 인정하고 앞 다투어 등재를 신청하고 있다. 2013년 8월 세계유산조약 가입국은 190개국이며, 세계유산으로 등재된 건조물과 유적은 모두 981개소를 헤아리게 되었다. 그 중 문화유산이 759개소, 자연유산이 193개소 자연과 문화가 혼합되어 구성된 복합유산이 29개소가 된다.

세계유산에 등재되는 것은 해당 유산이 특정 국가나 민족의 유산을 넘어 인류가 공동으로 보호할 가치가 있는 문화재임이 증명되는 것이다. 세계유산으로 등재되면 소재한 지역의 공동체는 물론 국가와 국민

의 자긍심이 고취되고, 자신들이 보유하고 있는 유산의 가치를 다시 인식함으로써 문화유산을 보존하는 데 크게 기여할 수 있다는 점이다. 또한 세계유산이란 지명도가 높아지면서 관광 진흥에 커다란 유인요소가 되고 있으며, 결과적으로 그 지역의 고용기회, 수입증가를 가져온다. 또 유산에 등재된다는 것은 해당 유산에 대한 보존관리책임을 국가가 보장한다는 의미가 자동으로 생기기 때문에 저개발국이나 경제적으로 궁핍한 다수의 공동체는 세계유산등재를 열망하는 경우도 있다. 필자가 방문한 일부 국가에서는 국책사업으로 이를 추진하기도 한다. 등재 이후 호된 입장료를 챙겨 상당한 규모의 관광수입을 노릴 수 있기 때문이다.

세계유산으로 선정되어도 해당 유산의 소유권이나 관리는 변화가 없으며, 해당 국가 국내법의 적용을 받는다. 다만 세계유산위원회는 당사국이 세계유산을 적절하게 보호하며 관리하고 있는지 주기적으로 보고서 제출을 요구하고 있으며, 등재된 지 5년이 경과하면 필요한 경우 현지 조사를 실시하기도 한다. 이 부분은 세계유산협약이 국가의 불가침 불가분의 주권을 침해하는 요소로 보는 전문가도 있다. 왜냐하면, 국가의 주권은 타(국제기구 포함)의 간섭을 용납하지 못하는 것인데, 국제기관이 한 나라의 영토 내에서 유산의 관리 상태를 점검 조사한다는 것은 엄밀히 말해 주권국가의 주권을 침해 또는 제약하는 결과를 발생시킨다는 것이다. 그러나 세계유산협약의 효용성으로 인하여 국가는 자기 주권 행사를 일정부분 감내하면서 국제기구의 감사를 받는다는 결과가 되는 것이다.

조사 결과 유산관리 체제가 미흡하고 예산이 부족하여 등재된 유산이 그대로 지속할 것 같으면, 해당 유산의 OUV는 물론 유산자체의 멸실도 우려되는 경우가 생긴다. 유네스코는 이러한 사태가 발생하면 해당유산을 위험에 처한 유산으로 분류하고, 일정기간이 지나도 개선되지 않으면 해당유산을 등재 목록에서 삭제한다.

문화유산협약은 세계유산위원회가 변화하는 현실에 맞추어 운영지침이란 것을 개정해가면서 끊임없이 진화하고 있다. 실제에 있어 세계유산위원회는 ICOMOS의 전문적 자문을 받아 문화유산 등재 심사를 하고 관리체제에 대한 모니터링을 실시한다. 문화재보호법을 20년 앞서 제정하여 유무형문화재의 개념을 도입한 일본은, 세계유산협약의 창조성을 높이 사서 '2006년 문화재보호법 개정'에서, 문화재 정의에 '문화경관'을 신설·추가했다. 우리나라는 '2010년도 문화재보호법 개정'에서 '세계유산의 등재 및 보호에 관한 규정'을 신설하고, 문화재청이 주무관청이 되어 유네스코의 세계유산, 인류무형문화유산 또는 세계기록유산 등재를 추진하고, 이를 통해 인류문화재의 보존과 문화재의 국위선양을 도모한다는 조항(제19조)을 추가하였으며, 국제협력의 의지를 공식화하였다.

1975년 회원국의 비준으로 발효한 협약은 20년 동안 시행하면서 자연유산보다 문화유산에 편중되는 현상이 일어났고, 지역적으로는 일부 유럽국가에 편중되는 현상을 보였다. 1993년 등재 건수는 모두 410개소였는데, 이 중 유럽과 북미 190개소(48%), 아시아 태평양 지역 81개소(20%), 중남미 53개소(13%), 중동과 아랍 45개소(11%), 아프리카 제국 40개소(10%)로 유럽의 압도적 지역 편중을 보이고 있다. 내용면에서도 등재현황을 분석한 결과 유럽에 편중하여 역사적 타운, 종교적 건조물, 기독교유산과 향토적 건축과 대비되는 엘리트(고급) 건축은 과중하게 반영되어 있는 반면, 생활문화, 특히 전통문화가 거의 반영되지 않았음이 밝혀졌다. 문화와 자연유산을 분류해보면, 문화유산이 304개소, 자연유산이 90개소로 문화유산이 자연유산의 3배 이상 등록되는 불균형을 이루고 있다.

1) 왜 유럽 편중이 일어났을까?

아시아는 일본을 제외하고 대부분 식민지 국가였던 역사를 지니고 있기 때문에, 문화유산 보존에 대한 전문적 식견을 가진 전문가들이 많지 않아 국제연합의 탄생이나 유네스코 활동분야에 참여해서 발언할 기회가 주어지지 않았다. 따라서 세계유산협약 제정 당시 능동적으로 참여하거나 가입하는 것이 상대적으로 늦어졌다. 참고로 우리 인근의 세계유산협약 가입(비준한 년도)을 보면, 중국 1985년, 한국 1988년, 일본 1992년, 북한 1998년 순으로 나타난다. 유네스코 창설회원국인 미국은 중동과 팔레스타인 문제로 유네스코 다수회원국인 신생 회원국과 갈등을 빚으면서 1984년 탈퇴하였다가 2003년 다시 가입하여 활동하고 있다.

미국이 탈퇴한 기간 동안 유네스코의 세계유산협약은 유럽 중심의 운영이 불가피하여, 현재의 세계유산 등재 목록을 보면 서유럽국가 중심의 세계유산체제임을 알 수 있다. 서유럽이 압도적으로 많은 수의 세계유산을 보유한 이유는, 세계유산 등재를 위한 복잡한 전문적인 절차를 숙지하고 이를 추진할 수 있는 우수한 전문가의 수가 부족하였으며, 연구의 축적이 그리 많지 않았기 때문이다.

등재를 추진하는 데는 만만치 않은 예산을 필요로 한다. 유럽 국가는 등재요건을 충족시킬 오랜 역사에서 남아온 많은 유산과 이를 연구한 전문가와 연구가 많이 이루어졌으며, 등재활동을 위한 정부예산과 공공단체가 뒷받침 해주었기 때문이다. 신생 개발도상국의 경우 전문가를 국제연구모임에 파견할 돈이 없어 선진국의 학술지원재단이 지원하는 경우도 있었다. 이렇듯 자국에 많은 세계유산등재 후보유산이 있다고 하더라도 불가능하였던 것이다.

세계유산제도는 40년을 운영하면서 많은 긍정적인 결과를 가져왔지만, 제도와 지정을 일부 부유국가가 과점하고 국제정치의 한 차원으로 발전시킨 측면이 없지 않다. 세계유산 지정 제도는 역작용도 우려되는 측면이 있다. 관광의 진흥은 많은 경우 유산의 보존에 부정적인 요소로 작용하기 때문이다. 방문자의 증가는 유산을 오염시키거나 퇴락을 촉진하는 경우가 많다. 사람이 사는 주거유산은 주민의 편안한 삶을 침해하기 쉽다. 우리나라 하회마을 사람들은 세계유산으로 등재되기 이전부터 민속마을의 지명도가 높아지고 관광객이 백만 명 수준에 이르자 시도 때도 없이 집안을 기웃거리는 관광객 때문에 더운 여름에 옷도 벗을 수 없다는 고충을 털어놓는 경우도 있었다. 어쨌든 세계문화유산협약은 국제적인 제도로서 자리매김했는데, 문화유산 보호의 철학과 실천의 발전에 새로운 전기를 마련하여 세계유산이 인류의 공통의 유산이란 새로운 이념을 도입·정착시켰다. 그리하여 세계유산 시스템이 정착되어 문화유산보존의 커다란 변화를 가져왔다.

이러한 배경 아래 유네스코가 착수한 것이 세계유산의 확대보완전략(Global strategy)이다.

세계유산위원회(WHC-World Heritage Committee)는 지역편중과 불균형을 시정하고 세계유산조약의 이념을 수행하기 위한 조치로, 논의를 거듭해 1994년 세계문화 및 자연유산의 다양성을 반영하기 위해 '대표성과 균형성이 잡히고 신뢰할 수 있는 세계유산목록 작성을 위한 국제전략(Global Strategy for a Representative, Balanced and Credible World Heritage List)'을 발표했다. 세계유산위원회는 글로벌 전략을 채택하여, 세계문화 및 자연유산의 다양한 스펙트럼을 반영하고 포괄적인 프레임워크 및 운영 방법을 강구해 새로운 비전을 제시하였다. 문화유산은 협의의 개념을 넘어 자연과의 공존(자연과 인간의 상호작용)은 물론 문화적 공존과 창조적 표현이 뛰어난 유적지를 인정하고 보호해야 한다고 강조하였다. 그리하여 제대로 반영되지 못한 후보 사이트의 확충을 위해 회원국이 등재 신청할 수 있는 유산의 수를 제한하고 매년 등재심의건수를 제한하는 방향으로 내실화를 추진한다는 것이 글로벌전략이다. 글로벌전략의 결과로 자연과 문화가 혼합된 "문화적 경관" 개념이 유산등재 기준에 추가되었고, 세계유산위원회는 매년 45건의 유산만 심의하기 때문에 회원국 사이의 경쟁도 심화되고 있는 형편이다.

세계유산 시스템에 의한 국제적 외교와 협력 중에서 눈여겨보고 싶은 일은, 중국이 가지고 있는 등재 개수이다. 중국은 넓은 영토와 오랜 역사를 가진 나라로 문화유산 후보가 많은 것도 사실이지만 현재 모두 43개소의 세계유산을 등재시켜 놓았는데 이 중에 문화유산이 31개소, 자연유산이 8개소, 복합유산이 4개소이다. 뒤늦게 1985년 협약을 비준 가입한 중국은 1987년부터 최초로 베이징과 셴양의 명·청릉(明·淸陵)을 세계문화유산으로 등재시킨 후 범국가적인 사업으로 매년 3~4개의 유산등록을 추진하고 있는 중이다. 실제 중국에는 NGO여야 할 ICOMOS가 정부기관으로서 국가문물국(한국의 문화재청에 해당함)이 맡아서 일하고 있으며, 중국 ICOMOS 위원장은 문물국의 부국장이다. 중국이 세계유산으로 등재시킨 리쟝 고읍(麗江古邑)의 예를 들어보자.

필자는 2001년 2주 동안 리쟝에서 열린 유네스코 문화유산관련회의에 참석하면서 리쟝을 자세히 살펴볼 기회가 있었다. 리쟝은 1996년 2월 24일에 강도 7.1의 지진이 일어나 322명의 사망자, 4,800명의 중상자(대부분 사망), 10,000명의 부상자를 냈으며 무너진 가옥만도 18만 채, 이재민 30만 명을 헤아리는 대지진이었다. 그러나 이렇게 커다란 재앙을 딛고 일어서서 복구하여 그 이듬해 1997년도에 리쟝은 세계유산으로 등재된다. 이렇게 신속히 복구하여 세계유산에 등재시킬 수 있을까? 복구에 졸속이란 지적도 만만치 않았다. 그러나 중국의 놀라운 외교력과 중국문화재관리당국의 끈질김과 저력이 이를 만들어냈다. 여기에는 소수민족인 나시족(納西族)의 문화전통의 멸실(滅失)을 걱정한 세계은행의 경제적 원조도 작용하였던 것이다.

중국이 세계유산 시스템을 이용하는 사례는 여기에 그치지 않는다. 중국 문물국은 2000년대부터 세계유산위원회 운영지침이 도입한 문화루트, 즉 점(도시 또는 주거지)으로 연결되는 선형(linear)성의 문화적 역정(歷程-itinerary)을, 중국 서북쪽 신장회족자치지구(新疆回族自治地區)의 밖 중앙아시아 5개국(카자흐스탄, 우즈베키스탄, 키르기스스탄, 타지크스탄, 투르크메니스탄)과 협력하여 실크로드를 세계유산으로 등재하기 위한 국제적 협력 사업에 주력하고 있는 중이다. 그리고 이를 통해 중국은 베이징에서 유럽으로 잇는 새로운 고속철도계획을 세워놓고 있는 중이다. 원래 중국은 1980년대까지 실크로드에 대하여 그리 관심을 두지 않던 지역이었고 오히려 일본사람들이 실크로드에 매료되어 발굴조사 연구하고 세계적인 다큐멘터리를 제작하여 세계적으로 저명한 문명의 길이란 것을 확립시켰던 것인데, 현대의 기술로 실크로드를 재현하겠다는 취지인 것이다. 국제적 협력 시스템에서 또 하나 이야기하고 싶은 것은 중국정부의 문화재행정에 임하는 열린 자세이다. 정부기관이 막강한 권한을 갖고 문화재를 관리하면서도, 오스트레일리아의 도움을 받아 중국판 '뷰라 헌장(Bura Charter)'을 도입하여 문화재 관리의 국제화에 활용하고 있음은 음미할 만하다.

일본도 문화유산보존의 국제외교와 협력에서 대단히 적극적으로 활동하고 있다. 유네스코 사무총장은 일본출신 외교관인데다, 세계유산 사무국에 일본인 사무원이 다수 파견 활동하고 있으며, 일본정부는 오래전부터 외무성의 ODA자금으로 앙코르와트나 보로부두르와 같은 외국의 문화 유적의 복원과 수리를 위해 외국정부에 경제원조의 한 형태로 문화유산 보존에 대한 원조를 하고 있는 것이다. 그러나 일본은 국제무대에서 활발히 활동하고 있음에도 불구하고 국내에서의 문화재를 다루는 정부기관은 문부과학성 안에 문화청29)이 있고, 그 안에 문화재부(文化財部)가 문화재와 문화유산 보호업무를 담당하고 있다. 일본의 경우 정부 조직상의 문제도 있지만, 비지정문화유산에 대한 법의 보호(개입)가 극도로 저조한 사례도 있다. 일본에 남아 있는 조선통신사 유적을 세계유산의 문화루트로 등재하려는 움직임이 최근 일본의 일부 지방자치단체와 학술단체, 그리고 우리나라 부산시 등이 나서서 추진하고 있다.

일본의 제도적 특성 때문에 지방에 소재한 문화유산에 대하여 중앙정부의 장악력이 낮은 현실이 가져온 사례를 보면 다음과 같다.

히로시마 현(広島県) 도모노우라(鞆の浦)에 남아 있는 에도시대(江戸時代) 항만유적을 둘러싸고, 지난 10년간 지방자치단체는 현지주민단

---

29) 문화청의 장을 문화청장관이라고 부르나, 문화청은 문부과학성의 한 외국(外局)이라고 한다.

체와 손잡은 시민단체와 대치하였다. 에도시대란 17~19세기 중반까지 지속된 도쿄를 근거지로 했던 무인정권으로 에도바쿠후(江戸幕府)라고도 한다. 도모노우라의 항은 세도내해(瀬戸内海)의 오래된 접안시설로서 일본과 동 일본을 잇는 주요한 항로였고, 임진왜란 이후 일본에 오고갔던 조선통신사 일행이 도중에 정박했던 곳으로 당시의 접안시설과 숙소도 아직 남아 있다. 지방자치단체는 해안 읍촌이 현대화되어 가는 교통수요가 한계에 이르자, 도모노우라 만(灣)을 가로지르는 수상자동차 도로를 건설하려고 도시계획을 확정 공고하였다. 이에 대하여 에도시대의 문화유적을 보호하려는 지역주민과 시민단체가 들고일어나서 반대운동을 벌였으나 지방자치단체는 도로건설계획을 밀어붙이려고 했고, 중앙정부(국토건설성)는 방관하는 자세를 취했다. 시민단체는 법원에 지자체의 도로건설을 중지하라는 소를 제기하였는데 이 보호운동에 ICOMOS 일본위원회가 개입되어 있었다.

일본 ICOMOS는 학술분과 전문가를 초대하여 세미나를 수년 지행해왔다. 필자도 여기에 참석한 바 있다. 일본 ICOMOS 국내위원회는 국제유적보호단체에 보고하여 이곳을 "위험에 처한 문화유산"으로 등재 공표하여 국제여론에 호소하였다. 10여 년을 끌어온 끝에 법원은 시민단체의 손을 들어주어 공사는 백지화되고, 에도시대의 유적은 그대로 보호하게 되었다. 이웃나라의 한 사례이지만 타산지석으로 삼을 만한 사례라고 생각한다.

우리의 문화유산 보존활동은 앞으로 국제적인 규범과 프레임워크에 맞추어 나가야 할 것이다. 중국은 이미 오스트레일리아 '뷰라 헌장'을 참조하여 중국의 문화유산보존 원칙을 제정하여 ICOMOS에 신고했다. 일본도 문화재보호법을 개정하여 국제헌장의 원칙과 맞추려는 시도를 하면서 일부 법조항을 개정하였다. 그런데 우리나라는 국제적 협력 측면에서 너무 좁은 시야에서 다루어 오지는 않았는지 살펴보아야 할 때이다. 자체적인 이론도 개발해야 하지만, 문화재보호법 상의 보존, 복원에 관한 규정이 베니스 헌장이 규정하는 원칙과 상충되는 부분이 있다고 하면, 우리의 보존원칙과 국제 공인 베니스 헌장 등의 국제적 원칙에 어긋남이 없는지 검토해야 할 것이다. 이런 맥락에서 문화재청이 작성 고시한 '역사적 건축물과 유적의 수리·복원 관리에 관한 일반원칙(2009.9.3.문화재청 고시)'[30]과 문화재보호법과의 용어 정리를 시도해야 하지 않을까 생각된다. 고시에 규정한 역사적 건축물은 문화재보호법이 정의하는 문화재 중 어디에 해당하는 것인지, 정의와 개념의 표현도 다르기 때문에 해석상 애매하다. 한 예로 조선 왕릉은 세계문화유산 등재유산으로 기념물이자 유적지에 해당한다. 그러나 우리나라 문화재 보호법에서는 이를 보물 또는 사적지로 정의하기 때문에 혼란을 초래할 수 있다. 문화재보호법에 규정한 '역사 문화 환경'은 시행령 등에 구체적으로 규정하지 못하고 있는 것이 오늘의 실정이다.

---

30) 역사적 건축물과 유적의 수리·복원 관리에 관한 일반원칙 (2009.9.3.문화재청 고시)

제4장 전통(토착)건축³¹⁾과 거주마을 유산의 보존

    제4장에서는 세계유산으로 등재된 취락유산인 하회 양동마을의 보존 원칙과 관행에 대하여 검토하고자 한다. 이러한 유형의 문화유산은 운영지침상 분류를 하면 문화경관, 토속(전통)건축, 역사 마을과 같은 카테고리로 분류할 수 있을 것이다. 사람이 사는 고읍(古邑) 또는 고촌(古村)은 보존대책을 적용하여 보전하기가 어려운 문화유산이다. 이러한 유산이 세계유산이 되려면 운영지침이 요구하는 카테고리의 어느 하나에 해당되지 않으면 안 된다. 그리고 유산은 그 가운데 어떤 기념건조물이거나 유적지에 해당되어야 한다. 동시에 고읍 고촌은 기념건조물이 되더라도, 현재의 "사용 가치"가 보존 작업을 훨씬 능가하는 수리와 신중한 재활용(rehabilitation) 작업이 요구되며, 복원과 개수작업도 개입되기 때문이다. 또한 베니스 헌장의 개념으로 정리하자면 역사적 기념건조물에 해당하는 전원의 건축적 환경에 해당한다고 할 수 있다. 세팅이 존재하는 한 총체적으로 보호(ensemble protection) 한다고 선언하였지만, '역사지구 보호와 재활용에 관한 결의안'과 '역사도시와 도심지구 보존 헌장(워싱턴 헌장, 1987)'은 보호, 보존 및 복원을 현대적 생활에 적응시켜야 한다고 규정하고 있다. 1999년 ICOMOS 총회에서 비준된 '토속 건축유산 헌장'³²⁾도 유의할 필요가 있다.

---

31) 전문용어는 vernacular architecture이며 이코모스 한국위원회는 토속건축으로 번역하고 있다. vernacular는 형용사적 표현으로 어떤 특정 지방 고유의 언어, 양식, 스타일을 말한다.
32) Charter on Built Vernacular Heritage

베니스 헌장의 역사적 기념물이란, 단일 건축만이 아니라 특정 문명, 역사적 사건의 증거가 발견되는 도시나 농촌의 주변 환경까지 포함하는 것으로 규정한다. 그리고 역사적 기념물은 외형과 색채상의 관계를 변경시킬 수 있는 신축이나 철거 및 변경은 허용하지 말아야 한다. 복원은 역사적 증거의 왜곡을 피하기 위해 원래의 것과 반드시 구분되어야 하고 중요한 부분, 전통적인 세팅, 건물 구성, 그리고 건물 주변과의 관계를 손상시키지 않을 경우를 제외하고는, 증축이나 부가물을 설치하는 작업은 허용될 수 없다. 또한 모든 추측에 의한 재건축 작업은 일단 배제되어야 한다. 왜냐하면 기념건조물 또는 건조물군의 보존은 현대적 활용과 분리하여 적용할 수 없다는 것이다. 중요한 역사적 건조물도 현재 사용하는 것이라면 일정부분 재활용(rehabilitation)을 허용하고 있는 점을 감안해야 한다.

사람이 거주하는 유산의 등재기준을 참고하면 대개 다음과 같은 카테고리의 유산이 여기에 해당한다. 첫째, 오랜 세월에 걸쳐 일정 문화권 내에서 건축이나 기술 발전, 도시 계획이나 조경 디자인에 있어 인간 가치의 중요한 교류를 반영하는 곳(II)과, 현존하거나 이미 사라진 문화적 전통이나 문명의 독보적이고 특출한 증거일 때(III), 인류역사에 있어 중요 단계를 보여주는 건물, 건축이나 기술의 총체, 경관 유형의 대표적 사례일 때(IV), 특히 번복할 수 없는 변화의 영향으로 취약해졌을 때, 환경이나 인간의 상호 작용이나 문화를 대변하는 전통적 주거와 같은 사례를 지녔을 때(V)로 규정해 놓고 있다. 이러한 기준으로 볼 때, 하회마을은 등록기준 (III)과 (IV)에 해당한다.

사람들이 현재 거주하는 주거(settlement) 문화유산은 전 세계적으로 200곳이 넘는다. 이 종류의 문화유산은 산업경제로 구분하여 규모가

큰 것부터 역사지역·읍락·마을(historic district, town, village) 순으로 구분
되는데, 규모가 작은 주거마을은 농경을 중심으로 하여 그 수는 손을
꼽을 정도로 얼마 되지 않는다. 주로 유럽과 아시아의 농촌지역 마을
이 마을유산에 해당한다. 근대화·공업화·상업화·도시화가 이루어지면
서 농촌마을은 급격하게 줄어들었거나 대부분 없어졌기 때문이다.

　인간이 거주하는 유산은 오랜 시간 역사적·자연적 영향을 받으면서
변모하여 왔다. 세월이 흐르고 시대가 지나면서 인간은 유적에 많은
손을 댔다. 유적의 대부분은 시간의 중첩을 나타내는 나이테 비슷한
것을 지니고 있다. 요즘 서울 성곽을 가보더라도 기단의 누런 석축은
태종 시대에 쌓은 것이고, 위의 하얀 것은 복원하면서 현대에 새 돌로
마감한 것이라고 표현되어 있다. 이러한 시간의 층위가 바로 문화유산
인 것이다. 대부분의 주거취락은 기준 (V)에 해당하는 유적으로 돌이
킬 수 없는 변화의 영향으로 사라질 위기에 처한 것을 지정보존하고
있는 중이다. 또 세계유산은 문화유산과 자연유산과의 불균형을 시정
하기 위해 문화경관 기준을 추가로 도입해, 자연 속의 인간이 어떻게
적응하고 반응하면서 살아왔는가 하는 측면에서 자연과의 상호작용의
결과물로서, 즉 진화하는 문화적 경관으로서 보존하고 있는 것이다.
이 모든 보존에 있어 문화유산은 '역사적 짜임새(historic fabric)'의 유지
가 보존의 기본이 된다고 할 것이다. 우리말로 '짜임새'라고 하였지만,
영어의 'fabric'이란 원래 직물의 씨줄과 날줄이 얽혀 짜놓은 천을 가리
키는 말이다. 세계유산 분야에서는 하나의 '기념건조물(monument)'이나
'유적지(site)'에서 시간의 경과에 따라 쌓이는 역사의 층위(layer)를 의미
한다.

하회마을과 양동마을, 두 곳은 1988년 문화재보호법에 근거하여 민
속마을로 지정되어 보호되어 오다가 10여 년에 걸친 작업 끝에 2010
년 세계유산으로 등재되었다. 등재과정에서 하회마을의 다수를 차지하
고 있는 초가집의 보존 문제가 상당부분 제기되었다. 등재 문건의 등
재사유를 보면 마을은 조선시대 이 지방에서 5세기에 걸쳐 진화되고
성장한 집성촌으로서, 유교적 전통과 더불어 양반과 평민의 주거가 완
전성이 유지되면서 보존되어 오고 있는 취락이라고 하였다. 여기서 세
계유산 보존원칙과 하회·양동마을의 등재사유를 잠깐 검토해보자.

첫째, 양반과 평민이 공존하면서 이룩해온 조선시대의 대표적인 집성
촌이란 문제는 이제 그 존립근거가 없어졌다. 조선왕조 시대의 계급제
도가 없어졌기 때문이다. 그리고 마을에서 생겨난 무형유산도 이제 하
회마을과는 아무런 관계가 없는 별다른 무형유산이 되었다. 마을 공동
체가 아직도 이러한 전통을 유지하고 이것이 공동체의 생활의 일부로
남아 있다면 모르지만, 등재사유가 된 사회제도나 그곳에 존재하던 무
형유산과 오늘의 하회마을과는 연계시키기가 어려워진 현실일 것이다.
그러나 부분적으로 무형유산이 존재하고 있다. 마을의 종가제도가 있고
종가에서 수백 년 동안 지켜온 일정한 '제례'라는 무형유산을 지켜오고
있는 것이 그것이다. 이러한 마을은 하회마을과 양동마을 이외에도 몇
군데 더 있다. 하회·양동마을은 '한국의 역사마을 : 하회와 양동마을'로
등재하였기 때문에 유사한 역사마을은 장차 '한국의 역사마을'의 확장
(extension)으로 등재할 수 있을 것이다.

둘째, 하회마을의 초가집을 일괄 보호하고 있는데, 다음과 같은 의
문점이 있다. 초가집을 보존하는 원리는 원형보존의 원칙이다. 하회마
을의 초가집들은 대부분 20세기 초에서 중반까지 지은 것이다. 양반마

을의 대부분의 역사적 전통이 무너지고 더 이상의 역사적 구조를 지탱할 수 없던 시대에 지은 20세기 토속건축이며, 건축주는 경제적으로 빈궁한 주민의 주거라는 것이다. 이 초가집은 70년대 초 정부의 새마을운동 정책에 따라 일괄적으로 초가지붕을 없앴다. 따라서 현재의 초가집은 80년대 초에 정부의 정책으로 다시 60년대 이전의 모습으로 환원시킨 것이다. 환원할 때의 초가집의 원형은 있었는가? 초가집을 제외한 기와집은 80년대 이후에도 추가적으로 건축이 허용되었다. 기와집도 신축한 것인데 이것은 어떤 원칙에 근거하는지 불분명하다.

초가집은 중심적인 종가와 몇몇 재래식 양반가와 시각적 조화를 이룰지는 몰라도 역사적 유산이 될 만큼 기념물(monument)로서의 가치가 있는지 의문이다. 초가집이 하회마을에는 약 수십 채 이상으로 추산되는데, 2010년 세계유산으로 지정이 되기 훨씬 이전부터 초가집에 사는

하회마을 전경 : 민속마을로 지정되면 마을의 모든 주택은 중앙정부와 지방자치단체가 개수 보수를 하여주고. 매년 초가지붕은 새 이엉으로 덮어준다.

복구한 양동 초가(2005)

주민의 초가지붕 현상유지 반대여론과 비판적인 의견을 가진 전문가
도 있었다. 우리나라 농촌마을은 70년대 새마을운동으로 원래 초가집
을 슬레이트 지붕으로 고친 농가가 많았다. 2000년대 초반 필자가 하
회마을을 조사할 때, 슬레이트 지붕으로 수리도 안하고 그렇다고 초가
지붕으로 다시 덮지도 않은 가옥을 목격하였다. 나중에 확인해보니 소
유주는 기와지붕으로 개수하고자 하였고, 당국은 초가지붕으로 덮는
조건이 아니면 개수허가를 하지 않는다는 것이다. 그 집은 그 후에도
상당기간 그 자리에 흉물스럽게 서 있었다. 이유는 안동시가 원형보존
원칙이란 정책상 이유로 개수 허가를 해주지 않았기 때문이다. 문화재
보호법 제3조의 '문화재의 보존·관리 및 활용은 원형유지를 기본원칙
으로 한다'는 조문을 그대로 적용한 것인지는 명확하지 않다.

초가집이란 주거형태를 제도적으로 보존하는 데 문제점이 많다. 초
가집은 이제 현대 농촌의 주거 형태가 아니다.

수리복원 후 방치된 양동 빈 초가집(2004)

　인위적으로 남긴 것 말고는 전국에서 초가집이 없어진 지도 오래다.
농촌에 흔히 있던 주거형태였지만, 경제발전과 생활현대화로 전국 농
촌에 어디를 가도 찾아볼 수 없는 상업적인 민속마을과 박물관에나
있는 역사적 유물이 된지 오래다. 부엌은 별도의 반 지하공간에 들어
서 있고 연료는 신탄(薪炭)만 사용할 수 있다. 화장실은 신발을 신고
밖으로 나와 마당 한 구석에 있는 곳을 찾아가야 한다. 위생적인 수세
시설로 바꾸기도 어렵다. 이러한 생활상은 없어진지 오래다. 주거의
면적도 옛날에 비해 아주 넓어졌다. 도시생활자의 국민주택 규모는 법
으로 84m₂인데 초가집의 기본 크기인 초가삼간보다는 훨씬 크다. 궁
궐의 주거공간도 옛날에는 방 한 칸이면 족했던 시대가 있었지만, 지
금은 국민의 생활상이 개선되고 주거의 형태가 변하여 각종 편의시설
과 문화시설이 들어섰고, 가족이라 해도 여유만 있으면 혼자만의 공간
을 선호한다.

본채에서 떨어진 변소

　초가지붕을 유지하는 데는 숙련된 상당한 인력이 필요하다. 그런데 지금 농촌에는 노령화와 과소현상(過疎現狀 - 인구가 많이 줄어든 현상)으로 초가지붕을 매년 개수할 인력이 없어진지 오래다. 초가지붕의 재료가 되는 볏짚은 영농방식의 변화와 품종의 개량으로 구하기 힘든 재료가 되었다. 주거재료 경제학은 그 고장에서 가장 쉽고 경제적으로 얻을 수 있는 재료를 써야 한다. 그런데 하회마을에 볏짚은 더 이상 손쉽게 구할 수 있는 재료가 아니다. 그러나 문화재당국과 지방자차단체는 민속마을의 원형을 유지한다는 취지로 문화재수리전문업체로 하여금 전액 국비와 지방재정으로 매년 지붕개량작업을 제공해주고 있는 실정이다. 그렇다면 초가집에 사는 사람은 이를 감사하게 여길까? 십중팔구는 아니다. 초가집에 사는 사람도 현재 사람들이 사는 형태의 현대적이고 평안한 생활을 원하지 않는다고 할 수 있을까? 국민의 주거 면적이 넓어지고 현대적 생활 패턴으로 바뀌고 있는데 '민속마을',

빈집을 수리해둔 초가집–제주 성읍마을 빈집

'세계유산' 마을이라 하여 옛날의 주거형태를 유지하여 달라고 할 수는
없을 것이다.

　이 두 마을을 세계유산으로 등재하는 데 제일 부담스러웠던 현안은
초가집 문제가 아니었던가 싶다. 전통농가의 개조를 둘러싼 당국의 방
침과 주민의 입장을 이해하는 데 긴 시간이 소요되었고, 재정적 지원
도 투입되었다. 과문한 탓인지는 몰라도 민간이 사는 주거를 국가가
세금으로 개수를 책임져주는 사례는 알지 못한다. 사람이 사는 주거는
시대와 필요에 따라 수리(repair)와 개수(renovation)를 통해 증축(addition)
하고 개조(alteration)하여 재활용(rehabilitation)하고, 활성화(enhancement)를
하면서 변화한다. 두 마을의 초가지붕은 유지관리(maintenance)상 매년
"개수(repair)"하고 있다. 반촌으로서의 구조적 환경(fabric)을 강조한다
하겠지만, 초가의 역사적·학술적·예술적 가치를 논할 수 있을지는 의

문이다. 초가집에 살던 구시대 사회계급이 없어진 터에 초가집이 과연 (양반)마을의 완전성을 유지하는 것이라고 주장할 수 있을까? 매년 수리를 필요로 하는 초가를 주거 문화재로 보존할 수 있을까? 필자의 소견으로는 초가집은 단지 비거주 유산으로 적당한 장소에 전시품으로 보존되어야 할 것이다.

세계유산은 주거 유산을 한 시대의 동결된 문화현상이라고 보지 않는다. 그래서 역사도시와 마을에서는 반드시 보존해야 하는 건물 또는 건축물군을 구별하고 보존한다. 대부분의 주거용 건물은 현대의 경제적 실정상 생산하기 힘든 재료의 대체 재료를 개발하여 사용하는 경우를 목격할 수 있다. 하나의 대안으로 ICOMOS의 전문가는 농가의 지붕 재료를 상당히 지속 가능한 새로운 대체 재료를 개발하여 적용하면 어떨까 하는 다음과 같은 제안을 했다.

"지붕재료를 짚과 질감과 외모가 비슷한 한 플라스틱 합성재료를 개발하여 하회마을의 공중변소 건물 지붕으로 덮었는데, 이런 재료를 사용하면 초가집 모양을 유지하면서 딜레마를 해결할 가능성도 있지 않을까."[33]

이코모스 토속(전통)건축 헌장(Charter on the Built Vernacular Architecture -1999)은 앞에서 언급한 목재건축보존 원칙과 함께 멕시코시티에서 제정되었는데, 주민이 살고 있는 주거용 토속건축(그 지방의 향토건축)은 "제도적으로 현대적 사용에 부응하기 위한 변경은 구조물 전체의 표

---

33) Guy Peterbridge; "A possible solution to the dilemma of maintaining a sustainable approach to the thatched roof dwelling is provided by the recent installation of a roofing material resembling rice straw thatch in texture and tone - but made of a durable plastic composite - which has recently been applied to the roofing of a public toilet block on the outskirts of Hahoe village."--LEAP Project, UNESCO Project 504-RAS-70, Culture, Heritage Management and Tourism: Model for Cooperation Amongst Stakeholders, 2002.

현·외형·질감·형태가 일관성을 유지하는 재료가 도입되어야 한다."고 자재와 부품의 교체를 인정하였고, 변용과 재사용에 있어서도 "토속구조물의 변용(개조)과 재사용은 구조물과 그 특성 및 형태의 완전성이 존중되는 방식 하에 수행해야 한다. 그와 동시에 허용될 수 있는 생활수준과 양립될 수 있어야 한다. 토속적인 형태로 지속적인 활용이 단절되지 않았던 경우 공동체의 윤리적 규범이 개입(개조)을 위한 방편으로 사용될 수 있다."고 하여 허용될 수 있는 생활수준과 양립될 수 있어야 함을 강조하였다.

하회·양동마을처럼 우리나라에서 민속 문화재로 지정된 세계유산마을에서는 변경(change)은 허용되지 않고, 과거 시기의 복원(period restoration)만 강조되고 있다. 그러나 토속건축헌장에서는 "시간의 흐름에 따라 가해진 변경은 토속건축물의 중요한 측면으로 존중되고 이해되어야 한다. 건물의 어떤 요소를 특정시기로 맞추는 것은 통상적인 토속구조물의 작업 목표가 아니다."라고 분명히 밝히고 있다. 또 하나의 다른 원칙에 비추어 검토해보면, 1982년에 제정된 '트락스칼라 선언문'에 의하면 "7a ....현대적 토속건물에서도 표현의 연속성이 유지되도록 전통재료와 기술이 반드시 보전되어야 한다. 만일 전통적 재료와 기술을 찾지 못하는 상황이라면 시각적으로 뚜렷한 손상을 야기하지 않으면서 해당 지역의 물리적·지리적 조건 및 주민들의 삶의 방식에 적합한 대체재의 사용을 제안한다."고 하여 현재 적응(adaptation)을 허용한 원칙이 제시되고 있는 것이다.

필자의 의견으로는 이웃나라 일본의 취락문화유산 시라카와고(白川鄕) 마을의 합장조(合掌造り) 마을의 경관에 관한 조사연구보고서를 인용하여 참고하였으면 한다. 시라카와고 마을은 세계유산으로 등재되면

서 『사라카와고 합장조 마을의 경관』이라는 연구조사보고서를 통하여
보존해야 할 경관이 무엇인지를 조사 확정하였다. 그리고 『보존관리
계획책정보고서』를 확정하여 전통적 건조물과 환경물건 및 그 밖의
것으로 나누고 환경물건과 그 밖의 것은 규모·재료·지붕형식·건물 높
이·색채 등이 주위의 환경과 조화되는 것으로 하면서 역사적 풍치가
손상되지 않는 범위 내에서의 증축과 신축을 허용하였다. 다만 전통건
조물인 합장조 건물을 과학적으로 복원하는 것 이외는 합장조 건물
신축을 허락하지 않고 있다. 참고로 일본의 '전통건조물 마을 문화유
산보존 헌장'을 예시해 보면 다음과 같다.

"역사 마을경관의 보존이, 이른바 기념건조물보존과 다른 점은 보존의 대
상이 기념건조물과 같이 어떤 범위내의 내적 요소로 한정시키지 않는다.
그리고 건축과 관계되는 전통적인 기술을 계승하거나 일정한 규범을 가
지고 살아가는 것이 원형의 보존에 이어지는 중요한 행위로 간주된다. 물
적 대상인 전통적인 주거와 구조물의 보존은, 역사적 마을경관 보존의 중
요한 요소이다. 하지만 그것만으로 완결되는 것은 아니다. 그곳에 사람이
계속 살며 활기찬 생활이 전개되어, 전통이 새로운 생명을 창출해낼 때
비로소 역사적 마을경관의 보존이 된다고 할 수 있다."
　　　　　　　　　　　　　　　　　　－(7. 사람이 계속 거주하는 마을의 경관)

"변화에 대한 대응에서도, 역사적 마을경관의 보존은 문화유산의 보존에
있어 국제적인 기준이 되는 진정성(의장, 재료, 기술, 환경, 전통, 기능 등
의 요소로 이뤄지는, 실물로서의 가치), 즉 진정성을 존중하는 것과 양립
된다. 역사 마을경관에 주거하는 것은 진정성의 의미와 내용을 항상 생활
속에서 추구하는 것이며, 전통에 활기를 불어넣기 위한 필요조건이기도
하다.""생활과 생업이 계속되는 한 변화는 피해갈 수 없다. 역사 마을경
관이 가진 진정성을 존중하며 변화를 수용하는 것은, 지역이 총력을 기울
여 대응해야 할 도전이다. 그 변화는 어쩔 수 없는 재료의 교체, 새로운
기능의 추가, 과거의 조형과 공간의 재이용, 압도적인 이문화의 영향 등

의 형태로 나타난다. 이러한 변화가 전통에 파괴적인 타격을 주지 않도록, 역사적인 가치의 발견과 확인이 항상 이루어져야 한다."

- (8. 변화에 대한 대응)

"역사 마을경관을 보존하는 주체는 그 지역의 주민이며, 지역사회이다. 주민이 지역에 남아 있는 역사와 무형의 예능, 신앙, 제례를 포함한 문화적 독자성을 자각하고, 계승하며, 부각시키는 것이 앞으로의 지역발전에 기초가 된다. 마을경관 보존헌장은 지역사회의 합의형식으로 이루어져 지금까지 중요한 역할을 해왔다. 일상의 보존활동에서의 행위는 주민이 주체가 되는 마을조성에 있다. 장기적인 전망을 가지고 작성된 이 보존계획은 "지역이 계승해야 할 특성, 허용할 수 있는 변경의 정도, 그것을 지도하기 위한 구체적인 지침, 주거의 성능과 소방 형태 등을 주민이 자주적으로 대화를 통해 결정해야 한다."라고 규정하고 있는 것이다."

- (9. 주민주체의 마을조성)

시라카와고 마을의 전통건조물보존지역 조례를 살펴보면 다음과 같은 현실적인 대처방안을 확인할 수 있다. 즉 초가집을 적절하게 보존하기 위해서는 정기적으로 지붕을 새로운 억새 짚으로 교체해야 하며, 이를 위해서는 대량의 억새 짚의 재료가 반드시 필요하다. 재료는 보존지구의 주변 산과 들에서 채취하여 왔으며, 이후에도 지붕의 유지를 위해 자재의 확보를 위한 풀밭과 산림의 적절한 유지관리가 필요함을 말하고 있다. 억새 짚의 수명이 기와보다는 오래가지 않지만, 매년 지붕 잇기를 반복하는 하회마을과 양동마을 초가의 유지관리보다는 매우 효율적임은 잘 알려진 사실이다.

시라카와고 마을은 지정된 건물 이외는 색채나 모양만 조화시키면서 쉽게 증개축과 신축을 허용하고 있다. 마을의 보존조례를 보면, 1. 건축물은 보존지구에 조화되는 형태·재료·색채를 사용한다고 규정하였지만, 2. 전통적 건조물 이외의 건축물의 외관 수경기준을, 건물 신축시 외관은 맞배 형식으로 하고 지붕과 벽의 모양은 전통적 양식으로 하되, 지붕재료는 보존기준이 정한 금속판, 또는 일본 기와로 기준이 정하는 색채로 칠한다고 규정하고 있는 것이다.

초가집을 보존할 필요가 있다면, 비거주 유산으로 보존하는 방법을 찾아야 한다. 현재 세계유산마을이나 민속유산으로 지정된 전통마을에서는 일부 여유 공간을 체험숙박용(민박)으로 제공하고 있는 사례가 있다. 또한 비거주 민가를 지방자치단체가 매입한 후 '원형'으로 재건축하여 체험숙박용으로 대여하고 있는 곳이 있다. 그런데 외관만 '원형'일 뿐 내부는 전기를 인입하여 전기온돌 난방을(전통식 부엌은 그대로 두고)하여 숙박시설에 사용하고 있다. 화장실은 별채(주로 헛간)에 샤워를 겸할 수 있게 하고 있다. 가장 불편한 것은 외부 조명이 거의 없다시피 한 농촌 마을에서 야간에 화장실을 이용하는 문제일 것이다. 아무리 체험숙박이라 하여도 도시에서 자란 젊은 세대에게 이런 체험을 시키는 것은 현실적이지 않으며, 반드시 해결해 주어야 할 문제일 것이다. 그렇다면 체험숙박으로 활용하는 것도 내부시설을 현대 생활에 맞게 하지 않으면, 그래서 '원형' 건물을 개조하지 않으면 안 되는 문제가 된다. 이러한 현실을 감안하면, 야외박물관으로 활용하는 것 이외는 보존방법과 활용방법을 찾기는 그리 쉬운 문제가 아니라고 생각된다.

한국은 역사마을의 보존에 관하여 스스로 제약을 가하지 않아야 한다. 스스로가 규정한 부자연스러운 제약에 대하여 취락 유산 보전의 대안을 모색할 때가 왔다고 본다. 사회경제적 여건이 달라진 취락의 주거에 대하여, 그리고 기념건조물이 아닌 토속 또는 전통 민가에 대해, 외관을 제도적으로 강제할 것이 아니라 대안을 모색하여야 한다. 양반 씨족마을이 없어진 일정 시기의 모습이 아니라, 사람이 살고 진화하여 가는 전통과 조화된 농촌마을의 모습이며, 사회경제적 현상과 삶의 모습이 투영된 농촌마을의 주거형태로 보존되어야 한다.

제2부 ‖ 오늘의 문화유산보존의 국제적 원칙(M.페체트)

■ 소개하며

이 글은 ICOMOS Monument and Sites XX(2009), 미카엘 페체트 저 "문화유산보존의 국제적 원칙"을 편저한 것이다. 페체트는 자신의 오랜 연구를 바탕으로 1972년 세계유산협약에 의하여 성립된 세계 문화유산보존의 근거가 되며, 현재 국제적 문화유산 보존의 규범이 되는 베니스 헌장의 제정배경, 사상과 모든 원칙을 해설 평가하여 체계화해 놓은 귀중한 자료이다.

이에 앞서 1992년 페체트는 "문화유산 보존원칙"을 내놓았고 2005년에는 베니스 헌장 40주년을 맞아 그동안 유네스코와 ICOMOS 전문가들이 제기한 보존의 제 원칙을 전부 포용하여 분석하고 평가를 하였다. 베니스 헌장의 제 원칙은 이제 국제적인 보존 원칙에 관한 고전이 되어 헌장 자체가 보존되어야 할 문서가 된다고 주장한다. 그는 또 베니스 헌장의 문화유산 보존에 관한 원칙은, 전문가사회가 국제적으로 새로운 주제를 탐색하면서 범하기 쉬운 보존이론의 전통적 원칙을 고의이던 과실이던 망각하기 쉬운 경향에 놓여있는 현실을 아쉬워한다. 그는 또 "국제적으로 인정된 기준은 오늘날 우리 모두에게 그 효력을 침범할 수 없는 문서로서 시간이 지남에 따라 더욱 확고해지며, 이 역사적 이벤트는 베니스라는 이름으로 영구히 뭉쳐질 것이다. 실상 베니스 헌장은 문화재 보존분야에 있어 전 세계의 공식적인 기준이 되었다"고 주장한다.

미카엘 페체트는 1933년 출생으로 뮌헨과 파리에서 미술사와 고고학을 공부했다. 그는 1972~1974년 사이 뮌헨의 미술관 렌바흐하우스

(Lenbachhaus)의 디렉터를 역임하고, 그 후 1999년까지 25년 동안 바바리아주의 문화유산보존총국장을 역임했다. 그는 1989년부터 ICOMOS 독일위원회 회장을 역임하였고, 1999년부터 2008년 사이 10년 동안 ICOMOS 국제위원회 회장을 역임한 국제적인 보존 이론가이다. 그는 17~18세기 프랑스 건축에 조예가 깊으며, 문화유산 보존에 관해 많은 저술을 출판한 바 있다.

제목: 번역허가 요청에 대한 회신

발신: icomos@icomos.de
수신: 김광식

경애하는 김광식씨:

3월 22일자 메시지와 기념물 보존원칙을 한국어로 번역하고 싶다는
요청을 감사하게 받았습니다. 이는 본인의 큰 영광으로서 귀하에게
기꺼이 번역 허가를 드립니다.
참고로, 본인의 보다 더 최신의 텍스트는 "보전의 and Sites XX, see
http://www.icomos.de/pdf/principles.pdf)를 활용함이 좋지 않을까 하여
참고로 말씀드립니다.

경구

미카엘 페체트
ICOMOS 독일 위원회

Subject: Request for your permission to translate

From: icomos@icomos.de
To: 'Kwang Sik Kim'

Dear Mr Kwangsik Kim,

Thank you very much for your message of 22 March and your request about the translation of the Principles of Monument Conservation into Korean. This is a great honour and of course I am happy to grant you permission.

Incidentally, large parts of this text can also be found in the more recent publication International Principles of Preservation (Monuments and Sites XX, see http://www.icomos.de/pdf/principles.pdf)

Yours sincerely,

Michael Petzet
ICOMOS
Deutsches Nationalkomitee
Postfach 100 517 80079 München
Tel. ++49(0)89/ 2422 37 84 oder ++49(0)89/ 2422 37 94
Fax ++49(0)89/ 242 1985 3
Geschäftsstelle: Maximilianstr. 6; 80539 München
E-Mail: icomos@icomos.de
Website: www.icomos.de

■ 용어해설

여기에 나오는 용어는 베니스 헌장, 나라문서 등에 나오는 것을 중심으로 발췌 정리한 것이다.

가역성(reversibility) : 장래사태의 변화 또는 예측할 수 없는 문제를 해결하기 위하거나 자산의 완전성에 영향을 미치는 경우, 최대한 선택의 여지를 확보하기 위하여 되돌림 과정 사용을 항상 권장한다. (Appleton)유산의 기본적인 역사적 짜임새와 경관에 대하여 변경이나 개조를 하지 않고서 개입한 부분을 본질적으로 원래의 모양으로 되돌릴 수 있는지를 의미한다. 대부분의 경우 가역성은 절대적이지 못하다.(Madrid 문서)

개입(Intervention) : 변경 또는 개증축(改增築 adaptation)을 포함한 어떤 행위에 의한 개조를 포함한다.(Madrid 문서)

개조, 변용(adaptation) : 개입에 의한 현대적 용도를 목적으로 하는 개조(Appleton)

건조물(군)(groups of building(s)) : 세계유산의 한 종류; 독립 또는 연속되는 건물의 집합

건축환경(setting) : 유산의 구성요소를 생성한 주변의 배경과 축적된 역사

고대도시(ancient towns) : 운영지침이 정한 3종류의 도시 중의 하나로 사람이 살지 않는 도시

고색(patina) : 자산의 역사적 완전성을 구성하며 제거는 구조보호에 꼭 필요한 경우에 한하여 허용된다.(Appleton)

구성요소(components) : 유산에 관련된 인테리어, 건구, 관련가구 및 예술품을 비롯하여 세팅과 경관(Madrid 문서)

구조(fabric) : 유산의 역사적 구조, 주변 환경과의 오래 지속된 연관관계

글로벌 전략(global strategy) : 세계유산의 지역적 대표성과 신뢰성을 유지하기 위한 전략(1994)

기념건조물(monument) : 문화유산의 하나. 건축물, 기념비적 의의를 가진 고고학 장소, 구조물 등

기록 활동(documentation) : 유적의 바른 이해와 설명을 위해 구조물의 의의성질 전체를 연구·조사하는 활동으로 작업은 문서화되고 기록되어야 한다.(Appleton)

동산(movable property) : 이동·이전할 수 있는 자산은 세계유산 등재 대상에서 제외됨

모니터링(monitoring) : 등재유산의 보존관리를 정기적으로 점검하는 제도

문화의 루트(cultural Route) : 복수 국가 또는 지방에 걸친 교류에 의해 생긴 문화적 요소로 구성된 유산

문화경관(cultural landscape) : 인간과 자연환경의 상호작용이 다양하게 나타난 경관(운영지침37)

문화적 의의(Cultural significance) : 문화적 의의란 과거, 현재 그리고 미래의 세대를 위한 미적, 역사적, 과학적, 사회적 그리고 혹은 정신적 가치를 의미한다. 문화적 의의는 유적 자체 또는 그의 세팅, 구조(짜임새), 사용형태, 관련된 것, 의미, 기록, 관련 장소 및 관련물체에 구체적으로 표현된다. 유적은 개인이나 그룹에게 폭넓은 의의를 가지고 있게 한다.(Madrid)

물질구조(fabric) : 지질, 고고, 구조물, 건축물, 식생을 포함한 유적지를 구성하는 물질적 성분-EH

보강(stabilization) : 최소한의 변경만으로 자산의 열화를 정지시키고 현존하는 형태와 재료를 안정화시키기 위한 정기적 활동.(Appleton)

보전(preservation) : 문화유산 보호프로세스 전체. 현존하는 형태와 재료 및 그 현장의 완전성 유지. 과거 한 시기의 상태의 복원: 어떤 이전 시기의 형태와 재료 및 그 현장의 완전성 회복.(Appleton)

보존(conservation) : ① 문화유산을 이해하고, 그 역사와 의미를 알고, 그것의 물질적인 보호, 필요시 유산에 대한 해설, 복원, 향상을 도모하는 모든 노력(Nara)
② 유산의 문화적 의의 보존 유지(retain)를 목적으로 행하는 모든 과

정(Madrid)

보호(protection) : 보호는 보강을 포함할 수 있다. 또한 유지관리를 위한 계속적인 사업계획을 포함하여야 한다.(Appleton)

복원(restoration) : 기록과 사실에 충실한 복원은 세계유산에 등재하나 100%복원은 허용되지 않음.

복합유산(mixed heritage) : 자연유산과 문화유산의 등재기준을 충족한 세계유산

사용(use) : 자산은 원래 가지고 있던 목적대로 사용되어야 한다. 이것이 불가능할 경우는 최소한의 변경을 수반하는 적합한 용도를 찾아내는데 최대한 노력해야 한다. 새로운 용도를 강구할 때 동선과 레이아웃의 기존 패턴을 존중하는데서 시작한다.(Appleton)

세팅(setting) : 유산의 구성요소를 생성한 주변의 배경과 축적된 역사

속성, 특징, 속성(Attributes) : 실제의 소재지, 디자인(색채 설계 등을 포함)과 건설시스템 및 기술기기, 구조(짜임새), 심미정도 및 사용형태 등을 포함한다.(Madrid)

식별성(distinguishability) : 새작업 부분은 정밀조사에 의하거나 훈련된 전문가의 눈으로 식별할 수 있어야 하지만 전체의 미적 완전성과 일관성을 손상시켜서는 안 된다.(Appleton)

앙상블, 집합, 전체(ensemble) : 문화유산 정의 중의 하나; 건축물군을 지칭함

역사지구(historic centres) : 고대로부터 형성되어온 중요한 역사건축이 집결된 곳

완전성(Integrity) : ① 완전성은 건설된 유산이나 그 특징이며 가치의 전체성과 일체성을 측정하는 기준이다. 완전성의 상태를 검증하는데는 1)구성요소가 포함되어 있고, 2)유산의의와 중요성을 전달하는 특징을 완전히 대표해야 한다.(Madrid)
② 유산의 가치를 유지하는 모든 특징을 보전 유지하기 위한 조건(Nara)
③ 구조적·기술적 완전성은 존중되어야 하고 구조물의 외관과 마찬가

지로 기능에도 주의를 기울여야 한다.(Appleton)

완충지대(buffer zone) : 유산 주변에 유산 보호를 위해 추가한 지역으로 유산보존 목적에 기여해야함.

운영지침, 가이드라인(guideline) : 세계유산협약 집행을 위한 세부지침

유적(site) : 문화유산은 기념물과 유적으로 구분하며, Site는 유적, 사적, 장소, 현장을 의미한다.

유지관리(maintenance) : 되돌릴 수 없는 또는 손상을 끼치는 개입 없이 자산의 장기유지를 보장하기 위한 계속적 활동(Appleton)

이축(relocation) : 기존 자산의 이축이나 해체는 다른 방법으로는 자산의 보호가 보증되지 않을 경우 최후의 수단으로서 행하여진다. (Appleton)보수라고도 표현할 수 있는 것인데, 유산의 구조(짜임새)와 세팅에 대한 계속적인 보호조치로서 수리와는 구별된다.(Madrid)

자연유산(natural heritage) : 부존, 감상, 연구 상의 중요한 자연경관 또는 생물서식지

재개발(redevelopment) : 자산의 주변 환경에 조화되는 현대적 구조 또는 추가 부분의 삽입(Appleton)

재생(rehabilitation) : 현대적 기능적 기준에 맞게 자산을 개조하여 새로운 용도에 적응을 포함한다. (Appleton)

정보의 출처(source of information) : 문화유산의 성격, 세부사항, 의미, 역사를 알게 하는 글, 말, 그림으로 이루어진 모든 자료(Nara)

제거(removal) : 정기적 활동으로 표면 마감, 레이어, 몸체나 구성요소의 삭감 등 수정이 개재된다. (Appleton)

주변과의 관련 가치(contextual value) : 세팅과 짜임새와의 가치

주변 환경(setting) : 공적 환경의 여하한 요소도 그것이 증거하는 역사 및 태어난 배경(세팅)과 불가분이다. (Appleton)유적지가 인접경관지와 관계를 가지면서 겪은 과거와 현재까지의 특성을 포용한 유적지의 물질적 환경 -EH

중건(reconstruction) : 멸실되었거나 회복 불가능하게 손상된 자산의 재창조(Appleton)

진정성(authenticity) : 디자인, 재료, 공법, 입지가 오리지널일 것을 요구함.(Nara) 유산의 문화적 의의를 질적으로 표현하는 것으로서, 사용된 건축 재료의 유형적 특징과 속성을 비롯하여 존재하는 무형의 가치가 어떻게 진실하고 신뢰성 있게 표현되는지 유산의 품질을 말한다. 따라서 진정성은 어떤 유형의 문화유산인지, 그 문화적 맥락에 속해 있는지에 따라 다르다.(Madrid)

진화를 계속하는 경관(evolving landscape) : 자연과 대화를 통해 변화를 계속해온 경관, 문화경관의 하나

추가(addition) : 새로운 재료의 도입을 포함하는 자산의 수정이 개재된다. 새로운 용도와 요구를 충족시키기 위하여 건물의 확대나 신규의 재료 또는 마감작업이 필요해질 경우 현대적 아이디어를 반영하겠지만 오리지널 정신을 존중하고 고양하여야 한다.(Appleton)

추측(conjecture) : 추측은 금물이다. 유산의 형태를 회복하고 재창조를 포함한 활동은 추측 없이 달성 가능한 부분에 한정된다.(Appleton)

핵심지역(core area) : 세계유산으로 등재된 핵심지대로 "자산"으로 지칭되기도 함

현저한 보편적 가치(Outstanding Universal Value) : 세계적인 수준에서 중요한 가치로 몇 가지 조건을 충족해야 함

활용(adaptation) : 제거나 추가의 활동은 문화유산 활용을 위한 방법의 특징적인 것이다.(Appleton)

1. 보존인가 변화의 관리인가?

   보존인가 변화의 관리인가? 세계유산의 보존관리에 있어 우리는 모두 하나의 오랜 전통을 들여다볼 수 있다. 그것은 오래전으로 거슬러 올라갈 수 있는 인간적 특성의 하나로서 무언인가를 기념하려는 가치이다. 무엇이나 기념하는 것은 기념물(monument)이 되거나 될 수 있다. 최근 몰타에서 제안된 진정한 글로벌 차원의 다문화적 학제적 실험을 위한 "인내와 변화를 위한 추진계획"에 합류 참여하라는 호소를 접하면서, 국제적 보존원칙에 관하여 우선적으로 해야 할 고려는, 1965년 ICOMOS가 창설된 이래 의무적으로 지켜온 기념물과 유적 보존에 관한 위대한 전통을 참고해야 한다는 것이다. ICOMOS 헌장 4조에는 **"ICOMOS는 국제적인 수준에서 기념물, 건조물군 및 유적의 보존, 보호, 복구와 활용을 증진시키는 국제적 기구이다"**라고 기본적으로 규정하고 있다. 이 조항은 우리 국제 비정부기관의 임무와 목표를 분명하게 규정하고 있다. ICOMOS라는 명칭자체가 구속력 있는 국제 기념물 보존 보호 협의회[34]로 해석되어야 한다. 그러므로 우리들의 전통적 임무를 잊은 채, 점차 표현마저 꺼리는 우리 조직 명칭의 한 부분인 "기념물 및 유적"을 우리는 다시 한 번 헌장 3, 5조, 구속력 있는 4조와 더불어 세계유산협약 제1조와 함께 숙고할 필요가 있다. 물론 ICOMOS 헌장의 기념물 및 유적의 정의와 협약 1조의 정의는 광의로 해석하고 ICOMOS의 근간이 된 베니스 헌장과 연관시켜볼 필요도 있다.

---

34) International Council on Conservation and Protection of Monuments and Sites

"보존은 변화를 관리하는 것"이라는 간단한 표현은 오스트레일리아아 부라 헌장(Burra Charter)에 간혹 명시되어 있는데, 오스트레일리아 우리 동료들은 마치 악마가 성스러운 물을 싫어하는 것 같이 monument를 기피한다. 대신 그들은 "장소"(place)라는 명칭을 사용하고 있다. 부라 헌장 제1조에 의하면 **장소란 유적, area, land, 경관, 건물 또는 건축물, 건조물군 또는 기타와 구성요소, 내용, 공간, 경치(view)를 포함하는 것으**로 되어 있다. 이는 모든 것과 아무것이나 포함한다는 것을 의미한다. 부라 헌장은 1979년 제정된 이후 여러 번 수정되었는데 복잡하지만 훌륭한 국가 헌장이다. 그렇지만, 다른 나라에 복음 전도하듯 전파하려는 시도는 합당하다고 할 수 없다. 이 헌장 15조와 27조에는(문화적 의의를 감소시키면 안 된다는) "변화"와 "변화의 관리"에 관하여 합리적인 조항을 포함하고 있다. 이 조항 해설에: **변경을 고려한다면, 문화적 의의 감소를 최소화하기 위한 옵션을 찾아내야 하고, 이를 위해 다양한 옵션을 탐색하여야 한다. 원상회복이 가능한 가역적 변경**(reversible change)**은 임시적인 방편으로 고려하며, 비가역적 변경**(non-reversible change)**은 최후수단으로 사용하야야 하고 미래의 보존활동을 어렵게 해서는 안 된다.** 또한 특정한 부문의 ICOMOS 헌장은 변화에 관하여 올바른 지적을 하고 있다. 플로렌스 헌장(1981)은 제2조에서 자연의 성장과 소멸, 그리고 [정원의 모습이] 영원히 변하지 않도록 유지하고자 하는 예술가와 장인의 욕구를 언급하면서, 제11조에서; **주재료가 식생(植生)이므로 정원의 상태를 변하지 않게 보존하기 위해서는 필요할 때마다 즉각적으로 식물을 갈아주면서 장기 수목 교체 프로그램을 정기적으로 수행하는 것이 필요하다** …… 토속건축헌장(1999)에서는 변화와 발전의 불가피성을 언급하면서 시간의 흐름에 따라 가해진 변경은 토속건축물의 중요

한 측면으로 존중되고 이해해야 한다. 같은 차원에서 유산건조물, 유적 및 유적지구 주변환경(setting세팅)에 관한 시안 선언문(2005)은 "세팅"에 영향을 미치는 변화의 감독과 관리"를 규정하는 장(章)에서 이 문제를 다룬다. 즉 "유산건조물, 유적 및 지역의 환경에 대한 변화속도와 개별 적·누적적 변화와 변형의 영향은 반드시 지속적으로 모니터링하고 관리 해야 한다."(9조)고 하고 "유산건조물, 유적 및 지역의 주변 환경에 대한 변화는 문화적 중요성과 독특한 특성을 유지할 수 있도록 관리해야 한 다."(제10조)고 규정했다.

특히 영국, 미국 및 오스트레일리아에서 일반적으로 변화에, 특히 관 리부문에 일정한 열성적 현상이 생겨났다. 영국유산위원회 회장 록크 하트 경(Lord Bruce Lockhart) **편저 역사적 환경의 지속적 관리에 관한 보 존원칙, 정책 및 지침서**[35]를 보자. 여기에서 보존은 한 특정한 장소의 변화를 관리하는 과정이라고 정의한다. 나아가서 "중요한 장소 (Significant place)의 변화의 관리"에 관해 특별한 장을 두고 있으며, 물 론 "**영국 문화유산관리의 중요한 장소에 영향을 끼치는 변화의 종류에 대한 조언과 결정을 하기 위한 길잡이**"로서 상당한 양의 유용한 정보를 포함하고 있다. 2007년 5월 미국 ICOMOS 동료와의 세미나에서도 "변 화의 관리" 문제가 대두되었다. "역사적 도시경관(HUL-Historic Urban Landscape) 토의에서 "바람직한 변화와 그렇지 못한 변화"(to differentiate good change from bad)에 관하여 토의가 있었던 것이다.

이와 같이 비교적 무해한 시작에서 2009년 몰타에서 개최된 ICOMOS 자문위원회에서 "**새로운 패러다임 및 변화의 허용 범위 하에**

---

35) 원문 : *Conservation Principles, Policies and Guidance for the Sustainable Management of the Historic Environment.*

서의 문화유산 장소의 보호를 위한 토론서"[36])에 제시된 바에서 보듯 우리는 이제 진정한 세계적 다문화적 및 학제적 연습에 실질적인 도전을 받고 있다. 불행하게도 이는 보존이론과 실제에 있어 근본적 경험을 무시한 아이디어라고 생각되는 바다. 여하튼, "오스트레일리아"적 문화유산 철학에 근거한 것이라고 보이는 이 문서는 대단히 혼란스럽고 기념물 보존의 전통적 목표에 해를 끼치는 것이다. 먼저 이 문서의 기본적인 실수는 각각 다른 카테고리의 문화유산(기념물, 건조물군, 유적, 세팅 등)과 보존활동의 범위를 구분해 주지 않고 있으며, 대신(오스트레일리아 아이디어에 의하면 무엇이나 의미하는) "유산의 장소" 변화의 일반적 허용범위를 설파하고 있다. 이는 기념물과 미술품의 보존/수복에서 도시 건축물군, 문화경관, 문화 루트 등 모든 분야에서 엄청난 결과를 초래할 수 있다. 왜냐하면 발생 가능하거나 불가피하게 일어날 변화는 개별적으로 각각 다른 시각에서 다루어야 하기 때문이다.

이런 맥락에서 단지 보존 이론과 실제에 있어 "유럽 중심적 교조적 기반"에 근거한다고 비판하는 분들은 적어도 유럽제국의 기념물 보존 사와 가치 시스템에 관해 좀 알 필요가 있다. (예: 레갈; 기념물에 대한 현대적 숭배: 그 특성과 근원[37]) 또한 ICOMOS 헌장 4조에 규정한 "국제적 수준"의 활동에 대해서는 아시아와 아랍 제국을 포함한 전 세계적인 보존 전통에 관해 어느 정도의 지식이 필요하다. 그러나 "국제적 수준에 관해서"는 물론 전적으로 베니스 헌장이나 유럽의 보존 전통만을 유의해야한다는 것은 아니다. 거의 반세기 전에 우리 ICOMOS가 창설

---

36) 원문: *the new discussion paper Protecting heritage places under the new heritage paradigm & defining its tolerance for change*

37) Alois Regal, The Modern Cult of Monument: Its Character and its Origin, in: Oppositions, Harvard University, vol 25, 1982, pp 21-51).

되었을 때 유럽이 주축을 이룬다. 이제 우리는 전 세계 각 지역의 특별한 전통을 존중해야 한다. 그렇지만 위대한 유럽 전통도 "낡은 유럽"이라는 근거로 차별 받아서는 안 된다.

여하튼 몰타 토론의 "가치의 유무형적 용기(vessel)"에 다음과 같은 성명은 가능한 한 조속히 잊어버리는 것이 바람직하다. 즉 **계속 바뀌고 있는 가치의 특성에 비추어 볼 때, 세계유산협약의 맥락에서 어떻게 우리는 가치의 진술이나 나아가서 뛰어난 보편적 가치를 논할 수 있는가?** 진실은 가치가 보존되거나 보호될 수 없다. 가치란 그저 집단의식이라는 창공 속에 등장하고 나가는 것이다. 이를 틀 속에 집어넣거나 영구히 고착시키려는 기도는 사회적 공학에 버금가는 것이고 사상적 선전이 되는 것이다. 물론 가치가 중요하지 않다고 하는 것은 아니지만······.

이러한 가치의 "끊임없는 흐름"의 뒤에 "불가분의 전체적인 접근"을 강조하는 이 성명은 될 수 있는 한 국가 또는 지방 정부를 배제하고 있다. 아주 흥미로운 사례를 들면 시드니 오페라 하우스에 대한 구제(salvation)노력은 이른바 "문화유산 커뮤니티"(heritage community)에 의견만 받아들여졌다. 이 문화유산 커뮤니티란 대중 활동 테두리 안에서 미래세대에 이 문화유산의 특성이 전수되기를 바라는 사람들로 구성되어 있다. 여기서 가치는 **전에는 인정받지 못했던 관계자들**(previously unrecognized stakeholder communities), 소수그룹, 원주민, 비전문가 등이다. 이들은 문화유산을 관리함에 있어, **본래 유산이란 어떤 주어진 시점에 사회의 진화하는 필요에 직접적으로 응답하는 본태적으로 역동적인 프로세스에 통합**된다고 한다. 그렇다면 이 훌륭한 역동적 프로세스 안에서 보존의 고전적 가치는 불원간 소멸될 것이고 "관리된 변화"가 문화유산을 구하려는 우리들의 노력을 대치하게 될 것이다. 우리들의 전통적 보존원칙은 부정되거나 왜곡되게 기술된다. 예를 들면, 나라 문서는 1990년대 중반 유럽나라들과 비서방국가의 대결의 결과라고 지나치게 왜곡하고 있는 것이다.

보존전문가로서 지속적으로 싸워온 사람들에게 "변화를 인용"(認容)하라는 슬로건은 이미 현대 경제를 재앙으로 몰고 간 신자유주의가 여기에 특정의 역할을 하고 있다는 증거로 여기게 될 것이다. 더욱이 보존전문가들의 "관리"일반에 대한 열정은 줄어들게 될 것이고, 전 세계에서 문화유산에 민감한 부분까지 관리의 독단(dogma)이 행하여진다면 보존의 콘셉트보다 관리계획이, 기념물과 유적에 필요한 전문가보다는 더 많은 MBA(경영학석사)가 필요해질 것이 아닌가?

아무도 21세기에는 지난 세기에도 많았던 수많은 새로운 도전과 재앙이 있을 것이라는 것을 부정하지 않는다. 변화의 인용에 관한 몰타로론 문서 서두에 "패러다임 이동"의 예증으로 특정의 도전을 기술하고 있다. 예를 들면 건물의 고층화로 시각적 완전성(visual integrity)을 위협받는 건조물군, ICOMOS의 위험에 처한 유산의 사례들을 포함하여 지구적 기후변화에 이르기까지 전부 망라되어 있다. 그렇지만 우리들은 지구 기후변화와 싸우기보다는 우리들의 우려를 "변화의 인용"으로 규정해야만 하는가? 역사도시 관리에 책임 있는 당국과 관계자들에게 역사적 도심에 다가올 재앙에 대하여 "변화의 인용"의 사전신호를 보내야 할 것인가? 그리고 역동적인 도시의 성격을 이유로, 또 공동체 생활의 활기찬 환경을 만들어 줄 필요가 있다고 하여, 또 불편하고 인기 없는 과거지물을 버리기 위한 오픈 트랙을 만들어 주기 위해 퇴행하는 구식(obsolescence)을 기능성(functionality)으로만 대치할 것인가? 2005년 비엔나 각서와 관련된 역사도기경관(HUL) 개념을 발전시킨 오스트리아 동료들의 비관적 경험이 이를 잘 말해준다.

그래서 1976년 역사지구의 보호와 현대적 역할에 관한 유네스코 권고에 근거하여 아직 미완성으로 남아있는 역사도시경관(HUL) 보존에 관한 유네스코 권고안이 비엔나 각서보다 더 좋은 결과를 가져오기를 희망해 본다. 2008년 2월 HUL의 잠정적 토론 종결 후 ICOMOS는 종합적인 의견을 마련하였는데, 변화보다는 계속성이 중요하다고 강조하였다. **계속성을 유지하기 위해서는 주의 깊은 변화의 통제가 필요하다. "보존은 변화의 관리다"와 같은 사려 깊지 못한 제안은 -가능한 한 변함없이 보호하고 보전하려는- 세계유산협약의 핵심적 이념과 상치된다. 보존이란 변화를 관리하는 것이 아니라 변경을 가하거나 파괴하지 않고 보전(preserving)하는 것이다.**

지난 세기의 점진적 변화와 비교할 수 없을 정도로 급격히 변하는 도시, 마을 및 문화경관에 대하여 변화는 항시 있었던 것이며, 건물을 헐고 새로 짓고 하는 준 자연적인 프로세스가 되풀이 되어 매력적인 도심개발을 가져왔다는 일반적 추론은 이제 전적으로 경제적 고려에 의하여 강요되고 있는 현대적 대량생산이라는 획일성으로 인하여 쓸모없게 되었다. 그러므로 어떤 기준으로든지 경험하지 않은 "변화의 인용"을 주장하여 보존현장에서 활동하는 우리 동료들을 매도하지 말고 그들이 잉여인원이 되지 않도록(오직 구경만 하라는 것인가?) 하기 위해 우리의 기본원칙을 지키고 급격하게 변화하는 세계에서 문화유산 보존을 위해 싸워야 한다.

2. 베니스 헌장 - 반세기 후

베니스 헌장 -국제기념물 및 유적보존과 복원에 관한 국제헌장-은 1964년 제2차 국제 역사적 기념물 건축 및 기술자 회의에서 채택된 것으로 이는 ICOMOS의 초석이 되며 국제기념물유적협의회 설립안과 함께 베니스에서 채택되었다. 이때 채택된 기념물과 유적 보호를 위한 국제 비정부 기구의 창설에 관한 기본 결의에 따라 1년 후(폴란드) 크라카우에서 창립총회가 열렸다. 이 회의보고서 서두에서 나중에 ICOMOS 초대회장이 된 피에로 가졸라Piero Gazzola는 동 회의와 ICOMOS 사이의 긴밀한 관계를 다음과 같이 강조하였다. 회의 결과는 기념적이다. 우리는 단지 국제기념물협의회 창립에 관한 결의만 상기시키면 되었다. ICOMOS는 이렇게 해서 기념물의 복원, 오래된 역사적 중심의 보존, 경관을 비롯하여 일반적으로 예술적이고 역사적 중요성을 지닌 장소들에 관하여 최고 상소 법정을 구성하는 조직이 된다. 이 조직은 전문가 집단을 창설하고, 충원하며 이의 발전을 감독해야 할 것이다. ICOMOS는 국제적 교류와 감독하고 더불어(유네스코, 유럽협의회 등) 국제기관에 대하여 자문할 수 있는 지역의 국제 위원회(local international committees) 설립에 관여해야 한다. ICOMOS가 설립됨으로써 많은 나라가 아쉬워했던 갭(gap)이 메워졌고, 문화유산 보존에 관계되는 모든 지방기관이 느낀 필요성이 충족되었다. 무엇보다도 이 조직이 가져온 긍정적 결과는 복원에 관한 국제적 기준 즉 단순한 문화적 에피소드가 아닌, 역사적 중요성을 가지는 문서가 수립되었다는 것을 인정하지 않으면 안 된다. 이 기준(code)은 아무도 무시할 수 없는 의무가 되며, 모든 전문가가 문화적 불법자가 되지 않으려면 지켜야 하는 정신이 된다. 이와 같이 문서화된 기준은 오늘날 우리 모두에게 그 효력을 침범할 수 없는 문서로서 시간이 지남에 따라 더욱 확고해지며, 이 역사적 이벤트는 베니스라는 이름으로 영구히 뭉쳐질 것이다. 실상, 지금으로부터 베니스 헌장은 문화재 보존분야에 있어 전 세계의 공식적인 기준이 될 것이다.

ICOMOS 근거문서인 베니스 헌장을 언급하면서 피에로 가졸라는 높은 수준의 전문성을 요구하였는데 이는 아주 타당하며 우리들은 미래에도 이를 유념해야 한다. 헌장은 그 후 ICOMOS 총회에서 채택한 다른 헌장과 원칙에 많이 참조되었지만, 제정될 당시의 부분은 자주 새롭게 해석되었다. 하지만 헌장은 우리들의 보존활동에 세계적 레벨에서 대체할 수 없는 법전으로서 남아있으며 "새로운" 헌장을 제정하려는 기도는 2000년 크래커우 헌장에서 본 바와 같이 쓸모없는 일이 되었다.

베니스 헌장 30년 후 ICOMOS는 학술지 제4호(The Venice Charter 1964~1994)를 발행하였다. 학술지에는 제9차 로잔느 총회에 관한 국제 심포지엄 요약보고가 수록되어 있다. 소그룹 작업반이 베니스 헌장의 실상에 대해 다루었는데 헌장 독트린, 이론 및 평가를 위한 작업 필요성을 강조하여 다음과 같은 결론에 도달하였다: 우리는 베니스 헌장이 역사적인 기념물이라는 것을 확인한다. 헌장은 보호되고 보전되어야 한다. 헌장을 복원하거나 개수하거나 중건할(reconstruction) 필요가 없다. 미래에는 학제 간 지역 간 국가 간의 시각을 제시하고 새 세대와 다가오는 세기에 더 좋은 해결책을 모색하기 위해 논평이나 평행적 문서(parallel text) 작성을 제시한다. 헌장은 협의의 기술적 문서라고 보기 보다는 철학적이고 열린 시각을 가진 문서라고 인정된다. 제4호에는 베니스 헌장에 관하여 1977년 세바트 어더Cevat Erder의 비평이 실렸는데 헌장이 현대사회의 수요를 감당하지 못한다는 것이다. 헌장의 지지자들과 비판자들은 세 그룹으로 나누어 볼 수 있다. 한 그룹은 현재와 같이 지지하는 것이고, 이 안에는 헌장에 지역 헌장을 헌장의 부속서류로 하자는 조건부 찬성론이다. 두 번째의 그룹은 최근의 수요에 대응하지 못하는 조항의 변경과 보충적 조항을 도입하여 완성하자는 안이다. 세 번째 그룹은 베니스 헌장을 대체할 전적으로 새로운 헌장을 준비하자는 것이다.

헌장이 쓰인 후 반세기가 지난 지금 그러한 비평을 이제 별로 듣지 못한다. 그것은 아마 현재 이 문서가 많은 언어로 번역되어 전 세계적으로 알려졌고 평가되고 있어 함부로 고치지 못하는 역사적 문서로 인정되기 때문일 것이다.

"기념물"에 관한 넓은 해석으로 말미암아 헌장은 쉽게 국제 보존/보전에 관한 우주(cosmos)에 통합 되었다. 문화유산의 정의는 이제 반세기전보다 훨씬 넓게 사용되고 있다. 더욱이 "진정성", "완전성", "보수", "활용", "중건", "가역성" 등의 용어[38]는 목적과 가능성과 합쳐 기념물과 유적 보존의 새로운 시각을 열어주고 있을 뿐만 아니라 베니스 헌장에서는 간단히 그리고 전혀 언급하지 못한 다양한 기념물 카테고리의 보존임무에 새로운 전망을 열어주고 있다.

---

38) 부록 용어집 참조 바람.

여담이지만, 베니스 헌장은 우리들 임무에 필요한 학술적 기술적 접근 수단을 강조하고 있다: **기념물의 보존과 복원은 건조물 유산의 연구와 보호에 기여할 수 있는 모든 학술적 기술적 수단을 동원(recourse)할 수 있어야 한다**고, 베니스 헌장 2조는 강보한다. 그러므로 오늘 보전의 학술적 관행은 일반적으로 수용되고 있는 조건들이다. 베니스 헌장은 16조에서 보전의 전문적 훈련에 따라 행하면 자명한 일이지만 실제에선 갖가지 이유로 태만히 하는 조치를 언급한다: **모든 보전, 복원 또는 발굴 현장에서 항상 정확한 보고서를 작성하여야 한다. 보고서는 도면과 사진을 곁들인 도설자료와 분석적이고 비판적인 형식의 문서 작업을 말한다. 진행의 모든 단계 즉 작업장의 정리, 정돈, 재배치 그리고 통합은 물론 발굴과정의 기술적 공식적 작업이 포함되어야 한다. 기록은 공공기관의 문서고(庫)에 입고시켜서 조사연구자들에게 열람 가능하도록 해야 한다. 보고서는 출판하기를 권고한다.** 이런 사고(思考)는 베니스 헌장의 전신인 아테네 헌장에 이미 포함되어 있다.

오늘날 베니스 헌장 이외에도 지역 또는 국가 단위로 발전시킨 보존과 보전에 관한 더 많은 국제적 원칙이 나왔다. 예를 들면 부라(Burra) 헌장(1979 채택, 1999 개정) 또는 중국의 유산 유적의 보존원칙(2002)이 그것이다. 이제 기념물 및 유적 보존에 베니스 헌장에서 규정하는 "온전한 진정성"을 유지하면서, 지역적 전통을 고려하는 보존의 다원적 접근 방법은 범세계적인 기정사실이 되었다. 우리의 문화유산에 대한 편재(遍在-omnipresent)하는 위협을 고려할 때 모든 개별적 사안에 올바른 해결책을 위한 필요한 투쟁은 원칙에 대한 "교리 전쟁"(dogmatic wars)이 되어서는 안 된다. 오히려 우리가 할 수 있는 범위 안에서 보존할 수 있는 것은 보존하는 것이 중요하다. 보존 여건은 기념물 보호법 유무 및 효과적인 관리대책의 존부는 물론, 모든 관계자의 헌신정도(commitment)와 보존전문가의 수준과 같은 여건에 따라 사정은 많이 다르다.

이러한 상황에서 즉 보존의 다원적 접근이란 테두리 안에 ICOMOS의 설립 근거문서인 베니스 헌장은 미래에도 우리들 작업의 이론과 실제에 관한 가장 적절한 관련문서의 하나로서 존재할 것이다. 그러나 바로 그러한 점 때문에 오늘의 시점에서 베니스 헌장을 한 시기의 역사적 문서로 보는 것을 간과해서는 안 된다. 베니스 헌장은 어느 정도 그 시대의 증언이며, 그래서 보완이 많이 되기도 했지만, 계속 보완을 필요로 하고, 때때로 재해석도 필요하다. 베니스 헌장의 내력은 1957년 파리 제1회국제역사적 건물건축가 및 전문가 회의와 국제박물관회가 주최한 아테네회의, 아테네 헌장에 거슬러 올라간다. 어느 점에서 베니스 헌장에서 발견되는 사상은, 예를 들면 1933년 근대건축가국제회의(CIAM= Congrès Internationaux d'Architecture Moderne)에 의해 성립된 유명한 아테네 헌장과 같은 1920년대와 30년대 근대적 운동(Modern Movement)이 반영되어, 평행 발전해 온 것이다. 당시 CIAM 의장 르 코르뷔세(Le Corbusier)의 커다란 공헌에 의하여 현대 도시계획의 규칙이 정해졌다.

또한 베니스 헌장의 이론과 관행은 19세기 이래 발전되어 온 "근대" 건축과 긴밀히 연관시켜 보아야 한다. 19세기 유럽의 보존 관행은, 프랑스 혁명 당시 겪었던 문화재의 최초의 잔학한 파괴와 세속화(the Secularization)의 배경 속에서 태어났던 "낭만주의의 소생"(child of Romanticism)이다. 19세기 관행은 역사주의 건축관과 연관된 당시 편재하던 역사적 스타일 건축을 자의적으로 참조하여, "복원"과 "새 건축"을 유동적으로 해석(fluid transition)하였다.

그래서 존 러스킨이나 윌리엄 모리스의 경고의 발언에도 불구하고, 19세기 두각을 나타낸 보전건축가는 후세의 변조를 부정하고 "스타일적 청순성"과 "스타일의 통일성"이란 아이디어에 근거한 허구적인 "오리저널" 형태와 디자인을 전적으로 지지했던 건축가들이었다. 이들은 이런 픽션에 따라 수세기 동안 쌓인 세월의 흔적뿐만 아니라 역사적 중층(historic layers)을 희생시켰다. 복원에 관한 발레 레 둑(Viollet-le-Duc)의 유명한 정의, 즉 **기념적 건물을 복원한다는 것은, 형상을 유지하거나, 수리 또는 재건을 의미하지 않는다. 복원은 그 어느 시점에도 존재하지 않았던 완성된 상태로의 재건립(retablir=reestablish)이다.**[39] 이러한 19세기의 "복원"관행을 거부하고 20세기 초에 확립된 "고전적" 보존관행은 예술적 역사적 가치가 있는 기념물의 보존에만 전적으로 집중하였다. 동시에 근대화운동(Modern movement)은 모든 "역사적인 밸러스트"(ballast=바닥에 무개잡기 위해 싣는 짐)를 던져버리고 간단한 장식마저 "단순화"한 새로운 형식을 선언하였다. 구 형식은 "역사 문서"에 불과하다고 하면서 구 형식과 대조되는 각각 새로운 기능("형식은 기능을 따른다"고)을 표현하였다. 이러한 상황 아래서 "순수"한 건축과 "순수"한 보존은 상반되는 존재일 뿐이다. 근대화운동의 캐치프레이즈인 "정직"(honesty)과 "재료의 정의"(material jusrice)는 역사적 건축물을 다루는 데 맞지 않지만 오늘날에도 보존관행의 논쟁거리로 이용되고 있다.

---

39) 원저의 프랑스어: *Restaurer un édifice, ce n'est pas l'entretenir, le réparer ou le refaire, c'est le rétablir dans un complet qui peut n'avoir jamais existé à un moment donné (Dictionnaire raisonné, vol. VIII, 1868, p. 4).*

이러한 배경으로 볼 때 베니스 헌장이 기초되었던 때의 "시대정신"(zeitgeist)의 전형적인 태도는, 역사주의의 의문점 있는 복원 관행뿐만 아니라 건축일반에도 강도 높게 비판적이었던 기간을 반영하듯 그때 발표된 논문에 나타나고 있다. 아쉽게도 보존당국 조차 훗날 기념물적 지위를 얻을 수 있었을 건축적 증거를 순수화했거나 아예 없애버렸다. 1900년대 "고전적" 기념물 보존의 창시자의 하나인 게오르그 데히오(Georg Dehio)의 유명한 "보존하되 복원하지 말라"(1905)는 슬로건에 비추어 보면, 우리는 베니스 헌장이 "복원" 등을 조심스럽게 표현한 입장을 이해할 수 있다. 헌장에서 "복원"(restoration)은 단지 예외적으로 해야 하고, "개수"(renovation)는 부정하고, 대체(replacement)는 마땅치 않게 여기며(제12조), 나아가서 중건(reconstruction)은 고고유적에만 적용(제15조)하고 있는 것이다. 현대적인 관점에서, 자신의 건축적 신조에 따라 베니스 헌장의 특정한 조문을 자의적으로 다루는 것은 바람직하지 못하다. 예를 들면 여하한 중건도 금지하고 있다는(제15조) 주장, 제5조에서 모든 기념건조물의 활용과 기능을 강구하라고 규정하였다 하여, 비록 기념건조물의 상당한 손실을 가져올 기능일지라도, 모든 기념물에 새로운 기능을 찾아야 한다는 주장이다.

우리는 베니스 헌장이 유럽에서 20세기 초 역사주의의 복원관행에 반대적 입장에서 발전한 "고전적" 기념물 보존운동과 관련 있음을 고려해야 한다. 물론 근대운동과도 일정한 연관이 발견되는데, 1960년대에 근대운동은 "국제적 스타일"로 발전하여 거의 모든 정치적 국경과 사회제도를 극복했다. 그러므로 1970년대 이른바 후기 모더니즘으로 나타난 현대건축의 위기는, 역사적 건축을 다루는 관행(dealing practice)에 영향을 주었다고 생각된다. 지난 수십 년 동안 일어난 건축의 다양한 경향은, 역사적 환경(surrounding)에 각각 다르게 반응하는 가능성을 포함하여 새로운 시각을 열어주었다. 반응은 형식과 재료뿐만 아니라 이따금 역사적 건축을 영감의 원천으로 사용하는 방법으로도 나타난 것이다. 이런 맥락에서 역사적 건축 보전에 새로운 기회도 생겼다. 역사적 건축과의 교류는 수리와 지속성의 관한 "건축의 학교"라고 이해할 수도 있다. 이러한 기회를 전 세계에서 활동하는 보존전문가들은 다원적으로 접근하여 사례별로 다양한 카테고리의 기념물과 유적에 적용하고 지역적 전통도 고려 대상에 넣어야 한다.

이러한 다원적 접근을 총하여 모든 기념물의 가치를, 100년 전에 이미 정의하여 아직도 유용한 기념적(commemorative), 현대적 가치에 관한 아로이스 리에글(Alois Riegl)의 견해를 참조할 필요가 있다. 그는 "기념물의 숭배"(Cult of Monument, 1903)라는 글에서, 기념물 보존에 물질과 비물질, 유형과 무형의 가치문제를 훨씬 넘는 기념물에 가치라고 정의한 바 있다. 베니스 헌장은 역사적 본질에 관하여 약간 일방적으로 쓰였다는 지적이 있다. 예를 들자면 어느 정도 불가피했겠지만 진정성 있는 재료의 역할을 너무 강조한다는 지적에 자유롭지 못하다. 그러나 나라 문서(Nara Document)는 기념물과 유적의 진정한 정신(authentic spirit)에 관하여, 작금의 유형 문형의 가치 논쟁이라는 무척 단순한 구분보다는 다른 방법으로 기념물의 진정성 가치를 기술하고 있다. 진정성 정신에 관하여 우리는 발테르 벤야민(Walter Benjamin)의 예술작업에 관한 발언을 상기할 수 있다. 그는 "시대의 예술작품과 그 기술적 재생산성"(1936)[40]에서 정신적 메시지는 모든 기념물과 유적의

---

40) Walter Benjamin: Das Kunstwerk im Zeitalter seiner technischen Reproduzier-
    barkeit, in: Zeitschrift fur Sozialforschung, 1, 1936),

자신의 "흔적"(trace)과 "기운"(氣運-aura)에 잘 나타난다고 말한다. 흔적이란 건물의 역사적 의미라고 이해하면 된다. 역사적 의미는 연령의 흔적 즉 "시간의 상처"로 표현된다. 기운은 유명한 오리지널의 기운은 물론 지금 아주 없어져 벼렸거나, "역사적 짜임새"(historic fabric)로서 인식하기 어려운 상태가 되었다 해도, 대단치 않은(modest) 역사적 기념물의 "현장"(in situ)의 분위기를 말한다. 그러므로 기념물과 유적의 참되고 진정한 정신은, 통상 특정의 장소 즉 주어진 환경을 아우르는 공간에서, 또는 우리가 문화적 경관 또는 문화적 루트라고 정의하는 유적에서 그 표현을 찾을 수 있다. 그런 장소에서 시간의 역사적 차원을 이해할 수 있다. 이 장소에서 대상(object)이 창조된 이후 흔적을 남기는 과정(process)인 시간이 지나간다. 어떤 것은 수 세기동안 거치면서 기억의 대상이 된 기념물이 된 것도 있다. 시간은 기념물이 품고 있는, 번역하기 힘든 독일어의 "Zeitgeist-시대정신"이란 형식으로 존재하여, 어느 특정 시기의 생활풍습이나 "스타일"을 반영한 시대의 정신을 미루어 볼 수 있다. 공간과 시간은 기념물의 정신적 메시지에 하나가 되는 수도 있다. 하나가 된 메시지는 역설적이지만 이는 분명히 과거를 나타내는 유형(tangible)의 존재(presence)이다.

앞으로 자연 및 문화유산의 보호와 보전에 있어 세계유산협약이 요구하는 긴밀한 협력이 보존 원칙 개발에 분명히 영향을 줄 것이다. 베니스 헌장은 기념물과 유적의 보존에 국한되었지만 협약은 헌장을 훨씬 뛰어 넘을 것이다. 환경보호와 기념물 보호는 서로 묶여 있다. 오늘날의 보전 관행이, 비록 보전기술자들이 인정하기는 싫지만, 일반적 환경운동에 영향을 뿌리박고 있음을 간과해서는 안 된다. 전 세계적으로 진행되는 거대한 규모의 환경파괴의 배경에 관련하여, 베니스 헌장과 관련한 기념물의 보호와 관리에 관하여 참된 도덕적 차원의 논의가 전혀 안 되고 있다. 계속성은 존중되어야 하고 이는 기념물에 내포하고 있는 것이지만, 역사적 계속성의 개념은 기념물 보호의 도덕적 타당성으로 환기시켜야 할 일이다. 역사의 기억은 인간이 역사적 산물이라는 관점에서 미래에도 필요한 것이지만 단절되어서는 안 된다. 그러므로 기념물과 유적이 보전되어야 하고, 파괴에 항복하는 것은 이해의 저울질이 아니라 도덕적인 문제이다. 비교적인 의미에서, 기념물로 형성된 문화경관뿐만 아니라 수백만 년이나 자연역사가 계속되는("자연의 기념건조물"을 포용하는) 자연경관도 오늘날 문제에 부닥치고 있다.

이제 거의 반세기의 나이를 먹은 베니스 헌장과 ICOMOS의 다른 모든 헌장과 원칙들이 이 변화하는 세계문화유산 속에서 항시 존재하는 파괴세력과의 일상적 투쟁에서 미래 우리에게 도움이 되는 도덕적 힘을 축적하여 주길 바란다.

3. 기념물과 유적의 온전한 진정성

과거의 메시지를 가지고 수세대에 걸쳐 사람들이 남긴 역사적으로 중요한 기념건조물은 과거로부터의 메시지를 포함하고 있으며, 긴 세월에 걸친 전통의 산 증거로서 오늘에 전해지고 있다. 오늘 날 사람들은 점점 더 인간적인 제 가치는 하나라고 의식하게 되고, 기념건조물을 인류공유의 재산으로 여기게 되었다. 미래의 세대를 위해, 이들 기념건조물을 지키려는 공동의 책임도 인식하기에 이르렀다. 이러한 기념건조물의 진정한 가치를 온전하게 지켜 후세에 물려주는 것이 우리들의 의무가 되었다. 이 구절은 베니스 헌장 서문의 한 부분이다. 작성자들은 전후 급격히 변화하는 세계에서, 제2차 세계대전에서 심각하게 손상을 입은 기념물과 유적의 보존의 "변화를 관리"한다는 의심이 가는 정의를(기념물과 유적을 보존하려는) 그들의 노력에 배반하는 행위라고 생각하였을지도 모른다. 이런 상황 아래서, 기념물과 유적의 보존은 미래 세대를 위해 "영구적인 기준"으로 보호한다는 의미이고, "건물의 배치 또는 장식을 바꾸어서는 안 되며"(제5조), "전통적 주변 환경의 보호"와 "신축, 철거 및 개조"는 허용되지 않으며(제6조), "기념건조물의 보호를 위해 반드시 필요한 경우를……제외하고는 기념건조물의 전체 또는 일부의 이동은 허용되지 않는다."(제7조) 또한 예술적 작품은 기념건조물의 일부로서 가능한 한 변경을 가함이 없이 현장에 남아 있어야 한다.(제8조)

"보존분야의 공식규범"으로서 베니스 헌장의 가장 중요한 부분은 제1조에서 최종적으로 기념건조물의 개념을 정의하여, 이 개념이 로마시대로 거슬러 올라가는 유럽의 전통에 근거한 것으로서, 기념건조물을 "변화를 관리"함으로써 보존하는 것이 아니라, 넓은 개념으로 "역사적 증거 못지않게 예술작품으로서도 보존하고 복원하는 것"(제3조)이다. 역사적 기념건조물의 개념은 하나의 건축물뿐만 아니라 도시 혹은 농촌이란 주변환경(setting)을 포용하며, 특정 문명의 증거에서 발견되는 현저한 발전 혹은 역사적 사건을 포함한다. 이 개념은 위대한 예술작품뿐만 아니라 시간이 흐름에 따라 중요성을 획득한 과거의 보통의 작업에도 적용된다. 만약 베니스 헌장이 정의한 바와 같이 기념건조물에 "과거의 보통의 작품"도 포함된다면 아마도 채택될 당시 상정(想定)했던 대상물이 있었을 것이나, 수년 후 1972년 세계유산협약에서 "세계유산"으로 정의된 모든 종류의 기념건조물 정의에 협약이 요구하는 "뛰어난 가치"를 포함하지 않았다.

"문화유산"은 최근 유럽의회가 주최한 사회 문화유산의 가치에 대한 회의에서 아주 넓게 정의한 바 있다(2005년 10월, 파로). 이에 의하면, **문화유산이란 과거로부터 물려받은 자원들(group of resources)로서 사람들은 이 정체성을 가지고, 누가(정체성을) 소유했느냐에 상관없이, 그들의 끊임없이 진화하는 가치, 신념, 지식과 전통을 되돌아보고 표현하는 자원들이다. 여기에는 시간의 경과를 통한 인간과 장소 사이의 교호작용으로부터 나오는 환경의 면모(aspects of environment)가 포함된다.** 그러나 이따금 "우리들의 유산"에 관한 일반적 담론은, 기념건조물과 유적의 보존과 보전에 능동적으로 공헌해야 할 ICOMOS의 기본 목표를 혼란스럽게 만들기도 한다. "기념건조물 및 유적"이란 용어(이는 우리 ICOMOS의 명칭이지만)를 기피하면서, 전통적인 임무를 망각하고, 아주 흔한 활동주의로, "변화를 관리"한다며 보존과 보전의 실질적이 활동을 대체하려는 일부 동료들의 이상한 경향에 비추어 나는 여기 다시 ICOMOS 헌장 제4조를 언급하고 싶다.

ICOMOS 헌장 제4조는 이코모스는 기념건조물, 건조물군 및 유적의 보존, 보호, 부흥과 활용 증진을 촉진하는 국제기구이다. 헌장 제3조에는 "기념건조물"이란 용어를 다음과 같이 정의하고 있다:

- "기념건조물"은 역사, 예술. 학술 또는 민족학적 관점에서 가치 있는 모든 구조물(주변 환경과 관련시설 및 내용물) 포함한다. 이 정의에 기념적인 조각 작품, 고고학적 성격의 요소와 구조물, 금석문, 동굴주거 및 위의 특성이 혼합된 것.
- 건조물군: 독립된 또는 연속된 구조물들, 도시 또는 시골을 불문하고 그의 건축성, 균질성 또는 풍경 안의 위치로 인하여 역사상, 미술상 현저한 보편적 가치를 갖고 있는 유산.
- 유적지: 고고학상, 역사상, 관상상, 민족학상 또는 인류학상 가치를 갖고 있는 역사공원과 정원을 포함한 모든 지형적 구역, 경관, 모든 인공의 소산 또는 인공과 자연 결합의 소산을 포함한다.

세계유산협약도 이코모스 정관과 거의 비슷한 용어와 가치의 정의를 사용하고 있다. 세계유산협약 제1조는 다음과 같이 규정한다.

-기념물: 건축물, 기념적 의의를 갖는 있는 조각 및 회화, 고고학적 성격을 띠고 있는 유물 및 구조물, 금석문, 헐거 유적지 및 혼합유적지 중 역사, 예술 및 학문적으로 현저한 세계적 가치를 갖는 있는 유산.
-건조물군: 독립된 또는 연속된 구조물들, 그의 건축성, 균질성 또는 풍경 안의 위치로 인하여 역사상, 미술상 현저한 보편적 가치를 갖고 있는 유산.
-유적지: 인공의 소산 또는 인공과 자연의 결합의 소산 및 고고학적 유적을 포함한 구역에서 역사상, 관상상, 민족학상 또는 인류학상 현저한 보편적 가치를 갖고 있는 유산.

세계유산협약 운영지침 역시 제1조의 정의를 넓게 해석한다. 예를 들면, "건조물군"을 도시와 다른 카테고리로, 또는 "인공과 자연이 결합된 소산"을 문화경관으로 정의하고 있다.

말할 필요도 없지만 베니스 헌장이 통과된 이후 현대사회의 "문화유산"의 정의가 많이 확대되었다는 것은 세계유산협약을 운용하면서 발전시킨 문화경관과 문화루트 카테고리를 보면 알 수 있다. 또한 20세기가 이미 역사가 된 점을 고려하더라도 공업화 시대 시골지방의 마을과 토속건축 또는 "근대"유산에 대한 증가하는 관심을 보면 알 수 있다.

키케로(Cicero)에 관한 고전적인 평가의 정의를 따라, 만약 "우리에게 무엇인가 상기시켜주는 모든 것"이 "기념물"이 된다면 "기억의 대상"을 보호하고 보존하는 공익은 광범하다(comprehensive)고 할 것이다. 이 범위는 성지의 진정성 있는 정신으로부터 비파괴 재료로 만든 것에 이르기까지 방대한 양의 과거 증거물일 것이다.

협약 제1조는 ICOMOS 정관 3조와 같이 문화유산을 기념물, 건조물군 및 유적으로 정의할 뿐만 아니라 기념물과 건조물군에게는 역사상, 미술상, 학술적인 관점에서 일정한 가치를 요구하고, 유적에 대해서는 역사상, 관상상, 민족학상 또는 인류학상의 일정한 가치를 요구한다. 한편 제2조에 의하면, 자연유산의 경우는 미학상 및 학술상 현저한 보편적 가치(Outstanding Universal Value-OUV)를 요구한다. 이와 같이 협약 제1조는 보호해야할 기념물과 유적의 문화적 가치에 해답을 주는데, 첫째 역사적인 관점(=역사적 가치, "오래된 가치", 기념적 가치)에서의 가치이고, 둘째는 미술적 관점(=미술적 가치, 감상적 가치)이다. 셋째는 학술적 관점(=학술적 가치)에서의 가치이고, 마지막으로 민족학상, 인류학상의 관점에서의 가치들이다.

협약과 ICOMOS 정관은 기념물의 정의와 가치로 시작하는데, 이는 협약가입국의 기념물보호법 조항과 범세계적으로 비슷하다. 즉 첫 번째로 언급할 것이 역사적 가치이고, 다음은 미술적 가치이며, 다음에 민족학적 가치와 인류학적 의의로서의 가치이다. 독일 바바리아주 기념물보호법의 예를 들면 다음과 같다. **기념물은 역사상, 미술상, 도시계획상, 학술상 또는 민족학상의 의의가 있어 이를 보존함이 공익에 해당하는 과거 한 시대의 인공의 물건 또는 그 한 부분이다.** 기념물 및 유적이 그 가치로 말미암아 보존함이 공익에 해당함으로써, 문화 및 자연 유산 전체의 보호보존에 관한 일반정책 테두리 안에서 국가의 기념물 보호법 또는 법령으로 보호됨을 의미한다. 이는 협약 제5조가 가입국에 요구하는 의무규정으로 자국 영토안의 문화 및 자연 유산의 보존 보호에 효과적이고 적극적인 대책을 보장하기 위함이다. 이런 이유로 기념물과 유적은 기념물 대장에 등재하고 국가 및 지방정부에도 등재해야 한다. 협약 제11조에 가입국은 문화 및 자연유산을 구성하는 목록 중 세계유산에 등재할만한 현저한 보편적 가치가 있는 문화 및 자연 유산의 잠정 목록을 제출하도록 하고 있다.

세계유산의 성공적인 적용을 위해 기념물, 건조물군 및 유적 형태의 모든 문화유산의(회원국) 보호법과 세계유산협약의 "기념물 가치"는 서로 연관되어야 함이 중요하다. 세계유산리스트에 등재되기 위해서는 유산의 가치가 "현저"하고 "보편적"이어야 한다.

현저함이란 전체 문화유산 목록의 것과 비교하여 최상의 것이어야 하며 "최상을 대표"하여야 함을 의미한다. 보편적이라 함은 현저한 가치가 세계적으로 인정되어야 함을 의미한다. 또한 해당 유산에 대한 보존과 보호에 지역이나 국가 차원만이 아니라 협약 서문에서 언급하는 바와 같이 "인류 전체"가 유산에 대하여 책임을 느끼는 것이다.

1972년 세계유산협약의 운영과 관련하여 보존원칙에 대단히 중요한 진정성과 완전성의 개념이 개발되었다. 베니스 헌장에는 그저 "기념물 현장은 완전성을 보호하기 위해 특별 지정해야 한다."(제1조)라고만 언급하고 있고 더 부연한 설명은 없다. 기념물, 건조물군 및 유적의 평가는 진정성·완전성과 밀접하게 연결되어 있다. 진정과는 반대로 "완전성"은 모든 종류의 문화재의 평가에 있어 전제조건은 아니다. 만약 완전성이 전체 또는 완벽한 상태를 의미한다면, 단편적인 발견이나 흔적은 완전한 상태라고 할 수 없지만, 이는 모든 면에서 전정성이 있다고 본다. 완전성이란 용어는 문화재의 특정한 품질과 가치를 정의하는 데 쓰여 왔다. 예를 들면 미술품의 완전성을 티 없다(immaculateness)거나, 원상태(intactness)로 표현한다거나 문화경관 영역의 완전성이나, 건축기념물에서 시각적 완전성의 입장에서 주변의 원상태를 말할 때이다. 기념물과 유적을 전통적 방식으로 이용할 경우는 기능적 완전성을 말할 수 있다.

베니스 헌장 서문에 "진전성이 온전한"[41] 기념물이란 아이디어는 "메시지"를 함께 떠올리게 한다. 왜냐하면 메시지가, 각각 다른 문화의 진정한 전통에 근거하고, 이것이 진정성 있는 증거로 기념물과 유적에 의하여 입증되었다 하면, 메시지는 믿을만하고, 진정성이 있다고 할 것이다. "진정성을 온전하게"라는 구절은 여하한 경우에도 재료나 형식적 진정성에 국한하지 않고, 1977년 협약의 제1차 운용지침에 도입

---

41) 원문: in the full richness of their authenticity

된 바 있는 "디자인, 재료, 기량(workmanship) 또는 주변 환경(setting)"을 능가한다고 하였다. 지침은 문화재가 디자인, 재료, 기량 혹은 주변 환경과 더불어, 전정성은 본래의 양식과 구조에만 국한하지 않고 시간의 경과에 따라 가해진 모든 수정과 부가물을 포함한다. 그 자체가 예술적 역사적 가치를 지니기 때문이다.

진정성에 대한 테스트는 우리가 역사의 진정한 증거인, 대용물이 아닌 "진정"(real)한 건조물을 다룸을 증명한다. 그러므로 진정성의 문제는 기념물이나 유적이 현저한 보편적 가치가 있는지 없는지와 별개로 모든 문화유산과 관련된다. 베니스 헌장 서문에서 이미 강조한 바와 같이, 역사적 기념물 보호의 공동책임으로 진정성을 온전하게 전달함을 강조하였지만, 헌장은 기념물 진정성 가치를 정의하지 않았다.

이는 나라 문서(1994)의 임무였다. 2005년 새 운영지침에도 진정성에 관한 나라문서는 현대 보존 이론의 가장 중요한 문서로 인정되었다. 나라문서는 진정성에 대하여 종합적이라기보다는 진정성의 검증(test)을 정의하여 제13조에 결정적으로 밝힌 바와 같이 비물질적/무형의 가치를 포함하였다. 제13조는 문화유산의 성격, 문화적 맥락, 그리고 시간의 경과로 인한 변화에 따라서 진정성에 대한 판단은 다양한 정보원천이 갖고 있는 가치와 연계될 것이다. 형태와 디자인, 재료와 재질, 용도와 기능, 전통과 기술, 위치와 환경, 정신과 감성, 그리고 다른 내·외적 요인들이 정보원천에 포함될 것이다. 나라문서는 기념물과 유적의 진정한 정신을 포함하여 진정성의 가치를 현행의 유형무형이라는 단순한 구분을 가지고 벌이는 논쟁보다 훨씬 더 차별성 있게 기술한다.

4. 보존, 복원 및 개수의 원칙

역사적 기념건조물의 복원에 관한 아테네 헌장은 복원과 보존을 협의로 구분한다. 베니스 헌장은 보존에 관한 부제를 4~8조에서 다루고, 복원은 9~13조에서 다룬다. 비록 요즘은 보존/복원을 기념물과 유적의 보전의 모든 대책에 사용하고 있지만, 국제 헌장 등이 **협의로 보존과 복원을 구분**함을 이해하는 것이 좋다. "보존/복원"이란 용어는 신문에서 복원 작업을 지칭하는데 사용하고 있지만, 보전방법 상 거의 해결할 수 없는 연관성만을 강조하고 있는데, 여기서 연관성이라 함은 매우 다른 형의 보전대책 -즉 선사시대의 흔적의 보존에서 역사적 건물의 외부와 내부-미술품과 장식 및 동산 유물을 포함하는- 등 매우 다른 타입의 보존과 복원을 망라한다.

특히 보전의 역사에서 복원이라는 용어는 여러 가지로 정의되었다. 일부 "순수파" 동료들은 "복원"은 아직도 부정적인 논쟁과 연관시키고 있는데, 중건이 주류였던 19세기의 복원방법에 대항한 1900년 전후의 논쟁으로부터 아직도 상존하고 있는 부정적인 시각이다. 레 르둑의 "복원"에 대한 유명한 정의가 대표적이다. 이와 반대로 게오르그 데히오의 "보존하고, 복원하지 말라"를 이해해야 한다. 또한 베니스 헌장의 대체와 중건에 대한 제한적인 입장도 이해할 수 있을 것이다. 후자의 경우 헌장 제9조의 프랑스어 판 본문은 복원이란 예외적으로 신중하게 해야 할 작업이다.[42]라고 하였는데 같은 영어 본문에서는 복원의 과정이란 고도의 특화된 작업이다.[43] 이런 맥락에서 특징적인 것은 "중건"이란 용어가 베니스 헌장 15조 발굴에 관련된 조문에만 사용되었고, "개수"라는 용어는 전적으로 사용을 피했다. 다만 19세기의 복원에 관한 부정적인 경험에도 불구하고 20세기에는 보존하고 복원하였을 뿐만 아니라 개수도 하고 중건도 하였다.

이러한 상황 아래 현대 전문 서적에서도 이들 용어가 구별 없이 사용되기도 한다. 즉 복원을 보존의 일반적인 용어로, 복원 대신 개수 또는 그 반대로도 사용된다. 일부 국가에서는 구조물의 중건 복원 개수 보존을 불문하고 복원 또는 개수를 대신하여 "중건"이란 용어를 사용하고 있다. 보존, 복원, 개수에서 사용하는 보전방법은 실제 관행에서 상호 중첩되고 있지만 정확하게 이해되어야 한다. 왜냐하면 불행하게도 모든 보전작업의 목표가 자주 사라진다는 것이다. 마치 안개 벽속으로 -성공적인 "복원" 또는 "개수"라는 개치워드로 정당화하고 실은 작업방법을 은폐하고 심지어 극단의 경우는 원상을 파괴해버린 사례도 있다. 다시 강조하는데, 모든 보전 대책은 그것이 보존, 복원 또는 개수이던 기념물과 그 역사적 짜임새(fabric)를 다른 말로 하면 우리들에게 주어진 양식의 오리지널을 모든 레이(layer-단층)와 현저한 구성요소 또는 부차적인 의의의 구성요소도 보전하여야 한다. 베니스 헌장 제3조는 이 자명한 모든 보전 개념의 전제조건을 간단하게 요약한다. 즉 기념건조물을 보존하고 복원하는 목적은 역사적 증거 못지않게 예술적 작품으로도 이를 보호하기 위함이다.

---

42) 프랑스어 원문: *La restauration est une opération qui doit garder un caractère exceptionnel* (!)
43) 원문: *The process of restoration is a highly specialized operation.*

이러한 기본목표에서 특정한 경우에 한하여 좁은 의미의 보존만 인정됨이 분명해진다. 복원이나 개수는 가능하나 혹은 바람직하나 일정한 전제조건이 충족되어야 하고 그렇지 않으면 단호하게 거부되어야 한다.

개수방법에 관련하여, 전통적 보전 복원방법을 훨씬 능가하는 개수방법은 복원과 개수의 위험에 대한 분명한 언급 없이 기술해서는 안 된다. 21세기 초에 들어 이러한 용어는 현대적 기념물과 유적 이해의 궤를 같이하여 대책을 폭넓은 스펙트럼으로 기술될 수 있게 되었다. 이전에는 보존, 복원, 개수라는 용어는 주로 회화와 조각작품 또는 "예술 기념물"의 맥락에서 "고전적" 보전분야에서 사용되었다. 다음 장에서는 보존은 오직 협의로만 사용되고 일반적 보존/보전에는 사용되지 않을 것이다.

1) 보존

보존한다는 것은 보관하고 보전함을 의미한다. 그러므로 보전의 기본적 태도는 순순하게 보존이라는 표현에서 오는 것이다. 보존은 보전의 최고의 원칙이다. 보강(stabilization)과 보호(safeguarding) 대책과 더불어 기념물의 짜임새(fabric) 환경을 보호하고 더 이상의 손실을 방지하는 보존작업은 다른 모든 대책보다 절대적으로 우선한다. 불행하게도 이 원칙은 손쉽게 확보되는 것이 아니다. 왜냐하면 건물의 구성요소가 계속 퇴락하고 있는데 필요한 긴급 보존 작업을 수행함이 없이 자주 기념물의 한 부분만 개수하고 나아가서 많은 비용을 들여서 중건하기도 하기 때문이다.

모든 기념물의 구성요소를 보전하는 대책을 보존 작업으로 본다. 보존은 예를 들어 기념물의 역사적 구성요소의 정비강화를 포함한다. 석재조각품의 약재주입(impregnation), 석고 층 뒤의 구멍에 주사하거나, 회화나 다채색(polychrome) 칠한 조각의 색소 층이 벗겨짐을 방지하는 일, 회화작품의 지지대를 강화하는 것 등이다. 결국 역사적 건물의 보존은 더 이상의 퇴락을 방지하고 역사적 구성요소를 보전하는 것이다. 여기에는 적절한 보충적 공사를 하여 구조를 강화하거나, 더 이상의 퇴화를 방지하기 위한 대체와 구성부분의 완성을 포함한다. 이런 의미에서 성당의 석공이 손상된 석재를 항상 교체한다는 것은 보존과 복원의 경계선상의 사례가 될 것이다. 더욱이 특정한 상황아래서 역사적 구성요소를 살리기 위해 전통적 기술과 더불어 사용가능한 현대적 기술도 사용하여야 한다. 베니스 헌장 10조의 조문을 참고하면: **전통적인 기술이 부적절하다고 밝혀질 경우, 과학적 데이터에 의해 그 유효성이 명시되고, 경험적으로 입증되어 있는 현대적인 보전, 건설 기술을 사용하여, 기념건조물을 보강하는 것은 허용된다.** 조심할 것은 충분히 증명되지 않은 방법이나 시험 중인 방법은 문제된 기념물이 다른 방법으로는 구제될 수 없을 때에 한하여 사용할 수 있다. 어떤 사례에서 다른 방법으로 구제할 수 없었던 석상물에 아크릴 수지 주입이란 방법을 사용하였는데, 보존에 있어서는 가역성(Principle of reversibility)의 원칙은 고려하지 않아도 된다.

기존의 구성요소의 단지 안전보호를 초과하는 수리작업은 보존 작업의 범주에 포함시키지 않는다. 예를 들면 어떤 회화에 금이 가거나 벽에 금이 가서 틈새를 메웠다면 그 메움이 보호에 사용된 기술이 아닌 경우 작업은 보존 작업이 될 수 없다. 반대로 기념물을 위험에 처하게 하는 구성요소를 제거했다면 이것은 중요한 보존 작업이 된다. 역사적 구성요소를 위태롭게 하는 현대의 침범적 수리부분의 제거(예를 들면 구조적 손상을 가져오는 시설물의 제거, 혹은 시멘트를 포함한 석고도포)도 중요한 보존 작업이다.

성곽 유적(ruin)은 특히 19세기 초 보전 방법 토론에서 중심적 역할을 했는데, 아테네 헌장에서 언급한 보존방법에 관하여 좋은 실례를 제공한다. 아테네 헌장은; **성곽유적은 세심한 보존이 강구되어야 한다.** 여기서는 단편적인 조각과 폐허의 상태에서 과거를 상기할 수 있어 "시간의 상흔"(scars pf time)을 통하여 역사를 나타내준다. 요즘도 튀어나오는 중건 방안과 이따금 "아름답게 없어지도록"(perish in beauty) 내버려두라는 주장 사이에서, 보전계획은 개별적인 사례에서 올바른 길을 찾아야 한다. (후자의 경우, 대개 전자의 길을 택하여 중건한 역사적 유적이 오히려 망가진 결과를 초래한데 생긴 반응으로 이해는 간다.) 성벽의 보강을 예를 들면 불필요한 추가시설을 통하여 유적의 성격을 변조하지 말고 오직 보강 작업만 해야 한다. 식생(plants)의 제거도, 이는 초기 보존대책으로 자명한 것처럼 생각되지만, 신중하게 고려해야 한다. 나무들의 제거는 기념물의 "그림 같은 경치"를 없애지만 그냥 두어 자라면 기념물의 구성요소를 위태롭게 한다. 불가피하게 생긴 중요한 건물의 분명한 구성요소(성곽 예배당 유적의 프레스코의 단편) 등은 유적의 성격과 배치되더라도 지붕 덮음은 불가피한 보존대책이 될 수 있다. 이런 관점에서 우리는 조심스럽게 보존한 성벽유적과 로마시대 욕탕의 포석이 깔린 바닥이 보호 덮개가 없었다면 수년 안에 완전히 파괴되었을 것임을 이해할 수 있다. 성곽유적, 성벽의 단편들 그 밖의 발견품은 불행하게도 많이 유행하는 아마추어에 의해 발굴되어 되돌릴 수 없게 파괴되는 것보다는 흙속에 놔두는 것이 오히려 좋은 일이다. 보존이란 기념물을 단편상태라도 보전함을 의미한다. 프레스코 단편, 조각, 화병 또는 비문 등은 모두 복원 또는 개수라는 이름의 추가물(additions)로 역사적 상태를 "위조"하면 안 되는 대상이다.

다른 말로 하면, **특정 카테고리의 기념물에게 보존이란 맨 먼저 할 오직 하나의 대책인 것이다!** 이는 특히 박물관과 같은 곳에서 볼 수 있는 기념물에 적용하여야 할 몇 가지 이유가 있다. 반대로 사람이 사는 고도(古都)는 보존대책을 사용하여 보전될 수 없다. 많은 종류의 기념물의 "사용 가치"가 보존작업을 훨씬 능가하는 수리와 신중한 재활용(rehabilitation)을 요구하며, 추가적인 보전 방법 즉 복원과 개수작업도 개입될 것이다. 그렇지만 보존은 언제나 보전분야에서 모든 조치의 출발점이 된다.

2) 복원(restoration)
복원이란 다시 건립(re-establish)함을 의미한다.[44] 다음에 정의하는 복원은 흔히 이해하기 쉬운 일반적인 보전 작업을 의미하는 것으로 받아들여서는 안 되고, 오히려 보존과 보호(safeguarding)는 물론 개수와 구별되어야 한다. 베니스 헌장은 **복원의 목적을 기념건조물의 미학적, 역사적 가치를 보존하고 드러내는 것(to reveal)이며, 원래의 재료와 출처가 분명한 문서에 대한 존중에 바탕을 두고 있다**고 언급하고 있다. 이런 정의는 단지 기념물의 "보전" 혹은 미학적 역사적 가치를 "드러내기 위함"을 훨씬 넘어서는 개념이고, (무슨 이유든지) 숨겨지거나 망가졌거나 손상된 기념물의 가치를 고양하여 이를 다시 건립함을 의미

---

44) To restore means to re-establish.

한다. 보존은 기념물의 현존하는 구조(fabric)에 필요한 한의 개개의 구역을 기술적으로 보강하고 구조를 직접 위협하는 원천을 제거함을 의도하는데 비하여 복원은 기념물의 역사적 미학적 증거인 전반적인 외모(appearance)에 관련되어 있다.

보강 작업과 원래 구조를 보존한 후, 복원은 원 구조를 감소시키지 않고 새로운 요소를 추가한다. 회화에 있어 흠(gap)의 경우(상대적으로 작은) 실제의 손상이 매우 작은 부분이라도 전반적인 미학적 효과를 크게 악화시키므로, 리터칭(retouching)의 방법으로 흠을 없애는 조치를 취한다. 복원의 많은 가능성(방법)을 사례별로 신중히 저울질해야 하는데, 회화의 중립적 "교정"(adjustment)으로부터 장식 조각이나 건축 조각의 흠을 바로잡기 위해 취하는 손실된 요소의 세심한 교체에 이르기까지 신중해야 한다. 구조적 손상을 입어 무너진 격간(格間-건축의 기둥으로 구분된 공간 bay)의 예를 보자. 르네상스 시절의 궁궐은 전반적인 미적 효과 때문에 중세시대의 성과 유적 같은 방법으로는 보존 작업을 할 수 없기 때문에 옆에 붙은 격간에 맞추어 복원해야 한다.

복원에서는 흠을 메우거나 조화시키는 작업 외에도 이전의 복원으로부터 생긴 흉터(disfigurements)를 시정하는 작업도 할 수 있다. 우리는 항상 최신의 복원작업이, 이전의 개입(intervention=수리)이 가끔 저지르는 실수에서 보는 바와 같이 기념물의 어떤 미학적 역사적 가치를 왜곡하는 해석을 가하거나 심지어 변조(falsify)할 수 있는 위험을 의식해야 한다. 복원하는 과정에서 후대의 공사 밑에 고대의 사원이나, 후대의 장식 층 뒤에 중세의 프레스코를 발견하는 것과 같은 새로운 기념물을 발견하기도 한다.

어떤 다른 레이어(layer 단층) -몇 개의 석회 레이어 밑에 감추어졌던 그러나 잘 보존된 그림의 레이어-와 같은 새로운 층의 재출현은 우리에게 심각한 질문을 던져준다. 이런 경우에서 보는바와 같이 뚜렷하게 다른 역사의 레이어로 구성된 기념물의 복원의 목표를 어디에다 둘 것인가? 이런 레이어들은 연령의 흔적과 역사의 증거로서 모두 기념물의 유효한 부분이다. 우리가 만약 다음과 같이 여러 번 채색한 그림이 있다면 어떻게 복원해야 할 것인가. 중세의 그림 위에 바로크 그림이 있고 그 위에 19세기 그림이 있다면, 원래의 로마네스크 십자가상 다중 채색 위에 여덟 번의 후대 채색이 있다면, 로마 사원이 비잔틴 교회와 섞여져 있던 것이 재출현 되었다면, 이런 문제를 안은 유산의 모든 복원작업은 분명하다. 특히 후세의 역사적 레이어는 주저함 없이 희생하여 "원래의 상태"-그것이 진정한 것이든 표면적인 것이든- 유지를 주장하는 비타협적 지향(uncompromising orientation-입장)에 바탕을 둔다면 문제는 다루기가 어려워진다. 우리들은 사전 예비조사 결과를 가지고, 베니스 헌장 11조에 따라 신중하게 진행할 수밖에 없다. 헌장 11조는 19세기 "스타일의 일치"(unity of style)를 목적으로 한 복원 관행을 분명하게 묵살하고 있다. **즉 양식의 통일이 복원이 목적이 아니므로, 기념건조물의 건설에 기여한 모든 시대의 요소를 존중하여야 한다. 만약 한 건물 내에 여러 시대의 작업이 겹쳐 있을 경우, 최초의 상태를 드러내는 것은, 예외적인 경우에 한하여 정당화될 수 있다. 즉 제거할 부분은 중요하지 않으나, 드러날 부분이 역사적, 고고학적, 미학적으로 중요한 가치를 가졌을 경우, 그리고 보전 상채가 이러한 작업을 정당화할 만큼 충분히 양호한 경우에 한해서 시행한다고 되어 있다.**

이러하여 세심한 주의가 필요하다. 복원의 목표는 특정 "역사적 상태"(state)를 보호하기 위해 다른 특정 "역사적 상태"를 파괴해서는 안 된다. 원칙적으로 현존의 짜임새를 역사적 상태로 존중해야 한다. 철저한 분석을 통해서 비로소 "중대한 역사적, 고고학적 또는 미학적으로 더 가치"가 있는 재료를 보존하기 위해 의미가 덜한(insignificant)작업을 제거시킴을 정당화할 수 있다. 잘 보존된 바로크 채색 보전을 위해 몇 점 안 되는 로마네스크 양식의 다중 채색 조각(particles)의 제거를 정당화할 수 없는 것처럼, 중세시절의 마름돌(ashlar stone)벽 보전 때문에 이후 수세기 동안 진화해온 건물 전부를 파괴할 수는 없다.

복원 프로젝트에 있어, 보전관행상 기념물의 특정 기능과 주변 (surroundings)과의 관례를 고려해야 한다. 그래야만 대수도원 교회와 같은 장식적 특징을 가진 기념물 군의 복원이 조각보를 잇는 식으로 되지 않을 것이다. 박물관에서 15세기 다채색 단편(fragmentary)을 재현하기 위하여 이후 추가된 고딕 스타일의 마리아 상을 제거하는 수가 있다. 그렇지만 같은 작품이라도 바로크식 제단은 다채색의 바로크 칠 대로 남겨두어야 한다. 17세기의 제단 위에 18세기 중반 획일적으로 다시 장식한 유물은 처음 칠을 다시 노출시킬 필요는 없다. 2차 또는 3차 시공이 전체 공간의 조화를 이룬다면 그에 맞춘다. 복원작업은 오래된 그림이나 대리석무늬(marbling)의 미학적 효과를 회복시키기 위해 낡은 바니시(varnish)를 걷어내고 새로 칠하는 것과 같은 극히 간단하고 분명한 부분도 있다. 그렇지만 기념물의 복원작업은 바니시 레이어라는 "연령의 가치"를 포기하면 다른 구성부분과의 관계 또는 잔존하는 특성이 깨져서 변하지 않을지 의심해야 한다.

복원 작업에 있어 기념물의 다양한 레이어와 이에 따른 각각 다른 목표 및 요구조건을 맞추기 위한 이른바 "분석적 복원"작업에서 가끔 지나침(excesses)이 발생한다. 이 작업은 적어도 부분적이지만 기념물의 모든 역사적 상태를 동시에 보존하고 전시하려고 한다. 바로크 양식 정면 파사드(facade) 뒤에 르네상스 시절의 건축적 장식이 있고, 그 뒤에 고딕식 칠이 재현되어 있으며, 그 뒤에 로마식 마름돌 유물이 한 기둥 사이(bay)에 모두 보이게 했다면 이는 단지 "견본"을 보전한데 불과하다. 역사적으로 각각 다른 시대의 구성요소를 복원한 조각 작품의 경우도 마찬가지다. 지난 역사 상태를 방법적으로 건전하게 사전 조사하고 문서화 하는 것이 중요하고 필요하다. 이는 기념물의 본질적 성격을 이해하고, 기념물 전체로서의 역사적 미학적 진화에 맞추어, 복원계획의 개입을 지도(to guide the interventions)하기 위해서도 필요한 것이다. **증거를 보호함은 필요하지만 흔적을 조사하는 작업자체가 목표가 아니라 조사를 통하여 복원의 목표를 결정한다.**

또한 이른 시기의 역사적 상황은 학술지에 재구성할 수 있다. 바로크 교회 안의 고딕시대 단편(fragments)에 관하여 예를 들면 기념물의 미학적 역사적 전체를 위험에 빠뜨리지 않게 하기 위하여 복원을 할 것이 아니라 다시 덮어두는 것이 좋다고 자문할 수도 있을 것이다. 복원과정에서 나타나는 "과거의 창"은 앞서 말한 부정적 영향을 방지하기 위하여 눈에 잘 안 띄는 곳에 두도록 한다. "조각 조각식의 복원"(restoring asunder)을 대표한다고 할 "분석적 보전"을 지나치게 과장하지 말도록 경고해 둔다.

이런 원칙은 대규모의 장식 요소를 가진 개별적 기념물에 적용될 것이지만 또한 역사지구 내의 복원작업에도 적용된다. (원래 가시적이었던) 하프 팀버링(half-timbering)[45]을 다시 노출시키면 그 자체만 가지고 본다면 성공적인 복원이라고 하겠지만, 바로크 건물의 맥락 또는 기본은 중세 양식인데 바로크식으로 개조한 주택을 이런 방식으로 개입하는 것은 역사건조물의 모습을 변형시키고 손상시키는 일로서 배격되어야 한다. 마찬가지로 19세기에 개조한 거리모양을 중세의 "원래 모습"의 기념물로 복구한다고 복원의 전문적인 이해 없이 대대적으로 개입하여 기념물을 파괴시킨 일이 적지 않은데, 우리는 이런 복원을 배척하여야 한다.

"분석적 복원"은, 오늘날 거의 시행하지 않는 충분한 이유가 있지만, "역사적 상태의 견본을 준비"함과 같은 것으로서 기념물의 일관성 있는 모습에 부정적으로 작용하고, 어떤 부분의 짜임새의 손실로 몰고 갈 수 있다. 한 역사 상태로의 "복귀"(restoring back)하는 아이디어는 항상 새롭게 나타나지만 기념물의 전체적인 레이어를 제거함을 뜻한다. 역사적 구조의 보존이란 보전의 최고원칙(supreme dictate)을 둘러싼 갈등과, 복원원칙의 끊임없는 갈등은, 이미 현재의 상태를 받아들이고 예외적으로 정당한 경우에만 특정한 이른 시기의 상태로의 재건립(re-establish)을 허용한 베니스헌장 11조에 이미 규정되어 있다.

끝으로 모든 복원작업과 기념물 보존과 보수 원칙과의 연계관계에 주목할 필요가 있다. 복원작업의 대상에 관련되는 어려운 문제이지만 보존이 우선이다. 나아가서 일반적으로 복원은 오직 작업 시작 전 또는 동시에 필요한 보강작업과 보존 대책이 시행되었을 때만 적절한 복원이 된다.

---

45) half-timbering: 목재 골조가 노출된 건축으로 목재 사이는 회칠, 벽돌 또는 석재로 채워져 있는 중세 유럽의 대표적 건축양식.

보수에 대한 일반원칙은 복원에도 유효하다. 하지만 비록 대수롭지 않더라도 심사숙고하여 허용한 역사적 레이어의 제거는 비가역적인 개입이 되고 그런 경우에는 기념물의 복지(welfare) 대책을 필요로 한다. 그러므로 베니스 헌장 11조에는 **관련된 요소들의 중요성에 대한 평가와 파기대상에 대한 결정을 관련 작업의 책임자에게만 맡겨서는 안 된다**고 모든 가능성을 검토할 수 있는 복수의 전문가의 참여를 요구하고 있다.

기념물의 전반적인 모습을 악화시키는 흠(gaps)을 제거하거나 때우는 복원은 전통적인 재료와 기술을 사용한 보수원칙과 연계되어 있다. 이 원칙은 특히 역사적 건물 보전에 적용되고, 개개의 미술작품 보수 완성은 간혹 가역성 원칙에 따른 그 작품에만 적용할 수 있는 무해한 제거를 보장한 다른 기술을 사용한다. 물론 보존 작업과 마찬가지로 전통적 기술뿐만 아니라, 베니스 헌장 10조에 언급하는바 전통적 기술이 부적절할 경우, 최첨단 복원기술을 적용한다.

3) 개수
개수한다는 것은 새롭게 하는 것이다. 보존과 복원과 함께 보전의 3대 방법으로 사용되지만 베니스 헌장에는 특별한 언급은 없다. (기념물의 외모나 가시적 표면 등을) "다시 새롭게 만드는" 의미에서 개수는 기념물의 미학적 통일을 달성함을 목표로 한다. 여기서 닦음과 재노출의 보존 작업을 통해 "다시 보이게 함"은 복원의 영역에 속한다.

복원 맥락에서 이미 토론한 바와 같이 복수의 역사 레이어를 가진 기념물의 개수에서도 그 목표와 관련하여 같은 논쟁이 일어나고 있다. 여기서도 베니스 헌장 제11조는 적용된다. 방법은 겹쳐 쌓인 역사 레이어를 가지고 있는 진화한 기념물의 상태를 수용한 개수대책을 말한다. 구체적인 조사를 통하여 이득과 손실을 신중하게 검토하여 얻은 정당성에 근거하지 않으면, 개수의 목표인 미학적 통일을 위하여 어떤 레이어도 희생이 되어서는 안 된다.

보존의 우선순위를 감안할 때 -보전분야의 모든 노력에 적용하는 최고 원칙으로서- 그리고 기념물의 수리에 보편적으로 유효한 한도의 원칙으로서, 보존은 항상 필요한 것이고 복원은 특정한 조건에서 정당화된다. 반면 개수는 새롭게 하는 의미가 바로 파괴이므로 보전의 기본 요구와 일치한다고 할 수 없다. 그러므로 데히오가 주장한 "보존하고 복원하지 말라"는 문구는 "보존하고 필요하면 복원하되 개수하지 말라"고 바꿔야 할까?

실제에 있어 역사적 구조는 "개수"라는 이름으로 그리고 "복원"의 과정에서 현재도 쇼킹할 정도로 파괴되고 있다. **모든 개수작업의 커다란 위험**은 기념물의 표면에 대한 철저한 "청소작업"이 선행된다는 사실에 있다. 석고 칠을 완전히 벗겨내고 새로 칠하거나, 당국의 "취향에 따른" 또는 "발견된 바에 따른" 개수를 위해 오래된 제단 오래된 시기의 다채색 레이어를 긁어내거나, 어떤 도형 레이어를 떼어버려 미술작품의 역사적 미술적 증거의 중요한 부분을 파괴하는 행위나, 심지어 풍화가 진행된 목각이나 석각을 "다시 깎아" 인식할 수 없을 정도로 왜곡되고 가치가 떨어진 재작업에 이르기까지 개수작업의 위험은 다양하다. 마찬가지로 묘석 또는 석문을 파괴되지 않은 "건전"한 레이어까지 샌딩(sanding)하는 것은 원래의 표면을 현대의 것으로 대치하는 것과 맞먹는 것이다. 이 모든 것이 회복할 수 없는 손실이며, 가역성의 일반원칙이 개수에서도 적용해야 할 유효한 일반원칙임을 우리에게 일깨워주는 것이다. 이런 맥락에서 부적절한 재료를 가지고 수행하는 개수의 위험성에 대해서 참고해야 할 것은, 수성 칠(dispersion paint)이 회칠, 스터코(stucco) 또는 석물 표면에 심각한 손상을 끼친 사실이다. 이런 위험한 결과를 피하기 위해, 특정한 개수 작업에 있어 잘 작용하는 역사적 재료 사용법을 사용하여야 할 것이다. 여기에 전통적 기술을 실행하고 학습하고 전통적 재료의 사용법을 후대에 물려줄 기회가 있다. 개수는 보존과 복원에 있어 복잡한 분야에 속한다. 이미 기술한 바와 같이, 현대적 복원기술로 새로운 자원으로도 처리할 수 없다고 하겠다. 더욱이 개수 작업에 있어 자주 진정한 의미를 가지고, 기술적으로도 옳은 방법으로 반복되는 개수 작업은 준비 청소작업으로 인하여 기념물 구조에 심각한 위험이 되고 있다.

여기에서 제시한 반론할 수 없는 위험이 있음에도 불구하고 개수 작업이 보존 원칙을 쫓아 시행된다면 보전대책으로 받아들일 수 있다. 개수 작업으로 인하여 생긴 새로운 레이어가 밑에 있는 선행 짜임새(old fabric)의 "연령적 가치"(age-value)에 비하여 유효성을 비교할 수 없음을 항상 일깨워주지만, 어떤 부분에서는 개수가 밑에 있는 원래의 구조를 보존하는데 유일한 방법인 경우도 있다. 그러므로 개수 작업은 보존에 효과가 있는지 또는 효과를 기대할 수 없음이 증명되었는지에 따라 정당화된다. 여하튼 보존, 복원과 마찬가지로 개수는 "오리지널에 도움을 주는 것"으로, 그 효과가 대상에 손상을 주지 않고 위험으로부터 보호해야 하는 것으로 이해되어야 한다.

심하게 낡고, 풍화되었거나 또는 오염된 기념물을 보전하려면 구성요소를 개수해야 할 것이다. 예를 들면 현대적인 난방 시스템으로 회

벽이 지나치게 오염되었다면 회를 다시 칠할 수 있다. 이럴 경우 종전에 칠을 볏겨내거나 보존의 사전조치를 할 필요가 없어진다.

이러한 접근방법이 이따금 낡고 풍화된 원래의 회칠이나 도색한 레이어에 새 칠을 하여야만 건물의 외부를 보전하는데 유효한 경우가 있다. 새로운 도색은 사전조사 결과에 따른 역사구조물의 중건계획으로 집행될 수 있다. 마지막으로 풍화되었거나 환경적 오염요소로 손상된 낡은 회칠에 보존방법을 적용하여 보전할 수 없는 개수를 필요로 하는 기념물의 경우이다. 이런 외부의 도색한 표현적인 장식이 겨우 그 흔적만 탐지되는 경우 조사연구에 근거한 결과에 따라 새 칠을 하여 개수할 수 있다. 이런 방법이 기념물의 미학적 모습을 후세에 전할 수 있는 유일한 방법이다. 복원에서와 마찬가지로 여러 층의 레이어의 조사연구결과로 매우 다른 가능성이 나타날 수 있다. 외부 개수를 조사결과의 바탕으로 시행한다면 르네상스 건축의 칠 방법으로 반복할 것인가, 바로크 시대의 것을 택할 것인가, 네오-클래식 시기의 것으로 할까 아니면 19세기의 획일적 황토색 파사드로 할까? 이것이 왕궁의 파사드 개수인지 아니면 고도의 역사지구 일반 타운하우스의 경우이던지, 개수계획은 충분한 분석과정을 거친 다음 주변건조물과의 조화를 꾀한 종합적인 골간(framework) 안에서 결정을 내려야 한다.

역사적 건물의 외부개수는 그 주변(surroundings)과 정합하여 시행되어야 하지만, 내부개수는 **역사 있고 고령이 된 표면**(historic, aged surfaces)의 생존 요소를, 특히 모든 장식 특성의 "연령 가치"를 고려하여 시행되어야 한다. 예를 들면, 개수한 내부 장식의 칠은 문제를 안겨준다. 이미 언급한 바와 같이 개수대책은 **보호 효과**도 고려하여야 하지만, 보전이 미학적 역사적 관점에서 값어치가 있다고 사료되면 "연령 가치"가 감추어지거나 그 중간 단계의 상태가 되더라도 **보호 조치**로서의 개수는 유효하다. 풍화가 진행되고 있는 석물을 보호하기 위한 로마네스크 탑에 새로운 회칠한 사례를 들면, 지난 세기 회칠한 증거가 남아 19세기에 보았던 "아름답고"(picturesque) "정통성"(legitimate) 있는 중세 석조물의 모습이 사실상 없어지더라도 새 칠을 정당화 한다. 개수를 함에 있어 야외 석조각 또는 목각에 조사 연구 작업 또는 비슷한 채색물의 유추작업을 통해 새롭게 단청(丹靑)작업(polychrome scheme)을 한다면 미적 모습과 보호기능 변화를 결합시킬 수 있다.

특정 카테고리의 기념물은 보존 복원 작업만이 수용할 수 있는 한계이기 때문에 개수는 말할 필요 없이 불가능한 것은 분명하다. 일반적인 방법으로 보존할 수 있거나 어떤 경우 복원할 수 있는 특히 대부분의 "예술적 기념물"에 있어 개수는 정당한 방법이 될 수 없고 거부되어야 한다. 여기에는 회화와 조각 또는 공예작품도 포함된다. 교회 성구실(聖具室) 성배(聖杯)를 새로 도금(鍍金)하여 역사적 가치가 훼손되었다면 우리는 이런 접근을 개수로 분류할 수 있다. 고고학적 기념물과 단편도 이를 적용할 수 있는데, 보존할 수 있고 적어도 복원하는 것이 적절한 보전방법인 것을 "개수"하였다면 이는 유물의 성격과 증거를 파손하는 것이다. 널리 퍼진 개수방법은, 원래의 구조를 기술적으로 보존할 수 없고 대체해야 할 경우, 낡아진 구조를 더 이상 환경의 영향 하에 노출하거나 사용할 수 없어 보호를 위해 덮개로 덮을 경우에만, 보전관행으로서 받아들일 수 있다. 두 경우 모두 보전지향적인 사전 조사연구를 통해 개수 작업이 정당화되고 뒷받침되어야 한다.

역사적 건물의 경우, 특정 위치의 역사적인 건물은 개수가 적절할 때도 있다. 예를 들면 이전의 시행된 대대적인 개조로 보호해야할 역사적 짜임새가 없어진 경우, 개수가 적절한 경우가 있다. 보호해야할 역사적 구조가 없어졌다 함은 현재 남아있는 기념물의 짜임새만 유의해야할 부분이거나 역사적 짜임새를 유지함이 다른 이점을 능가하지 못할 경우이다.

결론적으로 말하면 보존, 복원 및 개수작업은 **이들이 보전대책의 단계를 구성한다는** 점이 강조되어야 한다. 바꾸어 말하면 기념물은 특정 상황 아래서 복원할 수 없으나 보존해야 할 것이 있고, 보존 복원은 가능하나 개수는 허용되지 않음을 함께 강조하는 것이다. 나아가서 **보존, 복원, 개수 대책은 서로 연계**되어 있어 하나씩 또는 동시에 적용하여 보전작업을 수행한다. 실내 공간의 회칠한 오목한 주형(plastered concave molding)의 도금이 좋은 사례가 될 수 있다. 잘 보전된 부분은 보존만 하면 된다. 어떤 부분은 흠만 메우거나 또는 "닦아주는 것"(polished up)으로 보존 요소들의 미적 모습이 유지되어, 복원작업이 되는데, 다른 부분의 도금에 물이 스며들어 대부분 손상되었다면 여기서는 전통적 금박(金箔-gold leafing) 기술을 적용하여 미적 외모를 회복시킴으로서 개수가 된다. 어떤 경우에는 개수가 어느 정도 보존대책으로 간주되는 경우도 있다. 예를 들면 조사연구 테두리 안에서 하나 또는 복수의 역사적 도색작업을 부분적으로 노출시키는 작업으로 라스 작업(lathing)을 같이하여 종전 중간 레이어를 완전하게 개수하였다면 이는 보존작업이 된다. 모든 역사적 레이어는 새 칠 밑에 있는 것이 완전히 노출되는 것보다 더 나은 보존(적어도 외부 파사드에 관한 한) 대책이 되고, 풍화작용에 노출되는 위험을 막을 수 있다.

---

5. 교체와 구성요소의 보완

보존·복원 및 개수 대책은 보완과 교체 문제에 관하여 각각 다른 반응을 제기하였다. 기존의 역사적 짜임새 보존문제만 개재시킨다면 일반적으로 교체의 필요성은 일어나지 않는다. 그러나 복원을 둘러싼 문제에 있어 틈(gap)을 메운다거나 특정한 상황에서 개수가 필요하면 어느 정도의 교체가 필요하게 된다. 교체나 대체에 관하여 베니스 헌장 12조는 "복원"의 항목에서 다루는데, **없어진 부분의 보수는 전체와 조화롭게 통합되어야 하고, 복원으로 인한 예술적 혹은 역사적 증거의 왜곡을 피하기 위해 오리지널과 반드시 구분하여야 한다**고 정의한다.

이런 맥락에서 우선 지적되어야 할 것은 어떤 기념건조물은 그것이 단편적인 상태라 해도 우리에게 물려받은 상태 그대로가 역사의 기록물이라는 것이다. 묘비의 단편, 어떤 사람의 토르소, 벽화의 잔존 부분, 도시성곽이나 폐허성채의 잔존 부분은, 보존되거나 아주 제한된 범위만 복원되어야 하는 유산이다. 대체는 기념건조물의 성격을 왜곡하거나 악화시키는 위험 없이 수행할 수 없다. 이것은 유산의 소규모 또는 아주 경미한 교체에도 특히 강조되어야 할 문제이다. 이러한 규모의 대체는 대부분 완전히 불필요한 것이며 완전을 지향하려는 과장된 충동에서 일어나는 것으로 필요 없이 기념건조물의 "연령적 가치"를 파괴한다. 한 예를 들면, 작은 파손을 고치려고 전혀 필요하지 않은 제단 전면석(ashlar stone facade)을 들어내(clearing up)고 인공의 석재를 붙이는 완전히 불필요한 조치이다. 그렇지만 위험한 연결부분을 잇고 구멍을 메우는 것 같은 개수는 장차 원재료의 대규모 대체를 피하기 위해서 필요한 조치이다. **중요한 것은 규모가 크고 작든 과도한 대체를 경계하는 것이다.**

한편 역사적 건물은, 특히 그것을 현재 사용하고 있다면, 상당한 대체가 개재되는 보수작업이 필요해질 것이다. 중정에 회랑의 격간(格間)이 구조적 피해를 입어 무너졌다면 대체되어야 하고, 손상된 건물의 표면은 위생적인 이유로 교체되어야 할 것이다. 프라하 찰스 다리의 입상인 성 네포무크(St. Nepomuk)[46] 상의 내력을 이해하려면 손실된 부두는 대체되어야 할 것이다. 일반적으로 교체는 보존요소가 유지되면서 행해져야 한다는 것이다. 즉 유산의 역사적 짜임새가 추가된 짜임새를 "지니면서(carry)" 이를 "지배(dominate)"하여 기념건조물이 새로 건립한 것처럼 보이지 않으면 된다. 더욱이 대체의 문제에서 기념건조물 개개의 독자성과 예술성은 대단히 중요한 일이다. 어떤 경우는 전체적인 외관을 손상시키기 때문에 아주 중성적인 리터칭 이외는 아무런 대체작업도 허용되지 않는 경우도 있다. 한편 원래의 예술적 디자인이 결손된 요소를 보완할 필요가 생기는 경우도 있다. 백토 치장(stucco)한 천정의 빈틈을 메운다거나 네오 르네상스 건물의 전면에 점포를 추가하였기 때문에 변형되었던 지상 1층 평면을 원 디자인에 따라 폐쇄하는 등의 보완이다.

원칙적으로 여러 시대에 걸쳐 진화한 기념건조물은 하나의 일관성 있는 계획에 의하여 건설된 종합 예술(Gesamtkunstwerk)적 기념물보다

---

46) 프라하 비타바 강 찰스 교 입구에 세워진 체코의 순교자 성 요한 네포무크(c. 1345~1393)—역자

대체의 필요성이 덜 할 것이다. 빈틈을 메우는 작업은 손실이 발생된 지 수십 년 수백 년 지나 디테일의 대체 작업이 미심적일 때보다 발생된 지 얼마 안 되어 손실이 더 절박하다고 느낄 때가 더 시급하고 필요한 작업이라고 할 수 있다.

교체를 둘러싼 찬반 논쟁은 다양한 예술적 역사적 기능적 요인에 의존하며 특정 사안에 따라 수립된 복원개념에 따라 신중하게 판단하여야 한다. 복원계획을 추진함에 있어 "어떻게" 교체할 것인가는 중립적인 리터칭으로부터 부분적인 복제 또는 부분적인 중건에 이르기까지 동등한 관심사로서 오리지널을 모방할 것인가 원래의 사인을 보일 것인가의 문제를 제기한다. 후자는 대체로 원래의 짜임새에 상반되는 것으로 인식된다. 이런 점에서 전통재료나 현대재료와 기술의 사용 문제가 제기된다.

다시 베니스 헌장 12조를 참조하자. 이 조항에 의하면 대체는 반드시 전체와 조화롭게 통합되어야 하고, 동시에 원래의 것과 반드시 구분되어야 한다고 규정하여 대체가 원래의 것의 "변조"를 대표할 수 없는 것으로 상정(想定)하고 있다. 이규정은 복원작업에 필요한 여러 가지 형태의 리터칭에 적용된다. 대상물의 전체적 모습에 비추어 빈틈의 정도에 따라 보완작업은 단지 색소나 뉴추럴(neutral) "조정"(tuning)으로부터 "묘사"에 이르기까지 다양하다. 묘사는 기존의 합성을 자세히 조사하여 항상 교체된 것임을 알아볼 수 있게 해야 한다. 다른 한편 보완작업은 강한 대조 효과를 주게 해서는 안 된다. 이는 작품의 전체적인 이관을 더욱 악화시킬 수 있기 때문이다. 그렇지만 공원 내의 조각작품 군이 심하게 손상되어 작품의 메시지를 읽을 수 없게 되었을 경우에는 다른 방법으로 처리하여야 하는데, 작은 빈틈은 의도적으로 놔두고 기념물을 이해하는데 꼭 필요한 요소에 한하여 가역적으로 교체하는 것이다. 마찬가지로 심히 손상된 묘석이나 길가 사당 같은 기념물은 단편적으로 보존된 장식과 형상적 요소 특히 아직도 감식할 수 있는 요소는 교체하지 않는다. 대신 외곽 프레임을 중립적 방법으로 보완하고(이전 형식에 따라) 원뿔 모양과 옥상 돌출 지붕을 풍화로부터 보호하기 위해 갱신한다. 건축의 파편(fragments)은 순전히 보존적 이유에서(새 피복 등) 또는 구조적 이유(균열의 충전 등)에서의 교체는 역사적 짜임새와 구분할 수 있고 중립적 재료를 사용한다. (예: 벽돌의 모양을 달리하거나 기초석을 구별되게 쌓는 등) 이렇게 하여 건축 파편의 성격을 "모방"으로 인한 왜곡을 방지할 수 있다.

정상적 범위 안의 필요한 보완작업에 있어서도 보존상의 이유로 제척하지 않는 이상 진정성 있는 자료를 그와 맞는 전통적 수법의 사용 원칙을 적용한다. 새로운 설비를 하거나 역사적 건물군의 사용 증대를 위해 현대적 확장 증축과 같은 기능상의 이유로 새 구성요소가 필요한 경우는 사정이 다르다. 이러한 경우 베니스 헌장 제13조는 현존하는 역사적 짜임새에 대한 존중과 이를 나타내는 신중한 대처를 요구하고 있다. **증축이나 부가물을 설치하는 작업은, 건물의 중요한 부분, 전통적인 주변환경, 건물 구성의 균형, 그리고 건물 주변과의 관계를 손상시키지 않는 경우를 제외하고는, 이는 허용될 수 없다.**

나아가서 **교체의 "방법"은 전적으로 보완해야 할 부분의 디자인과 여건은 물론 지나간 시기의 상황에 관한 지식에 달려 있다.** 손상이 심하거나, 수리해야 할 요소를 교체할 수 없거나, 없어진 부분이 다른 것으로 채워졌거나, 박공지붕(gable) 또는 벽토(stucco) 천정이 반만 남았을 경우 이들을 대체하는 방법으로 오리지널의 복제가 가능하고 필요하다. 대체할 부분은 이전 상태를 보여주는 도면이나 사진재료를 사용하여 복원될 수 있다. 하지만 손실된 구성요소가 오랜 기간 지속되어 자세한 자료가 없어졌을 경우 대체작업을 포기하거나, 리터칭의 경우와 마찬가지로 위에 적은 방법대로 오리지널을 중립적으로 대체해야 한다. 박공지붕의 없어진 형상(figural) 장식의 경우 현존하는 참고자료가 없어 아주 단편적인 지식밖에 없다면 손실된 건축요소의 주변과 조화시킨 현대적 조각으로 대체할 수 있는 기회가 될 것이다.

끝으로 현재도 사용되고 있는 특정 산업 기념건조물 종류가 있다. 이런 기념물은 계속적으로 구성요소를 원래의 양식과 재료로 교환하여야 한다. 특별한 형식의 계속적인 교체에 관해 앞서 언급한 바와 같이 교회 성당 석재가공실의 석공들이 행하는 석재의 교체와 같은 계속적 수리로 이해할 수 있을 것이다. 이 작업은 손상된 구성요소의 교환 즉 파손된 마름돌에서 창 장식이나 첨탑과 같은 예술적 디자인 구성품에 이르기까지, 수 세기에 걸쳐 현존하는 역사적 짜임새를 이루는 형식, 재료 및 수법으로 이어져 왔다. 최근에 이런 기념건조물에서 정교하지 않은 "거친" 작업이 이루어졌는데, 자세히 살펴보아야 "현대"에 시행된 것임을 알아낼 수 있다.

원 석재의 지속적 교체는 결국 전체적 개조에 근접한다고 할 수 있다. 이와 같은 석공의 전통은 수세기 동안 이어져 내려온 것으로 유지관리와 수리의 중간쯤으로서 필요한 과정으로 간주될 것이다. 이러한 과정은 건축물의 표면은 아무데도 대공사를 하지 않았기 때문에 기념건조물의 개수라기보다는 평상적 안전관리와 복원에 해당된다. 부분적인 교체도 오로지 전통적 기법을 요구하고 있으며 가능한 한 원래의 채석장에서 재료를 채취하였거나, 원 채석장 석재가 조달이 안 된다면 적어도 성분이 유사한 석재를 사용함을 요한다.

필요한 만큼의 제한 원칙에 따라 전통적 기법으로 옳은 교체를 행하였다고 하더라도 손상된 석재만 교환되어야 하고 별로 눈에 안 띠는(harmless) 오리지널의 작은 손상 부분을 교체함은 이를 정당화하지 못한다. 석재건축의 검사가 철저하게 수행되어야 한다. 건축의 풍요로운 윤곽(profile) 도안, 창틀장식, 첨탑, 그밖에 예술적 장식품 등을 원위치에 보존한다는 원칙에 입각한 검사가 이루어져야 한다. 석공작업은 표면뿐 아니라 현존하는 오래된 석재 가공술의 상징이나 연령의 흔적을 파괴하는 작업을 피하여 수행되어야 한다. 석재 기념물의 적절한 안전관리계획은 구체적 보존 지향적 사전 조사를 근거로 하여 발전시켜야 한다.

6. 유지관리, 수리와 보강, 재활용 및 현대화

예전에는 기본적으로 예술 및 역사적 기념건조물을 대상으로 하여 보존과 복원이 시행되었다. 이것을 "고전적" 보존/보전이라고 한다. 하지만 건축물이 존재해온 이래 어떤 유형이든 관리, 수리와 보강, 중건과 재축이 시행되어왔다. 그러므로 건축 방법은 기념건조물과 유적 보존/보전 전문가들만 흥미 있는 것은 아니다. 이런 맥락에서 특히 유지관리와 수리의 관행은 결정적인 역할을 담당하며, "수리"라는 문구가 베니스 헌장에 분명하게 규정되어 있지는 않지만, 수리에 관하여 많은 보존의 원칙을 기술할 수 있다. 헌장에서는 "보존"이라는 부제 아래 제4조의 기념건조물 유적에 필요한 관리를 기술하고 있다. **기념건조물이 항구적으로 유지 관리되어야 한다는 것은 기념건조물의 보존에 필수적이다.**

1) 유지관리

문화경관이 모두 없어지고 있다. 방기된 읍촌의 오래되고 늘 관리하지 않으면 없어지는 흙벽돌 집(earthen architecture)은 물론 석조건물이 전체적으로 건물 유지관리 결핍으로 없어지고 있다. 여러 가지 이유가 있지만 가장 기본적인 관리라는 보전관행이 오랫동안 간과된 채 이루어지지 않기 때문이며 비용이 많이 드는 수리가 필요해지고 있다. 이런 상황에서 손실이 아주 많이 진행되었기 때문에 수리가 불가능해지지 않았는지 질문이 제기된다. 그래서 궁극적으로 멸실(滅失)을 받아들일지 아니면 오직 하나의 대안인 파격적인 개수와 복구 작업이 수행해야 할지의 문제다. 아래 언급하는 것은, 기념건조물의 수리는 보존과 보강/보강 대책, 복원과 개수 대책 및 손실부분에 대한 교체 등을 포함하는 일반적 용어로 이해할 수 있고, 유지관리는 지속적인 보전 작업이라는 제한적 의미로 이해할 수 있다.

보통의 건물 관리에 반하여 역사적 건물의 관리는 항상 기념건조물의 역사적 짜임새 가치와 함께 건조물로서의 기념물적 성격을 고려해야 한다. 이런 상황에서 적절한 유지관리야말로 특히 풍화에 의해 생기는 잠재적인 손상에 대비할 수 있기 때문에 간단하고도 조용한 보전 방식이 된다.

역사적 건물의 유지관리는 물받이 홈통을 청소하거나 파손된 기와를 새것으로 바꾸는 것과 같은 건물 주인이면 자신이 늘 작업하여 더 큰 손상을 방지하는 것과 같은 아주 자명한 것들이다. 이러한 유지관리 작업은 역사적 건물이 세워졌던 대로 기존의(전통적) 재료와 숙련된 공법을 활용하여야 한다. 역사적 건물의 한 부분이나 파사드에 석회칠이나 도색을 하려면 보전전문기관의 전문적 자문을 받는 것이 좋다. 역사적 건물(특히 주거용의 경우)의 적절한 유지관리는 즉각적인 결과를 가져온다. 개개의 역사적 건물을 잘 관리했다면 이의 합(sum)은 오랜 역사를 부정하지 않으면서 옛 마을 전체의 활력을 불어넣어 주고, 퇴락하는 마을에 일부러 "단장"을 했다면 당장은 그림같이 보이겠지만, 역사적 구조에는 매우 위험한 것이 된다.

계속 사용하는 건물이와 경계 표시석이나 성곽유적과 같은 기념건조물은 계속 관리해야 한다. 유적의 구조를 위험하게 하는 나무와 잡초의 성장이 그 예이다. 역사공원과 같은 길과 식생을 가진 기념건조물은 항시 집중적인 보살핌을 필요로 한다. (플로렌스 헌장 "유지관리와 보존") 오래된 기술적 산업 기념건조물 -예를 들면 낡은 기관차, 증기선 또는 발전소- 과 같은 것들은 박물관 소장 대상이 되었지만 아직 사용하는 것처럼 "정비"(serviced)해주어야 한다. 한편 지하 고고학적 기념건조물은 인간의 간섭으로부터 보호되어 위험에 처하지 않는 한 유지관리 없이 수백 수천 년 동안 잔존할 수 있다.

역사적 건물의 장식적 특징이 유지관리에 특별한 문제를 안겨 준다. 이들에겐 실내공간에서 공조를 태만히 하거나, 교회에서 꽃이나 초를 잘 못 다루거나, 기념건조물을 돌본다고 행해지는 청소나 먼지 털이 등 폭넓은 범위의 손상이 일어날 수 있다. 민감한 예술품의 경우 무해한 것처럼 생각되는 청소가 해로울 수 있는데, 이럴 경우 적격한 전문가에게 위탁시켜야 한다.

이 맥락에서 별로 이용하지 않으나 시범(trend-setting) 모델로서 다음을 참조하길 바란다. 즉 기후조건으로 위태롭게 된 현저한 장식 특성을 가진 기념건조물 유지관리를 복원전문가에게 맡기는 유지관리계약을 맺는 것이다. 이렇게 하면 예술품에 대한 위협을 조기에 알아낼 수 있으며 작은 초기의 손상은 그해 그해에 비용을 많이 들이지 않고 수리할 수 있다. 단순한 보존 작업의 합(sum)이 장기적으로 보면 대대적인 복원작업을 불필요하게 만들 이상적인 유지관리가 될 것이다. 이것은 자동차를 가진 사람이 통상적인 관리를 통해 가치를 보전하는 방법과 다를 것이 없다. 그렇지만 자동차는 아무 때나 새 차로 교체할 수 있는 일상 용품이지만, 역사적 건물의 독특한 기구장식은 대체할 수 없고, 대대적인 차후 복원작업을 기다리는 것은 회복할 수 없는 손실을 가져올 수도 있다. 조금 수정하면 이 모델은 역사적 건물의 일반적 보전을 위한 유지관리 계약으로도 활용할 수 있다. 즉 특정부문의 복원전문가 또는 공예기능보유자는 정부 보존전문기관과 협조하여 특정의 역사 건물을 돌보아 줄 수 있을 것이다.

유지관리는 **공연히 태만할 가능성**이 있는 반면, 기념건조물을 철거하는 데 필요한 허가는 대단히 능동적으로 받아내는 현상을 심각하게 생각해야 한다. 끝으로 화재방지 시스템과 도난 등 **재앙과 사고에 대한 사전 대책**이 기념건조물의 생존을 보장하는 유지관리의 한 부분으로 간주될 수 있다. 이런 대책에 대한 계획은 보전 지향적인 적절한 사전 조사연구와 함께 이루어져야 한다.

2) 수리와 보강

유지관리와 수리의 경계가 유동적이지만, 일반적으로 기념건조물의 수리는 유지관리보다 작업 사이의 기간이 길고 많은 경우 부적절한 유지관리에서 발생하는 작업으로 정의된다. 기념건조물의 개별적 구성요소는 수리하고 첨가하고 교체할 수 있다. 특히 중세 성당의 석재 워크숍에서 행하여지는 기념건조물에 대한 일상적인 석재의 교체와 같은 일상적으로 계속되는 수리활동과 같은 사례를 들 수 있다.

수리의 첫 번째 원칙: **철저히 분석을 거친 다음 꼭 필요한 한도에 한한다!** 오늘날 불필요한데에 드는 고비용이 꼭 필요한 작업만 하게할 것이란 것은 잘못된 가정이다. 비용의 증가 말고도 다른 요인 - 사용상의 변화, 사용의 수준이 높아진다거나, 부적절한 사전 조사와 계획, 맞지 않는 기술, 잘못된 작업 수행, 또는 가끔은 완벽을 지향한 "보전"계획에 이르기까지- 역사적 구조가 실질적으로 아무것도 남아나지 않는 **불필요하고 과격한 갱신(renewal)** 작업으로 이어질 수 있다.

필요한 만큼 제한하는 원칙에 따라 -실상 이는 자명하지만 항상 특별히 강조해야할 일로서- 구성물 교체와 같은 갱신보다 수리가 먼저라는 원칙이 나온다. 가능한 한 갱신보다 수리하라! 일반적으로 수리는 가장 신중하고 부분적인 재료 및 건물 구성요소의 교환을 의미하는 것으로 이해하면 된다.

예술 복원분야 원칙의 유례에 들어갈 필요 없이, 계획입안자와 작업을 수행하는 장인들에게 한도 제한 원칙과 갱신보다 수리우선 원칙을 분명하게 주지시켜야 한다. 오늘날 장인의 훈련은 헌 벽에 회칠을 다시 하는 것보다는 새 벽을 짓고 새 지붕 골조(frame), 새 기와, 새 바닥, 새 창과 새 문을 만드는데 익숙해져 있다. 보전원칙이 절대적으로 필요한 작업만 요구하고 있는 사실과 수리는 실제로 손상된 부분에 한하도록 요구하는 원칙에 부응하여 기존 벽은 보강과 수리만, 석회칠은 홈만 메우며, 지붕 덮개는 못질만 하고, 창문 여닫이와 낡은 문만 고치는 원칙들은 계획자와 장인만이 아니라 기념건조물 소유자들에게도 철저한 재사고(rethinking)를 요구한다고 할 것이다. 현대의 쓰고 버리는 사회에서, 예전에는 경제적으로 필요했지만, 재료를 고쳐 쓰고 아껴 쓰는 노력은 완전히 없어졌다. 지금은 소비용품만 아니라 조립 라인에서 건물도 조립하며, 가치가 감가되면 실상 "사용만료"로 폐기하는 1회용 건물도 만들어 낸다. 우리 모두는 수리한 고가구(古家具)를 만족스럽게 사용하며 시장에서도 고가를 지불해야하는 값어치

나가는 오리지널 가구로 여기지만, 고가구를 흉내 낸 새 가구는 별로 값이 안 나가는 것을 안다. 물질적 가치는 별도로 하고 역사적 증거로서 오리지널에 대한 존중 -오래된 계단이나 난간을 뜯어내는 대신 수리하고, 회칠을 전적으로 새로 하기보다는 빈틈(gap)을 메우는 방법에 대한 존중-을 대수롭지 않게 생각할 수 없다.

기념건조물의 유지관리가 전통기술로 만든 오리지널 재료로 보전한 것과 마찬가지로 기념건조물의 수리는 적절한 재료와 기술로 이루어져야 한다. 보전을 확보하기 위해 현대적 보존기술을 사용하지 않는다는 조건이 전제되었지만, **수리는 전통 재료와 기술을 사용하라!**는 의미이다. 문, 창문, 지붕구조물은 합당한 목재를 사용하여 수리할 것; 오래된 회칠은 분석적 기술로 보충할 것; 같은 방법으로 벽돌 벽은 벽돌로; 석벽은 석재로 해야 한다는 것이다. 오래된 석회 시공물에 덧붙인 것이나 석벽에 새로 칠한 것, 현대의 시멘트를 칠한 것 등은 미적으로 문제가 되지만 머지않아 더 큰 악화를 초래하는 심각한 문제가 될 것이다.

가능한 한 이런 수리작업은 숙련된 공예기술로 시행하여야 한다. 물론, 많은 경우 현대적 공구나 작은 전기공구가 어느 정도 사용되겠지만 현대 대규모 건설 현장에서 사용하는 기계적 장비는 역사적 건물의 불필요한 파괴로 이어질 수 있기 때문에 동원하지 않는 것이 좋다. 민감한 경우 구식 건설방식을 사용하여 수리하는 것이 좋고, 특히 오래된 표면은 전통적 기술을 모방 적용하는 정도이상의 대처하기 어려운 문제를 던져준다. 전통 재료와 기술을 사용하는 수리의 원칙은 특별한 경우 현대 기술이 제외되어야 한다는 의미는 아니다. 예를 들면 만약 전통적 방법으로 수리하여 손상의 원인을 바로 잡지 못하고 만약 수리가 실질적인 기념건조물의 질을 파괴할 가능성이 있지만 현대 기술의 사용이 역사적 구조를 보전하는데 더욱 성공을 보장할 수 있다면 이를 사용하는 것이다. 어떤 때는 보강과 압밀, 강화(consolidation)를 위해 보전지향적인 기술 사용의 불가피한 경우도 있다.

　일반적으로 동일한 원칙은 단순한 수리작업 외에 망가져 교체할 필요가 생긴 구성부분에도 유효하다. 예를 들면 전통적 점토기와는 미적 효과 말고도 콘크리트 기와와 같은 대체 재료와 다른 물리적 특성을 가진다. 플라스틱 창틀대신 목재창틀을 사용한다던가, 롤러 블라인드 대신 덧문을 사용한다던가, 아스베스토스 시멘트 혹은 플라스틱 재질을 정면 커버링(facade covering)으로 사용을 배격하는 등의 교체 수리에도 유효한 것이다. 이와 같은 행위는 매일처럼 광고 선전하는 일회성 현대산업제품의 포기를 의미하는데, 이들 제품은 역사적 건물의 변형을 초래할 뿐이기 때문이다.

　모든 보전 작업에 있어 또 다른 중요한 점은 **가역적 수리의 원칙**이 개재된다는 것이다. 수리작업과 연관하여 뜯어고치거나 교체하는 작업은 필요한 개입(necessary intervention)이지만 "되돌아 놓을 수 있어야"(undoable) 한다. 이 원칙은 베니스 헌장에는 직접 규정되어있지 않으나 대개 근사치(approximate value)를 의미하는 것으로 "절대적" 가역성을 요구하는 것은 아니다.

　꼭 필요한 부분만 수리하는 작업을 말하자면 석축계단의 손상된 조각을 끼워 넣거나 지붕 서까래를 교체하는 것과 같은 작업은 후일 다시 수리 또는 변경작업을 시도하려 할 경우, 시멘트 구조의 계단이나 천정 또는 난간을 고치려 할 때 보다 원상태로 되돌리기 훨씬 쉬운 것은 분명하다. 이러한 시멘트 작업의 결과는 회수할 수 없는 손실 말고도, 서까래 몇 개를 바꾼 것보다 훗날 작업부분을 제거하기가 쉽지 않고 거의 불가능한 경우도 있다. 또한 되돌릴 수 있는 가역 원칙을 게을리 한 완전히 "재건(rebuilt)"한 기념건조물은 역사적 증거인 특성을 상실하게 된다.

수리작업은 기념건조물의 안정화 및 보호조치 기술을 포함한다. 일반적 수리작업이 손상된 요소를 제거하고 새로운 재료로 대체함으로써 신중히 재료 또는 건물의 손상된 구성부분만 조심스럽게 교환하는 작업인데 비하여 보강 작업은 재료 또는 구조상의 요소를 가능한 한 배제하는 보존 지향적 목표를 가지고 있다. 여기서도 원래의 압밀작업(consolidation), 굳히기, 지반 주입(注入impregnation), 고정화(pinning) 또는 석회 트래서(trass) 등 작업에 원래의 구조에 개입하는 것(interventions)은 피할 수 없다. 간혹 "보이지 않는"(invisible) 대량 개입이 생길 수 있다. 개입에 사용되는 기술은 풍화와 광선노출에 대비한 대체구조물과 보호적 장치(protective fittings)를 포함한다. 기념건조물의 재료와 건설 방식 −즉 색채를 비롯하여 페인트나 회칠 층, 원래의 구조적 기초, 벽과 하중을 받는 부분을 보강 작업 기술이 뒷받침한다. 수리여부 및 어떤 방법을 그리고 어떻게 보호대비책을 결정하는 것은 매우 어려운 일로서 기념건조물의 성격에 따라 건축기술자 화학기술자 또는 복원기술자 등 보전전문가들이 합동으로 기술계획을 세워야 한다. 건축물의 역사적 특징을 가려내기 위한 예비조사 없이 사업을 추진하는 것은 불가능하다. 또한 조사 없이 착수하였다면 결과는 보전 목표를 달성하기 힘들고 통제하기가 불가능해질 것이다.

3) 재활용과 현대화

기념건조물의 수리와 관련하여 현재 현장에서 사용하는 재활용 (rehabilitation)이라는 용어는 본고에서 기술하는 보전지향의 용어보다 더 광범위하고 폭넓은 작업을 의미한다. 오늘날 "재활용"이라는 용어는 "회복(recovery)"의 의미를 능가한다. 회복은 필요한 작업을 시행한다는 의미에서 맞는 말이지만 훨씬 광범위하고 근본적인 내용을 담고 있다. 이러한 작업들은 대체로 현대적 표준, 법규의 적용 또는 건물 용도를 변경하려 할 때 생기며, 어떤 경우에는 건물의 역사적 짜임새에 초점을 맞추지 않은 채 활성화 사업을 추진하는데서 비롯한다.

어떤 건물에 현대적 주거에 필요한 형태를 적용하려는 재활용 작업 (예를 들면 새로운 난방공사, 전기시설 또는 위생시설을 설치하려 할 때)은 **순전한 보전 지향적인 범위를 넘는 현대적 적응조치를 동반한다.** 그렇지만 근본적 원칙은 같다. 즉 오리지널 구조에 대한 개입은 합당한 활용을 가능하게 하면서도 최소한에 그쳐야 한다. 보전지향을 기본 전제로 한 사전 예비조사에 공들인 만큼 전반적인 보전 상태는 더욱 좋아질 것이다. 여기에서 사전 예비 조사라 함은 예를 들어 새 닥트를 설치할 수 있을까, 훗날 세워진 벽을 제거하는 것은 가능할까, 어떻게 하면 전반적인 구조를 시정할 수 있을까 등의 문제이다. 이러한 것은 농가주택에서 궁전에 이르는 역사적 주거 건물이나 교회건축에도 적용된다. 교회 건물의 경우 재활용 및 "현대화" 작업은(난방시설이 전형적 공사인데) 바닥에 대규모의 개입(공사)을 수반하여 중요 고고학적 발견 지역이 될 수 있다. 공공건물의 재활용 공사는 정기적으로 필요한 공사인데 수리 수준의 개입이 필요한 경우도 있다. 대대적인 공사 방화벽, 긴급대피로, 새 계단 및 엘리베이터 등의 법규와 표준에 따른 특수 필요성에 따라 대대적인 개입을 필요로 하게 된다.

도시 활성화(urban rehabilitation)라는 용어는 한 지구 또는 도시 전체의 재개발 계획을 의미한다. 도시 활성화 작업은 경제사회적 구조에 대한 광범위한 조사가 전제된다. 어떤 경우에는 일반시민의 수요에 따라, 예를 들면 어떤 지역을 "도심사업지구"로 전환하려면 백화점, 주차시설 등을 수반하는데 역사적 구조를 아주 부인하는 결과를 가져올 수 있다. 지난 수십 년 동안 진행된 도시지구 개조사업은 보존적 관점에서 보면 역사적 건축물을 전부 제거하여 "활성화"의 정반대 성과를 거두었거나, 대대적인 철거와 재정비의 결과 역사적 건물은 몇 채 흔적만 남아 기념건조물의 재고(stock)와 역사적 인프라의 소멸에 가까운 지경에 이르렀다. 그래서 자주 사용하는 "도심 개조사업"은 보전적 관점에서 보면 "도심파괴"가 되어 버렸다. 이제 도심재개발은 거의 예외적으로 추진되며, 이제 대부분의 경우 "주택에서 주택으로" 도심재정비가 진행되고 있다. 도심 재활성화사업의 우수한 사례는 보전 지향적으로 이미 언급한 수리원칙에 따라 신중히 역사적 구조를 수용하는 필요한 최소한의 한도 내에서 현대화가 진행되어야 한다. 그러므로 역사적 건축물을 적합하게 사용하는 것만이 성공적인 재활성화 사업이라고 할 수 있다.

현대적 기술의 "성취"로 웅변되는 재개발 사업(clearance renewal)에 비추어 재활용 사업은 아주 "온건"한 보전 지향적인 전통적 관행에 해당한다. 현대기술을 시작할 때 백지상태(tabula rasa)에서부터 특정 절차를 요하거나 공사초기부터 커다란 피해를 초래한다면 바람직하지 못하다. 예를 들면 "현장"에 "합리적" 공사를 위해 현대장비를 반입하기 위해 수리하려는 성벽의 반을 뚫어야 한다면 말이다. 많은 경우 보전 지향적 관점에서 작업을 시작함이 경제적으로도 유리하다. 진정으로 필요한 만큼 제한하는 한도의 원칙은 유효하며 다시 한 번 수리의 원칙을 강조하는데, 진정으로 낡아진 역사적 구조 즉 창 등을 교체하는 경우, 전통의 재료를 사용하고 전통적 기술을 적용하여야 함을 강조한다.

7. 중건, 재축 및 이축

중건이란 사고나 지진과 같은 천재 또는 전쟁 사태로 파괴된 건조물의 재설정을 의미하는데, 기념건조물과 유적을 사진자료, 기록물 혹은 재료적 증거에 의거하여 상실한 오리지널을 복구하는 것이다. 중건과 대비하여 복제 또는 레플리카는 현존하는 오리지널을 복사하는 것이다.

중건은 대체적으로 금기시되고 있으나 베니스 헌장에 중건 금지를 명문화한 것은 없다. 관련된 조항은 제15조이다. 모든 추측에 의한 중건작업은 일단 배제되어야 한다. 오직 재조립(anastylosis), 즉 존재하지만 흩어져있는 기존 부재를 다시 조립하는 것만 허용된다고 하여 고고학적 발굴에 한정하고 있다. 이와는 대조적으로 아테네 헌장은 모든 종류의 폐허 재조립을 특별한 형태로서 중건 양식을 언급하고 있다. **조립할 때 사용한 재료는 항상 식별 가능하여야 하고 재료의 사용은 기념건조물의 보존과 그 형태의 회복을 위한 최소한의 사용에 한정되어야 한다. 폐허가 된 유적은 가능하다면 부서진 최초의 부재를 가능한 한 회수하여 원상을 복구하여야 한다.** (아테네 헌장 제4절 보존 기술 참조) 고고학 보존에 있어 재조립을 강조하는 이유는 교육적 목적으로 역사적 맥락을 전시 설명하기 위해 부분적인 중건을 필요로 하기 때문이다. 역사 정원과 같은 분야에서는 중건이 분명한 이유로 결정적 역할을 담당하기도 한다. (플로렌스 헌장 제14, 17조 참조) 그러나 일반적으로 우리는 베니스 헌장을 기초한 사람들은 헌장이 교체(제12조에 오리지널과 구분하여야 한다)를 매우 제한적으로 시행한다는 입장을 취하였던 만큼 중건 작업을 대단히 회의적으로 보고 있었다고 결론지을 수 있다.

중건에 관한 회의적인 입장은 역사는 되돌릴 수 없다는 인식에 근거한다. 대부분의 상황에서(건조물의) 단편적(fragmentary) 상태(state)는 단 하나의 유효(valid)한 그리고 조작되지 않은 예술적 설명을 제공한다. 사실 완전히 파괴된 기념건조물은 역사의 증거이다. 19세기 "고풍 스타일로의 중건"으로 희생된 성곽 폐허와 마찬가지로(폐허의) 역사적 증거는 "중건"을 함으로써 없어지고 말 것이다. 역사의 흔적을 보존하려면 중건은 고려대상에서 완전히 제외해야 한다. 더욱이 복원 수리하거나 보강하고 개수할 수 있는 기념건조물은 철거하여 "이전보다 더 아름답게" 개건축하여서는 안 된다. 우리가 중건에 부정적 입장을 갖는 이유는 오늘날 봉착하고 있는 역사적 건축물의 재고의 감소라는 심각한 위기에 직면하고 있다는 인식 때문이다. 이는 19세기 "복원"작업이 특히 중세의 기념건조물에 대하여 그 원래의 역사적 구조에 끼친 재앙적 손실에 대하여 20세기 초 대두한 보전 이론에서 발견되는 혐오감에 기인하는 것은 아니다. 당시에는 라레둑(Voille-le-Duc)이 주장한 "과학적" 가정에 근거하여 중세 기념건조물의 중건이 유행하였다.

중건은 손실된 기념건조물을 대체할 수 없으며 오히려 기존의 기념건조물의 철거를 정당화하고 조장하며 결과적으로 역사적 건축의 재고에 궤멸적 위험을 가져다준다.

"예술적 작품"에 관한 한 중건이 오리지널을 대체할 수 없다는 대중의 인식에는 논란이 없으나, 지금도 사용하고 있는 바로크 교회건물의 신도 의자는 복제품으로 대체할 수 없는 작품이라는 사실과 역사적 건물에 대한 이해를 대중에게 계몽시키도록 집중적인 홍보활동이 필요하다고 생각한다. 오래된 주택과 상업적 건물이 사용하기가 불편하다는(가상적이거나 실제를 불문하고) 이유로 수리 사용 대신 개축하거나 철거 또는 중건하려는 요구에 위협을 받고 있다. 철거와 중건은 "옛날 형태"로 한다 하지만 거기에 없었던 지하실을 파거나 불가피하지만 지하주차장을 집어넣는다. "중건"은 대개 외형에만 국한하고 내부는 새로 구성하고 바닥 높이도 변경하여 결과적으로 "중건"한 건물의 파사드는 추가된 층(story)으로 "올림(lifted)"을 해야 한다. 옛날의 기념건조물은 "타협(compromise)"한 몇 개의 건물 요소로만 남아있게 된다.

그러므로 기존 기념건조물 현장에서 원래의 기념물 철거를 필요로 하는 중건은 보전 방법으로서 제외된다. 이에 대한 수정적 접근, 즉 기존의 재료를 사용하여 해체하고 재축하는 접근방법은 건축 요소가 다듬은 석재나 목재로서 회반죽이나 충전(fill) 재료를 쓰지 않았을 경우 기술적으로는 고려할 수 있는 방안이나 이러한 접근방법은 항상 원형에 결정적 손실을 가져온다. 목재건물은 진중하게 전문성 있게 시행된다면 이 방법은 그나마 최소한의 손실로 생존할 수 있다. 그러나 석재건물의 경우, 인접 건물로의 이음부분과 연결 부분을 잃게 된다. 이와 같은 전체적 맥락의 손실은 석재 건물의 중건에 있어 기존 요소를 결합하는 데서 항상 제기되는 손실이다. 이와 같은 프로젝트에 특히 충전재와 회반죽, 복합구조물(conglomerate structures), 대형석재 건축물은 대개 그 역사적 짜임새의 대부분을 박탈당하게 마련이다. 그러므로 해체와 재조립이란 방식으로 기존 재료를 사용하여 행하는 중건은 그 (교체)대상을 최소한으로 제한해야만 성공할 수 있다. 사전에 행하여야 할 절차는 보전을 목표로 한 예비조사를 통해 다른 방법으로는 찾을 수 없는 위험요소를 찾는 것이다.

위에서 언급한 위험성에도 불구하고 특별한 사정이 있으면 기념건조물의 보존, 복원 개수에 관해서 예외적으로 인정한 합당한 보전방법이 될 수 있다. 보전적 입장에서 보면 중건이란 일반적으로 영상 문헌 재료적 소스를 근거로 하여 손실된 부분을 복구하는 과정으로 요소의 완성 또는 부분적인 중건에서 기존 재료적 파편을 사용하거나 전혀 하용하지 않는 복구에 이르기까지 범위가 다양하다. 개수사업의 범주 내에서 행하는 중건의 하나인 오리지널 도색 계획, 예를 들면 색채조사 결과로 얻은 결과물에 근거한 실내장식의 복구나 외부 도색은 기념건조물의 전체적인 미학적 효과를 줄 수 있다. 한 건물의 역사적 장구(裝具-fittings)의 중건도, 정당화될 수 있는 사정 하에 적절한 보존책이 되지만, 이런 맥락에서 보아야 하는 것이다. 끝으로 한 건축의 역사적 모습은 디자인이나 모델로서 재현할 수 있다. 이러한 재현 방법은 타당한 이유 때문에 실제의 중건은 현실화되지 못하지만, 보존의 개념계획을 수립하기 위해 유용한 기초를 제공하기도 한다.

부분적이든 전체적인 중건에 필요한 필수조건은 중건 대상의 상태에 관한 광범위한 원 자료의 준비인데, 대부분 이런 가정 없이 진행되는 경우가 많다. 유네스코 세계유산 등재를 위한 협약의 운영지침에 의하면 문화유산으로 등재되기 위한 범주의 하나로 중건에 관하여 규정하고 있다. 이에 의하면, 중건은 오리지널에 대한 완전하고 구체적인 기록물에 근거하여 추진되어야만 하고 추측에 의한 중건은 받아들일 수 없다고 한다. 이처럼 세계유산리스트에 문화유산을 등재함에 있어 중건을 배제하지는 않지만 중건은 건전한 학술적 근거를 요구하고 있는 것이다. 중건에 관하여 베니스 헌장 제9조에서 언급한 코멘트도 중건에 유효한 것이다. 즉 복원의 과정은 고도의 전문적인 작업이다. 복원은 원래의 재료와 출처가 분명한 문서에 대한 존중에 바탕을 두어야 한다. 작업은 추측이 시작되는 시점에서 그만두어야 한다.

앞에서의 토론은 비록 중건을 "금지"하거나 중건이 보전을 둘러싼 "죄악(sin)"을 대표하는 것은 아니지만 중건의 찬반은 철저하게 저울질해야 한다는 것이다. 충분하지 않은 증거나 의문시 되는 가설에 근거한 중건의 완성이 기념건조물을 변조하는 것과 마찬가지로 규명되지 않은 "창조적 중건"은 손실된 기념건조물을 회생시킬 수 없다. 공식적으로도 그렇고 역사적 차원에서도 그렇다. 또한 혼란스럽게 하는 것은, 손실된 오리지널에 대하여 어떤 재료를 기술적으로 어떤 기능수준과 기법(skilled and artistic)으로 구현(execution)했느냐에 관한 것이다. 특정 상황 하의 중건은 건전한 학술적 근거 외에 원래의 형식과 재료를 사용할 수 있는 장인과 예술적 능력을 필요로 한다. 현존하는 역사적 짜임새와 최대한 통합되어야 함은 물론이다. 원칙적으로 원래의 것이 변경되지 않았다면 중건은 쉽게 정당화될 수 있으나 수 세기에 걸쳐 진화해온 유기적 상태의 것을 재창조하려는 중건은 어려운 일이며 "재생산(reproduced)"은 거의 불가능하다.

다음과 같이 특별한 경우는 중건을 고려해볼 수 있다. 즉 단편적의 기념건조물을 해명하거나, 잔존한 장구나 장식적 특색 등을 위한 건축적 환경을 마련하기 위하거나, 또는 중요한 건물 구성요소를 재설치하기 위한 경우이다. 중건을 하면서 석축 벽 위나 다른 단편에 덮개 또는 지붕을 씌우는 것은 건조물 보존상 이점이 있는 경우도 있다. 이러한 접근 방법을 허용하려면 원래의 기초를 다시 하였거나 다른 보강 작업으로 인하여 발생할 수 있는 역사적 짜임새의 손실이 없어야 한다. 마지막으로 중건은 다음과 같은 경우 정당화 될 수 있다. 즉 한 역사지구 내 또는 특별하게 균일(uniform)한 건조물군 가운데 공백(gap)이 생겨(원인은 불문하고) 건조물군을 축소시키거나 손상시키거나 외관을 훼손시키는 경우이다. 저명한 사례는 1908년 베니스 산 마르크 종루의 급격한 붕괴 시 역사적 광장의 불가분의 요소를 중건한 사례이다.

이와 관련해서 천재나 전쟁 상황 후의 재건(rebuilding)을 논의해보고자 한다. 지난 천수백년 동안 보전(保全)적 고려측면에서 독립하여 재건은 새로운 과정을 밟지는 않았다. 경제적 이유로 남아있는 획득 가능한 재료를 검소하게 다루었는데, 이런 접근방법이 "중건"적 접근으로 이어졌다. 지적하고 싶은 사례는 위그노 교도(Huguenots -16~17세기경의 프랑스의 신교도 그룹—역자 주)에 의해 파괴되었던 올레앙(Orleans) 대성당은 17세기와 18세기에 걸쳐 고딕 스타일로 다시 건설되었다. 재건축은 이른바 학술적-지적 근거에 의한 중건이 못 갖추는 다른 차원(dimension)을 가지고 있다. 한 도시나 한 나라의 역사를 시각적으로 간직하고 있는 기념물적 건축으로서 반파 또는 전파된 역사적 건물을 재건축하는 것은, 정치적으로 자아를 주장하는 행동이라 할 수 있다. 어떻게 보면 일반 대중에게 "내가 살 집"이 필수적일 만큼 긴요한 것이다. 재건축의 전제조건은 물론 손실된 기념건조물을 애처롭게 생각하는 당대 사람들의 의지이다. 이런 동기를 가지고 재축한 구조물이 원 구조가 회복불능하게 손실되었음에도 불구하고 천재로 인하여 발생된 공백을 메워주는 역사적 기록물로 인지되고 있다는 것이다. 특히 재건한 건물에 원래의 장식물을 회수하여 재설치하였을 때 그렇다. 다시 지은 기념건조물이 옛날 지니고 있었던 기능을 메워 줄 뿐만 아니라 건축이 역사 속에 가졌던 위상을 다시 찾은 놀라운 사례이다. 거의 새로운 짜임새, 구조임에도 불구하고 프랑크푸르트의 괴테 하우스가 그 예이다. 역사적 기초 위에 세운 새 건축의 잔존한 장식물 등 회수된 역사적 짜임새가 통합된 것이다. 이와 같이 재건한 구조물의 건립 의도가 천재가 원인이 되어 끊어진 전통을 보여주려는 것이 아니라 역사적 공백을 메우는 데 있다면, 파괴되기 전의 역사적 건축의 위상을 대표하여야 한다.

재건축에 있어 고려할 특별한 상황은 파괴되기 전의 모습이 아니라 그 건축사 연구 결과가 어떻게 보였는가에 따라 구조물을 짓는다는 것이다. 이와 같은 접근 방법으로 후세의 개조와 증축과 같은 "실책"이 정화될 수 있으며, 건축의 "원래의 모습"을 재현하기 위한 새로운 설계를 통하여, 회수 보관중인 장식물을 전부 또는 부분적으로 희생시킬 수도 있다.

제2차 세계대전 후 유럽에서의 재건축 역사를 여기서 기술할 수는 없다. 어떤 것은 현대건축의 규정에 따라 전적으로 새로 건축한 것도 있고 어떤 것은 파괴되기 전의 재료와 양식을 복제한 중건의 경우도 있다. 보전전문가로서 우리는 이런 손실을 슬퍼하지만, 이제 전 후 재건축에 이용된 다른 대안들을 받아들일 때가 되었다. 우리는 재건된 건조물을 역사적 증거로서 보아, 성실하게 중건한 건물은 장기적으로 보다 더 성공적이었음을 인정해야 한다. 수많은 재건된 구조물이 이제 진정성 있는 역사적 건물로서 기념건조물 리스트에 기록되어 있다. 그들이 비록 부분적 또는 완전히 손실된 전쟁 전 시기의 오리지널을 대치할 수는 없지만 중건을 한 시기의 기록물인 것이다. 수많은 역사적 건물이 폐허가 된 마당에 여하한 중건도 반대하는 의견은 수 세기 동안 자연히 생긴 반응과 상치된다. 그것은 대재앙 후 옛날의 낯익었던 주위환경을 되찾고 중건을 통하여 재사용할 수 있는 재료를 다시 결합시키려는 소원과 상치되는 것이었다. 드레스덴의 성모마리아성당의 사례는 보전 측면 외에 성당의 손실을 의식하고 다시 재건하겠다는 의지가 재축 동기의 결정적 요인이다. 이런 사정에서 중건의 정당성이 "아직" 허용되는가, 또는 "이제 안 된다" 하는 시간상의 문제는 중요하지 않다.

중건의 주제를 현명하게 처리하려면 베니스 헌장 전문에 나오는 것처럼 기념건조물의 "진정성을 온전하게" 이해하는 것을 필요로 한다. 진정성에 관한 나라 회의에서 채택된 문서에 의하면 기념건조물의 평가는 자주 제기하는 역사적 짜임새 외에 진정성 있는 형식과 진정성 있는 정신도 작용한다고 합의한 바 있다. 물질숭배자(fetishist)는 그의 역사관 즉 역사는 성장과 쇠락이라는 일방통행만 있다는 인식을 전제한다면, "물질적" 측면에서 기념물은 진정성 있는 역사 짜임새가 지속적으로 감소한다는 것만 확인할 것이고, 그래서 가장 최신의 부분만 보존하려고 할 것이다. 그러나 보전주의자는 끊임없이 변하는 세계에서 역사유산을 위하는 법률가로서, 역사적 증거를 보호함으로써 어느 정도의 계속성을 보전하려 할 것이다. 역사적 증거를 보존하려면 기념물의 진정한 가치에 대한 의식이 있어야 한다. 여기에는 순수하게 미학적으로 동기가 부여된 "전시적" 가치 또는 어떤 특정 형식이나 상태를 중건 하려는 소홀히 하기 쉬운 "감정"을 포함한다. 천재지변 후 파괴된 기념물을 재건하면서 사람들의 간절한 걱정은 기념물의 현존 또는 손실된 역사적 짜임새를 둘러싼 이슈의 하나인 기념건조물의(인식할 수 있는) 현재와 과거에 관하여 항상 추가적인 문제점이 발생된다는 것이다.

중건과 관련된 맥락에서 이축의 문제가 등장한다. 드문 경우 정원의 정자와 같은 작은 구조물은 해체하거나 재건립할 필요 없이 기술적으로 이축할 수 있다. 그렇지만 모든 이축은 기념건조물의 환경과 주변과의 관계가 손실되며, 건물의 특정 위치와 연계되는 역사적 메시지를 잃게 된다. 이 점에서 베니스 헌장 제7조 규정이 이축에도 적용될 수 있다. 기념건조물은 그것이 증언하는 역사 및 그것이 발생한 세팅에서 분리할 수 없다. **기념건조물의 보호를 위해 반드시 필요한 경우이거나, 국가적, 국제적으로 중대한 관심사로 정당성이 인정되지 않는 한, 기념건조물의 전체 혹은 일부를 이동하는 것은 허용되지 않는다.**

이와 같이 보전적 입장에서 이전은 원래의 위치에서 보전할 수 없게 된 기념건조물에 한해서 허용된다. 이전이 허용되는 조건은 다른 어떤 방법으로도 보호할 수 없게 되고, 철거를 방지할 수 없게 될 경우이다. 여기에는 기념건조물의 야외박물관과 같은 곳으로의 이전 가능성만을 자주 노려 철거의 구실로 받아들일 수 있는 위험 요소도 도사리고 있다. 대부분 전원주택이나 농가건물이 야외박물관으로 개인적인 이해관계로 이전되고 있다. 이런 사례에서 첫 번째 조건은 비록 원래의 주변 환경에서 옮겨지지만 비슷한 지형적 입지에 다시 세워져야 한다는 것이다. 요는 이전은 원래의 위치와 가능한 한 가깝고 비슷한 장소에 이전해야 한다.

끝으로 이전의 가장 중요한 전제조건은 역사적 건물은 원래의 주변 환경(최소한 중요부분의 대부분)을 같이 옮길 수 있어야 한다. 그러므로 순전히 기술적인 이유로 말미암아 오랜 세월 동안 진정한 이전은 대개 목재건물 뿐이었다. 건설의 성질상 목재건물은 해체와 수송 그리고 특히 중건이 알맞았다. 어떤 조건에서는 다듬은 석재를 차례대로 옮길 수 있다. 이와 대조적으로 대부분의 대형 건물은 이전의 의미가 없다. 왜냐하면, 회반죽으로 구축된 벽은 원래의 재료를 가져야만 재건립될 수 있기 때문이다. 다른 역사적 건물의 개수에 적용되는 원칙(즉 진정성 있는 재료, 기술과 기법 및 보존 처리와 관련된 원칙)은 불가피하게 필요하여 이전한 건물의 수리와 보완에 관해서도 적용한다. 건물의 원 상태에 관한 학술적 기록과 보고서는 올바른 해체와 재건축을 위해 불가결한 요구조건이다.

8. 고고학 유산, 역사지역 및 다른 기념물 유적의 보존원칙

베니스헌장은 1972년 세계유산협약 제1조와 마찬가지로 여러 종류의 기념물과 유적을 문화유산으로 거론한다. 훗날 이 헌장에 기초하여 다른 카테고리의 헌장과 원칙이 개발되었다. 베니스 헌장은 한 조문을 할애하여 고고학적 유산을 고전적 기념건조물 카테고리로 규정하였다. 이 조항을 근거로 하여 1990년 로잔느에서 개최된 ICOMOS 총회는 고고학 유산 보호와 관리에 관한 헌장을 비준하였다. 한편 수중 고고학에 관해서는 1996년 소피아에서 개최된 ICOMOS 총회가 수중문화유산 보호와 관리 헌장을 통과시켰다.

1) 고고학 기념건조물과 유적

고고학 기념건조물과 유적은 고고학적 방법을 사용하여 행하는 문화유산의 한 부분이다. 이 유산은 대부분 땅속이나 수중에 매몰되어 있으며, 수천 년 인류역사에 관한 대치할 수 없는 원천이다. 여기에서 고고학 유산의 보존은 "보물 파기"가 아닌 "흔적의 보호"라는 관점에서 이해하여야 한다. 고고학 기념물과 건축 기념물 사이의 엄격한 구별은 늘 정확한 것은 아니다. 왜냐하면 고고학 기념물은 사실상 땅속에 파묻힌 건축물의 유물로 -석재 또는 목재의 구조물, 벽채의 잔유물, 지중의 착색물을 비롯하여 기존의 장식물 등- 구성되어 있기 때문이다. 고고학적 발굴에서 우리는 한 고고학 기념물이 다른 기념건조물로 바뀌는, 예를 들면 성곽유적 폐허에서 잔재가 노출되어 결과적으로 이를 보존하는 사례이다. 한편 많은 건축 기념물과 도심 지구는 예전에 지었던 건축물이 지하에 남아있기 때문에 동시에 고고학적 지구이기도 하다.

여러 시대의 고고학적 기념물이 지중이나 수중에 숨겨져 있기 때문에 이의 기록을 위하여 특별한 조사와 발굴, 기록 방법이 개발되었다. 조사방법으로는 현장 검사와 재료 수집(이를 통하여 고고학 구역을 지정할 수 있다), 항공사진, 최근 개발된 지구물리학적 자기조사가 포함된다. 이들 조사방법은 여기에 더 상세하게 기술할 필요는 없지만, 고고학 유산 보존 분야의 제1차적 기본법칙, 즉 한 나라의 고고학적 기념물을 조사하는 경우 정확하고도 포괄적인 방법으로 수행되어야 한다는 것이다. 보전의 모든 분야에서와 마찬가지로 **이미 존재하는 재고(stock) 조사는 보호의 선결조건이다.**

물론 베니스 헌장의 일반원칙은 특별한 조건에서 고고학 유산 보전에도 유효하다. 고고학 유산은 현장(in situ)에 원상태대로 보전되어야 한다. 유적은 현상을 관리하고 보존(conserved-동결보존을 뜻함)하지만 특별한 상황에서는 복원한다. 베니스 헌장 15조는 고고학을 다음과 같이 다루고 있다. **발굴은 과학적인 기준 내지 유네스코가 1956년에 채택한 고고학상의 발굴에 적용하는 국제적 원칙에 관한 권고사항에 맞추어 행해져야 한다. 폐허 유적지(ruins)는 그대로 유지하고 건축적 특색과 발견된 물품의 영구적 보전, 보호에 필요한 조치를 취하지 않으면 안 된다. 나아가서 그 기념건조물의 이해를 용이하게 하고 의미의 왜곡 없이 드러내도록 모든 조치를 강구하지 않으면 안 된다.**

1956년 12월 5일 뉴델리 총회에서 통과된 유네스코 고고학적 발굴에 적용하는 국제적 원칙에 의하면, 고고학 유산 보호를 위한 최선의 조건으로 발굴에 있어 국제적 협동 하에 해당사국 관계기관의 협력과 기록 작업이 필요함을 강조하고 있다. 나아가서 발굴지에서 도굴과 불법 반출을 방지하여야 한다고 강조한다. 또 발굴에서 나온 유물을 발굴지역의 중앙 또는 지방 컬렉션이나 박물관에서 보존하거나, 발굴현장에 직접 연관된 컬렉션으로 보존함이 값어치 있는 것으로 강조한다. 그러나 1956년 권고안은 총체적인 "흔적의 보호(safeguarding of traces)"라는 현대의 보전 관행의 목표가 최선의 한도까지 전체를 보전한다는 것과 비교해 보면, 발굴된 유물이 우연히 발견된 유물과 마찬가지로 다면적 역사적 연관성을 구체화하는 기념건조물의 단지 한 부분임을 분명하게 강조하지 못하고 있다. 그러나 이미 오래전에 퇴색한 고고학의 아이디어가 단지 "보물파기"라는 사고(思考)가 현대국가의 기념물보호법령의 여러 구절에 아직도 잔존하고 있는 것 같다.

  1956년 권고안에서 현대 고고학 유산 보전 관행에 빠져있는 또 다른 중요한 범주는 순전히 과학적 관심을 가지고 행하는 발굴과, 불가피한 **긴급(emergency)발굴과 구출(salvage)발굴**에 차별을 두지 않고 있다는 점이다. 다수 국가에서 고고학 기념건조물에 대해 가해지는 커다란 위협에 대한 대처 규범이 된 긴급발굴이나 구출발굴은 수십 년 전만 해도 거의 상상할 수 없었던 일이다. 아직 발견되지 않은 이러한 고고학 기념건조물의 파괴를 지속적으로 유발시키는 것은 민간공사뿐만 아니라, 공공공사의 대대적인 파헤치기, 대규모 농토 확장과 토목공사, 신교통수단 개발, 그리고 광범위한 토지이용과 이에 수반되는 토지의 황폐 등이다. 역사적 건물을 둘러싼 보전노력의 하나로 해당 토지에 대한 개입을 차단하는 것이다. 종교 건물의 바닥을 "성지(terra santa)"로서 손대지 않으면, 건물 바닥에 묻혀있는 고고학적으로 유익한 장소가 보전될 수 있다. 교회 바닥은 현대적 난방공사를 하게 되면 위협을 받는 곳이다.

다수국가에서 대대적인 긴급발굴과 구출작업을 강요하는 위협이 도처에 편재한다. 긴급 공사 요청이 쇄도하여 엄격한 과학적 표준이나 현대 고고학적 관행으로서는 도저히 감당할 수 없을 정도가 되었다. 이런 현실에 비추어 고고학 유산의 보호와 관리 헌장(로잔느 헌장)은 처음으로 고고학 유산 보전의 조건, 목표 및 원칙을 종합적으로 정의하였다. 여기서 헌장의 가장 중요한 보존원칙의 효력은 최대한 고고학적 기념건조물은 원래의 장소에 온전하게 보전한다는 것이다. 제6조는 **고고학적 유산 관리의 종합적인 목표는 기념건조물과 유적의 현장 보존이다. 여기에는 모든 관련 기록과 수장품에 대한 적절한 장기보존 대책과 학예적 연구(curation)를 포함한다. 유산의 구성요소를 다른 새로운 장소에 이전하는 것은 유산을 원래의 맥락에서 보전한다는 원칙에 위배된다.** 뒤의 원칙은 적절한 유지, 보존, 관리가 필요함을 강조하고, 고고학 유산이 발굴된 후 노출시키지 말 것, 적절한 유지관리가 보장될 것을 강조하여, 국제적인 수준에서 경청할 만한 원칙이 된다고 할 것이다.

로잔느 헌장은 또한 유적지에 대한 위협 때문에 촉발된 피치 못할 긴급발굴과 순수학술발굴을 분명히 구분한다. 후자의 발굴인 경우 발굴유적지에 대한 전시 관람을 개선하기 위한 목적으로 활용되기도 한다. 제5조는 **유적지와 기념건조물이 개발이나 토지사용 변경, 도굴이나 자연적 악화로 위협을 받았을 경우 발굴을 실시하여야 한다고** 규정하고 있다. 만약 고고학 유적지가 모든 가능한 보호조치가 실패로 끝나거나 시행하지 못해 소멸할 경우, 이에 대한 발굴 작업은 철저하고 종합적으로 시행해야 한다. 이에 비해 고고학적 증거를 목적으로 위협에 처하지 않은 유적에 대한 순수한 학술적 발굴은 구체적으로 정당화하여야 한다. 이에 관하여 로잔느 헌장은 다음과 같이 분명하게 규정하고 있다. **아주 예외적으로 위험에 처하지 않은 유적지도 연구주제를 밝히거나 공중에게 더 효과적으로 공개하기 위해 유적지를 발굴할 수 있다. 그러한 경우 발굴에 앞서 유적에 특징에 대한 철저한 학술적 평가 작업이 선행되어야 한다. 그러한 경우에도 발굴은 부분적으로 행하여 후일의 연구를 위해 손대지 말고 남겨놓아야 한다.** 위험에 처하지 않았거나 제도적으로 보호되는 고고학 유적에 대한 개입은 가능한 한 그대로 놓아두어야 한다. 특별한 경우 즉 특정의 학술적 문제를 해명하려고 하는 부분적 발굴이나 관람객을 위한 교육목적의 전시 면적에 대한 예외적인 경우이다. 이 예외적인 케이스의 발굴도 항상 선결요건은 노출된 유적을 보존하고 영구적으로 보전하는 것이다. 고고학 유적에 대한 계속적인 유지 요구에 대처하지 못한다면 발굴로 인한 "노출"이 원칙적으로 정당화되지 않는다.

위에 적시한 바와 같이 위험에 처하지 않으면서 발굴이 허용되는 고고학 유적에 대한 발굴은 학술적 관점과 보존적 관점에 의해 제한적으로 허용되는데 이는 한정된 원천 자원에 대한 가장 적정한 적용이라고 할 수 있다. 가용 유적 자원은 제한적이기 때문에 능동적 유지관리는 선택적으로 실시할 수밖에 없음을 로잔느 헌장 제6조는 기술하고 있다. 더욱이 발굴에 대하여 최대한 제한적으로 행사해야 한다는 결정적 원인은 모든 발굴이 파괴를 의미한다는 사실에 있다. 제5조에 적시하는 바와 같이, **발굴은 이의 기록화 및 선정된 유물을 보존하는데 항상 다른 발견품에 대한 희생을 수반하는 증거물의 선택이 필요하며, 경우에 따라서는 기념건조물의 완전한 파괴를 가져오는 수도 있기 때문에 발굴을 결정함에 있어서 철저한 검토를 요한다**고 하였다. 순수한 연구 목적을 동기로 하는 실제 발굴에서 개입은 통상적으로 하는 수평적 단면(horizontal-stratigraphic) 파기 방법을 적용하지 않고 좁은 구역을 파서(발굴) 목표가 이루어질 수 있을 때는 개입을 대폭 축소시킬 수 있다. 예를 들면 원형 벽의 한 부분을 파 보면 필요한 모든 정보를 얻을 수 있는 경우이다. 이렇게 함으로써 기념건조물은 건드리지 않은 원상태로 원래의 위치에 보전되어 훗날 더 발전된 학술적 방법으로 조사할 수 있게 된다. 1956년 유네스코 권고안은 이미 이런 취지의 제안을 제기한 바 있다. 즉 **각 회원국은 발굴에 있어 장차 더 개량된 기술과 더 발전한 고고학 지식으로 발굴 작업이 혜택을 누릴 수 있게 하기 위해서 각각 다른 시대의 고고유적의 일정한 수를 부분적 또는 전체적으로 손대지 말고 현상대로 유지함을 고려하여야 한다.** 현재 발굴되고 있는 대규모 발굴현장에서도 토지의 성격이 허용하는 한도에서 발굴하지 않은 몇 개소를 훗날의 "증거"로 삼기 위해서 남겨둘 수 있다. 이는 유적지의 단층 구성과 고고학적 구성을 검증할 수 있게끔 하기 위함이다.

이런 맥락에서 로잔느 헌장 제5조에서 위험에 처하지 않은 유적 발굴에 적용해야 할 중요한 기존 원칙을 언급한다. 이 원칙은 전체 발굴 작업의 경우 비피괴적 샘플링 방법을 권장하고 있다. 무엇보다도 중요한 원칙은 **고고학 유산의 정보를 수집함에 있어 보호 또는 학술적 목표에 필요한 한도 내에서 조사하되 더 이상의 고고학적 증거를 파괴해서는 안 된다**는 것이다. 그러므로 전체 발굴보다 비피괴 기술, 항공과 지상

탐사 및 샘플링 조사를 권장한다.

　일반적 보전작업에 유효한 보전의 원칙은 고고학 유적과 발견물의 보전에도 적용된다. 발견물이 조각조각으로 나오면 복원이나 개수보다는 보존의 방법으로 작업이 제한되게 되는데, 작업완성이 더디게 진행되거나 아주 안 되는 경우도 있다. 역사적 건축기념물의 현대적 이용에서 발생하는 수리(repair)와 재활용(rehabilitation)의 제 문제는 고고학 유적의 관리에서는 그다지 중요하지 않다. 진품 조각을 붙이는 작업이 완성되었다고 하면, 연결부분 또는 단층을 표가 나도록 구분하거나 벽돌은 다른 형태로 표시한다. 발굴을 통하여 발견된 중세 초기의 교회 건물 기초를 교체하지 않고 원래의 것을 나타내게 하는 석축 층을 추가하는 것도 보호조치가 될 수 있다. 어떤 발굴 현장의 방치 분해되고 있는 석벽은 차라리 매몰하여 **땅속 보호 층**(protective layer of earth)에 묻어두는 것이 더 나은 경우도 있다.

　고고 기념건조물은 자주 관람객에게 부분 또는 전체가 중건되어 "보는 역사"로 전시된다. 이러한 방법은 기념물의 내력을 왜곡하거나 실제의 기념물인 원래의 잔존부분(remnants)을 다른 데로 옮기지 않는 한 정통의 접근방법이라 할 수 있다. 어떤 경우에는 이와 같이 분별할 수 있는 기념물의 중건 건물을 기존의 잔존유적을 위험하지 않도록 다른 장소에 건립할 수 있다. 이런 맥락에서 로잔느 헌장 제7조는 다음과 같이 명시한다. 중건은 두 가지 중요한 일, 즉 **시험적 연구와 기념물의 해석**(interpretation) **기능을 제공한다. 중건은 그러나 생존하는 고고학적 증거를 해치지 않도록 신중하게 추진하여야 하며, 진정성을 확보하기 위해 모든 소스로부터 증거를 확보해야 한다. 상황이 가능하고 적절한 경**

우, 중건건물은 고고유적지 위에 건립해서는 안 되며 중건임을 알아볼 수 있게 하여야 한다.

고전 고고학에서 발전시킨 방법인 **"고고학적 재구성**(anastylosis)"[47]을 후대의 부분 파괴된 기념물에 적용할 수 있음을 베니스 헌장 제15조는 언급한다. 모든 추측에 의한 재건축 작업은 일단 배제되어야 한다. 오직 재조립, 즉 존재하지만 흩어져 있는 기존 부재를 다시 조립하는 것만 허용된다. 조립할 때 사용된 재료는 항상 식별 가능하여야 하고, 재료의 사용은 기념건조물의 보존과 그 형태의 회복을 위한 최소한의 사용에 한정하여야 한다. 한 예를 들어 그리스 사원의 부지에서 발견된 마름돌(ashlar-切石) 석편을 이 방법으로 조립할 수 있다. 원래의 배치형태는 유적지와 공법의 흔적 또는 말뚝 자욱 등에서 알아낸다. 오리지널 기초가 잔존한다면 그것을 현장에서 사용할 수 있다. 작업은 사전에 건물연구를 필요로 하고, 동시에 잔존 구성요소를 전부 조사 측정 분석하여 그 결과를 중건 설계 결과물로 함으로써 anastylosis 작업에 의한 실수를 피할 수 있다. 또한 기술계획을 작성하여 재건축 기간 중에 일어날 수 있는 손상을 방지하고 풍화 방지 등 모든 보존대책을 마련하여야 한다. 끝으로 장차 관광객에 설명할 수 있는 anastylosis 작업에 관한 교육적 설명방안도 토의 확정하여야 할 것이다.

부서진 절단된 오리지널 단편(fragment)-건물의 "엔타블러쳐"(entablature)[48]의 한 부분인 "캐피탈"(capital)[49]이나 박공[50]-을 원 상태대로 원 위

---

47) anastylosis: 파괴된 기념물의 고고학적 재조립 방법으로 중건의 특별한 변형임.
48) entablature: 건축용어로서, 고전주의나 포스트모던 건축의 기둥 위에서 지붕까지의 구성부분 (출처: 英語図詳大辞典, 小学館, 1990)

치에 보여주기 위해 anastylosis 공법을 부분적으로 적용할 수 있으나 대규모의 임시 구조물이 꼭 필요하다. Anastylosis 작업 중 잔존한 단편은 오리지널 형태로 보존해야 하고, 복원방식으로 완성하거나[51], 부분 또는 전체의 중건에서 사용하는 끼워 넣는(embed) 방식은 적용할 수 없다. Anastylosis 방식의 한계는 오리지널 단편이 보잘 것 없어 보조적 구조물에 그저 "장식"처럼 꾸민 것 같이 보이면 더 이상 하지 말아야 한다. Anastylosis 방식은 특정한 경우의 원재료를 보호하기 위한 접근 방식으로서 고고학 유산 보전에 있어 특별한 역할을 나타낸다.

마지막으로 고고학 유산 보전의 기본적 요구사항으로서의 종합적인 기록과 재고조사의 필요성을 강조해 둔다. 로잔느 헌장 제4조에는 다음과 같은 상세한 설명을 제시한다. **고고학 유산의 보호는 그 유산의 규모와 성격에 관한 최대한 입수 가능한 지식에 기초하여야 한다. 고고 자원의 일반적 조사는 고고학 유산의 보호를 위한 전략을 개발하는 데 있어 필수불가결한 작업상 도구가 된다. 따라서 고고학 조사는 고고학 유적의 보호와 관리를 위한 기본적인 의무이다.** 헌장 제5조는 다음과 같은 고고학 발굴 결과에 관한 적절한 보고를 포함한다고 하고 있다. **학계에서 이용할 수 있도록 합의된 표준양식에 준거한 보고서가 작성되어야 하고, 발굴이 끝난 후 상당한 시일 안에 해당되는 재고조사를 포함시켜야 한다.** 이는 많은 학술보고가 "상당한 시일"(reasonable period) 안에 제출되지 않고 있으며 오랜 시일이 지난 후에 나오는 것을 감안할 때 이해가 가는 구절이다. 더욱이 거의 피할 수 없는 긴급발굴이나 구출 발굴이 대량으로 밀려들어 "공공부채"가 늘어나고, 유물이 과다하

---

49) capital: 건축물 기둥의 머리 부분-柱頭
50) gable: 처마와 지붕마루 사이에 형성되는 벽체의 삼각부분
51) 원문: ~not completed as in a restoration

게 쌓여가는 상황이기 때문에, 발굴과 같은 개입으로부터 고고학 유산을 보호함이 이제 더 중요한 일이 되고 있음이 분명하다. 최종 분석에서 발굴과 이에 따른 학술보고서가 없거나, 발굴에서 나온 발견품의 보존이 없는 발굴은 전적으로 쓸모가 없는 것이다. 고고학유산 관리에 있어 실시한 모든 작업에 관한 종합적인 기록화 작업과 학술보고서 출판이 매우 긴요함을 재삼 강조하고 싶다. 기록화와 출판이 절대적으로 긴요한 이유는 모든 발굴이란 실상 되돌릴 수 없는 개입으로, 고고학 기념건조물을 부분적 또는 전체를 파괴하기 때문이다. 많은 경우 발굴이 끝난 후, 유물은 별도로 하고, 기념건조물은 학술적 기술과 분석의 형태로만 존재하며, 이제는 더 이상 건드리지 않은 역사적 구조가 아니라는 것이다. 때문에 **학술적 기록화 작업 없는 발굴은 있을 수 없다.** 학술서 출판은 모든 과정의 작업을 전달하는 것으로 발굴 입수한 유물과 함께 고고학 기념건조물을 사실상 중건할 수 있게 하고 나아가서 원래의 기념건조물을 대치하기 때문이다. 발굴에 대한 기록화 작업은 여러 다른 시대의 겹치는 레이어와 각각 다른 건축 년대를 포함해야 한다. 기념물의 역사의 흔적은 진지하게 고찰해야 한다. 기록화 작업에 특정 역사적 레이어만 연구하거나 또는 경시해서는 안된다. 예를 들어 고전적 고고학자들은 부주의하게 비잔틴 시대 유물을 제거할 수 없고, 선사고고학자는 중세 전문 학자들에게 관심사가 될 중세유적을 소홀히 해서는 안 된다는 것이다.

이런 맥락에서 발굴된 모든 역사 시대의 **유물을 그대로 보존하도록** 분명한 배려를 해야 한다는 것이다. 고고학 발견유물의 보존은 보존처리를 하지 않으면 급속히 또는 완전히 망가질 수 있는, 완전히 부서진 도자기 파편을 재조립한다거나 녹지 속에서 건져낸 목재를 보존하거나 사실상 식별하기 어려울 정도로 부식한 금속제품을 먼저 보존 처리하는 것이 올바른 발굴보고서 작성 전의 선결사항이다. 학술적 처리를 필한 후에 유물들을 불필요하게 나누거나 기존의 수집품에 분배하는 것은 피해야 하며 오히려 인근의 특정지역 박물관에 보관하여 오리지널 기념물 유적과 그 지방과의 중요한 유대가 어느 정도 유지되도록 해야 한다는 것이다.

2) 역사지구(앙상블)

베니스 헌장은 기념건조물과 유적을 광범위하게 정의하며 개개의 기념건조물만이 아니라 그 주변에 관한 것도 언급하고 있다. 제1조를 보면, **역사적 기념건조물에는, 단일의 건축 작품뿐 아니라 ·······. 도시와 전원의 건축적 환경도 포함된다**고 규정하고 제6조(전통적인 세팅이 존재하는 한 이들도 보존되어야 한다)를 총체적 보호(ensemble protection)[52]로 이해해야 할 것이다. 베니스 헌장이 언급하는 총체적 보호는 1975년 '유럽 유산의 해' 행사와 관련된 보존/보전 이론이 대두될 때는 그다지 결정적인 역할을 하지 못했다. "역사적 유적"에 관한 제14조는 단일 기념건조물의 보존과 복원을 지적하고 있는데, **기념건조물의 부지(the sites)는, 그 전체를 보호한 위에, 적절한 방법으로 정비하고 공개가 확실히 될수록 특히 주의를 다하여야 한다. 그와 같은 장소에서 행해지는 보전 복원 공사는, 앞의 각조에 기술한바 원칙이 시사(示唆) 하는 데 따르지 않으면 안 된다** [53]고 규정하고 있다. 여기서 "기념건조물의 부지"

---

52) 총체적 보호(ensemble protection)는 여러 단위로 구성된 복수의 건물을 하나의 단위(ensemble-단수의 뜻으로 총체)로 보호한다는 의미.

53) 이 조항은, 이코모스 일본위원회가 번역한 베니스 헌장을 인용하였음. "記念建造物の敷地については, その全体を保護した上, 適切な方法で整備し公開することが

(敷地)라 함은 고고학적 유적뿐만 아니라 건축물군, 앙상블, 대소 역사 지역, 역사도시와 마을을 의미한다. 베니스 헌장을 기초한 사람들은 1964년 국제 역사건축가 및 기술자 총회에서 "역사지구 보호와 재활 용에 관한 결의안"을 채택하면서 역사지구와 관련된 문제점을 잘 인식 하고 있었다. 하지만 이렇게 중요한 기념건조물과 유적 카테고리를 드 문드문 언급하는 베니스 헌장에 비하여, ICOMOS 총회가 채택한 역사 도시와 도심지구 보존 헌장(워싱턴 헌장, 1987)은 이들 역사도시와 지구 의 보호, 보존 및 복원을 현대적 생활에 적응시키려는 조치로서 이해 해야 한다. 도시지구의 일반적 보존과 보전과 관련하여 지대한 영향을 미치는 이와 같이 간략한 보존방향에 추가하여 나는 특히 국제문서로 서 유네스코의 권고결의안인 역사지역의 보호와 현대적 역할 (Warsaw/Nairobi, 1976)을 참고하고 싶다. 또한, 유네스코 권고결의안의 개정 결과로 작성된 역사적 도시경관(HUL)[54]의 토론결과와 2005년 유 산 구조물, 유적 및 지역의 주변 환경 보존에 관한 시안 선언[55]을 참 고로 언급하고 싶다.

3) 다른 범주의 기념건조물과 유적

베니스 헌장에 명백하게 규정되지 않은 다른 종류의 필요한 보완사 항은 역사정원 보전에 관한 1981년 플로렌스 헌장이다. **기념물로서의 역사 정원은 베니스 헌장의 정신에 따라 보존되어야 한다. 그러나 이는**

確実にできるように, 特に注意を払うべき対象である゜ そのような場所で行なわれる 保全・修復の工事は, 前記の各条に述べた原則が示唆するところに従わなければな らない゜ "

54) Historic Urban Landscape

55) Declaration on Conservation of the Setting of Heritage Structures, Sites and Areas (Xi'an Declaration, 2005)

살아있는 기념물이므로 그 보존은 본 헌장에서 다뤄지는 특정규칙에 의해 운용되어야 한다.(플로렌스 헌장 제3조) 1999년 ICOMOS 총회에서 비준된 토속 건축유산 헌장56)은 베니스 헌장에 대한 보완으로 이해할 수 있다. 2008년 퀘벡에서 비준된 ICOMOS 문화 루트 헌장57)은 기념 건조물과 유적의 특별한 카테고리의 유산을 보호하고 보전하는 새로운 관점을 열어놓았다. 앞으로 수년 안에 우리는 요즘 아주 많이 요구되고 있는 20세기 "현대유산"의 기록화 및 보전에 관한 원칙과 지침을 ICOMOS와 학술분과위원회가 제정하리라고 기대할 수 있을 것이다.

---

56) Charter on Built Vernacular Heritage
57) Charter on Cultural Route

9. 가역성의 옵션

가역성이라는 용어는 베니스 헌장에 한 번도 언급된 바 없지만 본 고에서 언급한 모든 보존/복원/개수 문제와 보존/보전 대책과 관련하여 일반화 된 주제이다. 물론, 후일 기념건조물의 개조와 증축은 역사적 짜임새의 한 부분으로 받아들여야 하고 되돌릴 수 없는 역사과정의 결과로 보아야 한다. 기념건조물의 "연령적 가치"도 사실상 되돌릴 수 없는 경년(經年-aging) 과정이다. 그것은 "자연스러운" 경년 과정(고색 古色-patina이라고 함)을 되돌리는 문제는 결코 아니다. 복원 후 즐겨 인용하는 기념건조물을 회생시키거나 "원래의 장관(壯觀-splendor)"으로 되돌아가는 문제도 아니다. 실제로 그것은(환경오염의 결과로 생기는) 부자연한 부식을 정지시키고 위험요소를 막으면서, 단순히 특정한 필요성이나 피할 수 없는 이유로 모든 종류의 개입을 가능한 대로 되돌릴 수 있게 하는 것이다. 보전 작업인 "가역성"은 방법에 제한이 없지만, 종전 상태로의 재설정을 가능하게 하는 선택이다. 가역 불가능한 개입은 자주 역사적 기록으로서의 기념건조물을 되돌릴 수 없는 손실로 끝나게 하는데, 이러한 개입을 피하는 방향으로 "덜 유해한", 어떤 경우는 단지 더 현명한 해결방법을 결정함을 의미한다.

이런 의미에서 우리는 가역성 옵션을 베니스 헌장에서 규정한 몇 가지 현대 보전원칙의 맥락에서 논할 수 있을 것이다. 기념건조물의 유지관리와 관하여 항상 반복해야 하는 관리대책이 있는데 어느 정도 가역 가능해야 한다. 만약 전통 재료와 기술을 사용하여 수리함에 있어 중요한 원칙을 지킨다고 하면, 어느 정도의 가역성을 보장한다고 가정할 수 있다. 사용과 연관된 개조로 장래에 다시 수리할 필요가 생길 수 있는 사례를 든다면, 현대적 재료와 기술을 망라한 전체의 구성요소를 갱신하기보다는, 꼭 필요한 부분만의 수리로 한정함으로써 가역 가능한 수리가 되게 한다는 것이다. 여기서 역사적 건물을 "꼭대기에서 바탕까지" 재정비하면서 모든 수리 원칙을 무시하여 실제 철거작업을 하지 않고서도 역사적 증거 상의 특징을 완전히 훼손한 사실을 언급하려는 것은 아니다. 전통적 수리가 아주 손상된 부분에만 노후한 재료를 새 재료로 교체하는 정도로 한정한다면 가역성 옵션이란 본질적으로 "수리할 수 있는 능력"(재 수리 가능성)을 말한다. 성당의 석공작업부가 석재를 교체한다면, 비록 지속적인 재료의 손실은 당연히 비가역적 과정이지만, 이는 "계속적인 수리"로 보아 "가역적" 조치로 이해할 수 있다.

가역성의 원칙은 재활용(rehabilitation) 대책을 판단하는데 큰 도움이된다. 예를 들면 건물의 사용에 필요한 칸막이벽은 벽체와 천정에 대대적인 개입 없이 "가역적"인 칸막이 공사를 할 수 있으며, 장차 있을 개조에 어려움 없이 제거할 수 있다. 이와 같은 방법은 역사적 공간에 간이 위생 시설을 "하나의 가구"처럼 가역적으로 설치하는 내부 공사에 적용할 수 있다. 이와 관련하여 보전전문가는 항상 비판적인 태도를 가져야 한다. 즉 왜 지붕 구조물은 건물의 전체적인 구조 시스템에 부담이 되는 콘크리트 "관 덮개"와 같은 것으로 개조되어야 하는가, 왜 교회건물의 기초를 되돌릴 수 없는 콘크리트로 대체하여야 하는가? 이 건물의 역사적 구조에 대한 위와 아래로부터의 침입이 보전을 위하여 꼭 필요한가? 더 간단하고 덜 급진적이며 본질적으로 더 현명한 해법은 없는가? 거시적 관점에서 고도(古都)의 중흥계획으로 도심구역에 -필요한 정도로 규모를 축소시킨- 도심 공백에 맞는 새 건물을 건립하였다면 주차장 건물이나 고층빌딩을 지어 회복할 수 없게 도심구조를 단절시키는 것보다 더 가역적인 모습으로 보이게 할 것이다.

또한 현대적 안전기술(안전기술은 보존상 필요한 재료와 구조물에 보전에 불가결 하다) 분야에서, 결합 또는 결속, 못질, 고정 보조 장치58) 등과 같은 개입은 "보이지는 않으나" 아주 중요한 것으로서, 가역적인 개입을 목표로 하여 가역성의 원칙이 도입될 수 있을 것이다. 이 방법은 역사적인 석벽 외부나 지붕구조물에 대하여 장차 제거할 수 있도록 보조적(auxiliary) 공사에 이용할 수 있다. 어느 정도의 가역성을 취할 것인가는 경비나 장기적 영향은 별개의 문제로 하고 순전히 전통 장인 기법과 이에 대비되는 현대 안전기술의 유리 또는 불리를 칭량(秤量)하는 데 작용한다. 예를 들면 사암(sandstone) 물체를 강화하기 위해 다른 대안이 없다면 실리카 산액(酸液)에 살짝 적실 것인가(ester dip) 또는 아크릴 수지를 주입(impregnation)할 것인가 아니면 통설이 안 된 "가역성"을 취하는 대신 다양한 정도의 호환성(compatibility)을 택할 것인가를 칭량(秤量)하는데 작용하는 것이다. 보존 작업이나 복원작업에, 원 자료의 성질에 적응시킨 호환성이 있는 "무해"한 대체물을 사용하면 보강작업과 보충에 도움을 주는데59), 이 재료 사용은 어느 정도 가역적으로 활용되었다고 추정할 수 있다.

모든 예술 작품의 -패널 페인팅의 페인트 층의 보강작업이나 목각작품의 충해를 제거하고 강화하는 등- 보존처리에 새로 사용하는 재료는

---

58) 원문: fastenings, nailings, static auxiliary structure
59) 원문: serves to stabilize and supplement

상대적인 가역성에 대하여 평가를 거쳐야 한다. 이 방법은 가역성의 절차를 밟을 때 필요하면 어떤 것을 '해독제(antidote)'로 사용하는 지의 재료에도 달려있다. 그러므로 기념건조물의 표면이 몇 개의 "마감 처리"로 되어 있고 이전의 마감 처리(older finish)를 '재노출 (re-exposure)' 시킬 때 모든 재노출은 최신의 것부터 순서대로 하게 되지만 이것도 역사성이 있는 마감임을 의식해야 한다. 재 노출은 선행하는 결론이 아니라, 베니스 헌장이 규정하는 바와 같이 "위대한 역사적, 고고학적 또는 미학적 가치" 보유 여부를 종합적으로 분석한 다음에 정당화 된 다. 황색 바니시 레이어를 제거하는 것 같은 "무해"한 대처방안은 주 기적인 재생이란 점에서 그리고 반복해서 칠할 수 있기 때문에 "가역 적"이라고 볼 수 있지만, 반복해서 칠을 계속하면 페인트칠에 되돌릴 수 없는 손상의 원인이 될 수 있다. 가역성의 요구는 다수의 복원적 증축에 적용된다. 새것과 오래된 것(the new and historic fabric) 사이의 '이음매(seam)'에 대해 적절히 신중한 처리를 하면, 예를 들어 회화의 공백을 수채컬러를 사용하여 리터칭 한 것은 쉽게 제거할 수 있듯이, 거의 완전한 가역성을 기대할 수 있다. 가역성을 "다시 수리될 수 있 는 능력"이라고 규정할 때, 우리의 관심사는 가능한 작은 손상을 주면 서 보존하거나 복원할 수 있는 옵션이라고 할 수 있다.

"가역성 논의"가 당초 회화의 복원에 관한 문헌에서 시작된 것은 우 연이 아니다. 아마도 회화 복원기술자들은 근래 또는 먼 과거 시절부 터 그들의 선배들이 해온 비가역적 개입에 골머리를 앓아왔었을 것이 다. 복원의 역사를 보면 많은 경우 복원과정은 반전 즉 "복원의 제거" 를 허용하지 않는 것은 완전히 경계해야할 과정이다. 오늘날 우리가 이전의 작품이 "가역적" 방법이 적용되었을 것이라고 기대하는 것과 마찬가지로, 복원기술자는 "역사적 짜임새"의 일부가 되어버린 작품의 리터칭이나 추가 터칭을 제거하는 데 신중하게 작업해야 할 것이다. 작업은 적어도 훗날 동료들이 더 좋은 기술과 새로운 지식으로 수정이 가능하도록 해야 한다. 보존과 복원작업 상의 가역성 옵션에 추가하여, 이와 같은 수단은 개수 작업에도 도움이 된다. 표면의 개수 작업은 아마도 기념건조물의 건축적 모습을 후에 전하는 유일한 수단이 될 뿐 아니라 아직 남아있는 역사적 바탕과 짜임새를 보존할 수 있게 된다.

가역성의 원칙이 정당하게 시행되었다고 해도 이는 결코 완전한 가역성이 아니고 가역성의 옵션이다. 작업이 절대적으로 비가역적이 아니라 "어느 정도"의 가역성이 남아있는 것을 말한다. 그러므로 이론적으로 상정할 수 있는 가역성과 실제 실현할 수 있는 것과는 분명한 차이가 있다. 이런 맥락에서 보전관행에서 도움이 되는 목표는 특정의 대처방법을 반복하여 적용할 수 있게 해두는 것이다. 즉 수리가 가능하고, 재보존이 가능하며, 복원이나 개수 및 증축 등이 재차 가능한 목표이다. 우리 시대의 세련되지 못한 완전지향주의는 보전분야에도 영향을 끼쳤다. 고로 "단 한번"도 수리하거나 복원하지 않고 생존한 기념건조물은 드물 것이라고 우려하지만, 앞으로 다가올 수 세기 동안 살아남아 '수명의 가치(age value)'가 늘어난 기념건조물에 다시 작용하는 것이다.

마지막으로 가역성의 문제는 다른 보전의 원칙과 마찬가지로 당연히 최고의 교리인 보존 원칙에 예속된다. 보전을 함에 있어서 의도적 또는 불가피하게 행하는 가역성이다. 기념건조물의 비가역적인 개입이 단하나의 가능한 방법일 때이다. 그렇지만 가역적 또는 비가역적 대처방안의 선택은 당연히 철저한 사전조사를 전제로 한다. 사전조사는 복원 평가(restoration findings), 건축물 조사(building research)와 같은 '기술(art)'을 적용하여 개입이 최소화 되도록 한다. 이런 조사는 후일 동일한 대상에 반복적으로 시행할 수 있어 조사결과를 통제하고 오류를 수정할 수 있게 한다.

10. 변화하는 시대의 보존정책

오늘날 역사적 건축물 보존과 복원에 관한 한 우리는 거의 무한할 정도로 다양한 재료와 기술을 사용할 수 있다. 기회와 도전도 셀 수 없이 많다. 우리에게는 정확한 측량으로부터 건축물의 모든 상태를 가상적 중건(virtual reconstruction)할 수 있을 뿐만 아니라 다양한 재료와 구조에 대한 보존과 보강 기술이 고도로 개발되어 있는 것이다. 이러한 지식과 기술은 앞으로도 계속해서 실험하고 개발될 것이다. 보존분야의 복잡한 작업에 비추어볼 때 이 분야에 참여하는 직업군은 건축가, 미술사학자, 고고학 및 복원기술자와 같은 분야뿐만 아니라 지리학자, 광물학자, 인류학자, 법률가 등까지 망라된다. 학술적으로 증명되고, 준비, 진행, 기록된 "학술" 지향적 보존 전문가의 성취에도 불구하고 우리는 대부분 사례에서 전통적 재료와 기술을 사용하여 관리하고 수리했다는 사실을 인식해야 한다. 왜냐하면 진정한 역사적 증거의 보전에 대한 우리들의 기본적 관심은 실상 정말로 필요한 부분에만 작업을 제한하는 것이 우리의 의도하는 바를 가장 잘 구현하였기 때문이다. 우리들은 점증하는 세계적인 경험의 교류라는 추세에 비추어 볼 때, 더 이상의 파괴를 피하면서 어떻게 가장 잘 목표를 달성할 수 있을 것인가 신중하게 생각할 수 있을 것이다. 그리고 점차 늘어나는 역사적 유산에 대한 파괴적인 역행이라는 세계적 보전 관행의 싸움터에서 1994년 나라 문서 안에 기술된 기념건조물의 진정성 있는 정신에 대하여 참고할 필요가 있다. 나라문서에서는 진정성이 있는 정신은

"역사적 짜임새"에서만이 아니라 디자인, 역사적인 위치와 주변 환경 및 기능 등의 형태로 표현된다고 말한다. 나라문서는 결과적으로 특정 사례에 적합한 보존의 원칙을 가져올 뿐만 아니라 보존정책의 측면에 서도 나라마다 지역마다 다양한 문화적 배경에 따라 특색을 강조한다.

오늘날, 기념건조물의 보호와 보존은 적어도 문명된 공동체라고 주장하거나 문명국가라고 주장하는 나라의 자화상이 되었다. "근대적 기념물의 숭배"라 불린 "예술적 역사적 기념물"은 백 년 전에는 비교적 제한된 숫자만을 의미하였는데, 이제는 기념물과 유적의 모든 자원을 대상으로 확대되었고 -전 세계에 걸쳐 보호제도에서 "기념건조물"을 규정한 가장 중요한 결과가 되어- 우리의 다원적 사회 역사를 이해하는데 기여하게 되었다. 독일만 하더라도 백만 건에 가까운 역사적 건축물에 더하여 역사지구(앙상블)와 건조물군이 지정되어 있고 여기에 포함되는 건조물은 훨씬 더 많다. 그렇지만 현존하는 모든 건축물 가운데 보호대상이 되는 것은 3%에 불과하다. 20세기 이전 수세기에 축조한 건물이 20세기 이후 특히 제2차 세계대전 이후 건립한 것보다 훨씬 많은 "건축물 매스(building mass)"를 만들었다.

참된 "기억의 대상(objects of remembrance)"인 기념건조물이 점점 더 해가는 가상의 경험이 좌우하는 세계에 특별한 호소력이 있다. 세계문명이 공업사회로부터 정보사회로 변화되고 있는 이때, 모든 것이 쉽게 진부해지고(become banal) 세계화가 진행되어 이를 더 촉진하는 가운데 보존(conservation)이 긍정적인 충동을 겪으면서 문화정책에 영향을 미치게 될 것이다. 우리는 장래 범세계적인 수준에서 기념물과 유적의 진지한 보호와 보존계획을 기대하고, 보다 현실적인 보존·보전 이슈에 관한 경험의 활발한 국제적 교류를 기대해 본다.

문화정책의 광범위한 분야에서 기념물보존의 역할을 성찰해볼 때, 우리는 특히 전통적 재료와 기술의 취급(treatment)이 보존의 중요한 "건축학파(school of architecture)"일 뿐만 아니라 동시에 새로운 건축술과 예술 발전의 도전이라는 것을 망각하기 쉽다. 결국 보존학은 19세기 이후 당시의 "현대" 건축과의 상관관계에서 발전해 왔다. 그렇지만, 전후(戰後) 건축 붐이 끝날 무렵 그리고 이른바 "포스트모던" 건축이 아무데나 허용되었던 "위기" 이후, 기념물 및 유적의 보존과 신건축과의 상관관계는 근본적으로 변화하였다. 보존 전문가들이 두려워한 사실이지만, 보존은 모든 시대의 문화유산을 다룬다는 점에서 항상 "포스트모던"이었다는 것이다. 기념건조물의 보존은 포스트모더니즘 시대의 아방가르드였고, 그 용어도 건축학 용어의 표현을 빌리자면 역사가 되었다. 21세기에 접어들면서 지난 십 년 동안과 비교해볼 때, 현대건축과 도시계획은 기념건조물과 역사적 도시 맥락을 진지하게 통합하는 가능성을 많이 목격할 수 있다. 새로운 "수리하는 사회"(repair society)라는 관점에서 보면 난폭한 건축 계획의 파괴적인 효과를 완화(mitigate)시키려는 경향도 나타나고 있다. 다른 한편, 기존의 인공 환경(built environment)의 대대적 개조계획을 부인할 수 없는 것도 현실이다. 합당한 지속가능한 발전이란 이상에서 볼 때, 보존/보전문제를 떠나 내일의 사회가 지난 세기에 건축한 모든 것을 단순히 교체한다는 것은 순전하게 환경과 경제적 이유만으로 감당할 수 없는 일이다. 이제 도시 개조의 주요 임무 중 하나는 이미 기존의 건축물을 수리하여 재사용하는 것이 되었다.

여기에서 묘사한 바와 같이 현대적 건축 경향과의 관계에서, 보존의 특별한 역할은 장래 기념건조물 보호와 보존이 문화 정책적 시각에서 뿐만 아니라 환경적·경제적·사회정치적 관점에서 고려해야 함을 일깨워 준다. 기념건조물 보호, 관리 및 보존·보전의 상당한 경제적 효과는 아직도 저평가되어 있다. 기술해두어야 할 것은, 역사적 건축물과 지구(地區)의 유지관리와 수리가 숙련된 장인을 필요로 하고 이것은 석공, 목공, 소목장 등의 기술을 필요로 하여 미래에도 이들의 고용을 보장해 줄 것이다. 다른 한편, 역사적 건축은 그곳에 사는 주민과 다른 나라에서 찾아오는 관광객에게도 한 장소의 "이미지"를 부여하기 때문에 상당히 중요하다는 것이다. 이는 관광이 문화유산 보존과 관련성을 갖는 이유이다. 관광산업은 기념건조물을 관광객 유인 수단으로 하여 마케팅하고 있으며, 어떤 나라에서는 이런 유인요소가 기념건조물 보호정책의 유일한 인센티브가 되고 있는 경우도 있다. 여기서 우리들은 하나의 질문을 덜질 수 있다. 만약 세계적으로 운영되는 관광산업이 문화유산의 활용을 촉진할 뿐 아니라(관광산업이 문화유산을 활용하는 경우 파괴적이 되기도 한다) 문화유산의 보전도 촉진하면 어떨까 하는 것이다. 관광과 문화유산 보전을 주제로 한 수없이 많은 회의나 심포지엄에서 보전에 대한 확언이 있었음에도 관광산업의 약속이행이 결여되어 있는 사실에 실망을 금할 수 없다. 관광은 범세계적으로 가장 중요한 산업이 되어 매출이 수십억 불에 이른다. 많은 경우 관광산업은 문화유산을 과다할 정도로 이용하여 문화유산을 황폐시키는 수가 많은데 문화유산의 보호나 보전에 지원에는 이에 상당하는 경제적 지원을 해주지 않는다. 다른 한편, 공동체를 기반으로 하는 소프트 투어리즘(soft tourism)[60]은 자연스럽게 보전에 긍정적인 영향을 끼친다.

---

60) 유럽에서 시작된 매스관광에 대립되는 개념으로 관광지의 물리적 사회문화적 환

매스관광이 지난 수십 년 동안 문화경관을 희생시킨 주범인 것은 명백한 사실이다.

미래의 "보존정책"은 문화 및 경제 정책적 관점에서만 결정될 일이 아니다. 정책이 성공하려면 사회 전체가 수용하고 지지하여야 한다. 이런 맥락에서 우리가 자주 소홀히 해왔던 보존의 정서적 기반이 결정적인 작용을 한다. 역사적 유산에 대한 사회의 정서적 관심은 부분적으로는 근년에 들어 보존문제에 대한 매우 긍정적인 보도에 힘입어 대두되었지만, 기념건조물을 무슨 이유에서든지 변형시키거나 제거하거나 파괴하려는 의사를 가진 자에게 재고하게 하는 역할을 한다. 아마도 우리들은 과거 우리의 보존분야, 정신과 감각과 같은 실증주의적 감각으로 정의하기 어려운 분야에 대하여 충분한 관심을 가진 바가 없었다. "건조물적 느낌"은 미학적 차원의 일로서 예술작품에 대한 열정을 갖고 하는 일이며, "역사적 숨결"로서의 기념물은 보존의 범주에 관한 엄격한 역사적 학술적 이해를 넘는 역사적 차원의 일이었다. 이러한 기념물에 대한 감각은 21세기가 시작될 무렵과 다른 것인가? 백년 전 유럽에서 특히 국민적 감각 즉 자국 역사의 자부심이 보존에 원천으로 생각되었다. 저명한 오스트리아의 보존학자 알로이스 리에글(Alois Riegl)은 1903년 출판된 그의 저서 "기념건조물에 대한 현대적 숭배"에서 건조물적 느낌을 기념물의 중심적 개념인 "연령의 가치(age-value)"와 연계시킨 바 있다. 그는 "연령의 가치"는 단기간(短期間) 동안 지속되는 특성을 지닌 흔적(traces of ephemerality)으로 나타난다고 하였다. 만약 리에글의 연령의 가치가 19세기 말(fin de siècle) "모든 것을

경에 최소한의 부정적 충격을 주는 관광의 한 형태를 가리키며, 소규모로 하면서 지역 공동체에 이익이 되는 관광을 뜻하기도 함-(출처: www.Fiji.Travel)

아름답게 죽게 하라"(Letting things pass away in beauty)는 회의주의적인 일종의 죽음 찬미와 연계되어 있었다면, 역으로 지금 21세기의 시발점은 생존지향(longing for survival)을 우리들에 새로운 "기념물 숭배"의 본질적인 원천으로 확인할 수 있을 것이다. "기념물의 숭배"는 끊임없이 변해가는 세상에서 기억을 보전하려는 기도이기도 하다.

문화 경제 정책 문제를 넘어 우리들의 현재 관점은 보존정책이 일반적 환경정책의 테두리 안에서 바라보아야 한다는 자명하고 원론적인 전제조건을 가지고 있다. 보존정책은 환경 정치적 문제와 분리될 수 없다. 기념물 보호와 환경보호 사이의 다양한 연관성에 관해 구체적으로 언급하는 대신, 기념건조물의 석재·유리 또는 금속 조직(fabric)에 끼치는 공기오염과 그로부터 생기는 가공할 영향을 언급하는 것으로 충분하다고 생각한다. 일반적 환경보호의 면모는 자연환경뿐만 아니라 역사의 관점에서 인간이 창조한 환경을 포함한다. 인간이 창조한 환경이란 기념건조물과 유적을 포함하는 우리들의 "문화유산"을 의미하며 보존/보전에 관계되는 모든 참여자는 새로운 임무와 직면하고 있다. 보존의 방법과 기술, 일반적인 "관리"의 일관성 적용과 순조로운 행정업무 처리보다 더 많은 것을 요구한다. 우리는 미래의 새로운 전략이 필요하다. 새로운 전략은 사회의 지지를 얻어 거대한 규모로 진행되는 지구적 환경파괴와 싸우는 전략이다. 지구적 기후변화라는 끔찍한 결과가 국제사회로 하여금 닥쳐올 재앙에 대처하기 위해 함께 싸우도록 강요하길 바랄 뿐이다.

이러한 사태진전이 후세에 심각한 위협임을 인식하고, 유엔은 이미 1992년 리오데자네로 회의에서 의제21(AGENDA21)이라 부르는 21세기의 활동계획에 합의하였다. 의제21은 지속가능한 발전 모델을 위한 정치 경제의 목표와 지침을 작성하도록 되어있다. 환경, 사회, 경제 및 문화적 목표의 통일성을 필요로 하는 프로그램상의 요구가 보존 과학자에게 새로운 시각을 열어주고 있다. 보존과학자들은 어느 의미에서 타 분야와 격리된 지나치고 독단적으로 배양된 우리 보존분야전문가의 보존관행을 해방시켜준다. 역사적 건물과 그 앙상블 및 "세팅"의 - 그것이 자연적이든 조성된 환경이든- 보존은 지속 가능한 발전 모델에 중대한 기여를 할 수 있다. 긴 안목으로 볼 때 폐자재 처분 때문에 생기는 환경에 대한 감당할 수 없는 부담을 감안할 때, 일반적으로 역사 건축물이 비교적 장수함을 증명함으로써, 오늘날 다반사로 일어나는 철거와 건설의 짧은 사이클을 대치할 대안이 되고 있다. 역사적 건축물은 대개 비교적 견고한 건축자재로 구성되어 있고 그중에는 수 세기 동안 생존한 중요한 "자원"으로서의 역사적 건축물 재고는 오늘날의 관점에서조차 "환경적"이다. 기념건조물이 여러 생산물의 지속성 표본이 되고 있다. "5백 년 보증"이라는 표제하의 보존을 주제로 한 전시가 개최되었는데, 수리와 재수리를 반복하여 사용할 수 있는 목재 창은 도시의 전체적인 앙상블을 이루게 하는 등 다양하고 지속 가능한 발전의 사례를 보여주었다.

　기념건조물 및 유적의 보존은 미래의 선구자인가? 장래 일어날지도 모르는 다른 경제 사회적 환경에서 보존정책은 변화할지 모르지만, 20세기 주변적 테마에 불과했던 기념건조물 및 유적의 보존이, 1970년대 중반 이후 짧은 기간 안에 많은 나라에서 공공의 관심사가 되었음을 확인할 수 있다. 이 이슈는 폭넓은 대중의 지지를 받고 언론매체의 관심을 끌어들인다. 기념건조물 보호 보존은 이제 유행하는 트렌드가 아니라 일반 정치적 관심사가 되고 있다.

부 록

1. 문화유산 관련 용어

【ㄱ】

가역성	reversibility
개변, 개조	alteration
개수	renovation
개조	modification
건구, 창호	fittings
건물군	groups of building
건축 작품	architectural work
건축적 환경, 주변 환경	setting
결손부분	missing part
경관	landscape
고건축	ancient building
고색	patina
공예적 활동	craft activity
과거 상태로 복원	period restoration
과거 상태로 재건	period reconstruction
관행, 시행	practice
광범위한	extensive
구성요소	component
구조, 짜임새, 주변 환경	fabric
구조물	structure
군, 무리, 전체	ensembles
기념물, 기념건조물	monument
기념물의 장소	sites of monument
기록화 작업	documentation

【ㄷ】

대처, 접근, 수단	approach
도시지역	urban area
도심구역	urban district
동원해야 할	recourse

【ㅁ】

모든 처치	every means
문화적 의의	cultural significance
문화적 참조 체계	cultural reference system

【ㅂ】

변조	falsification
변형	disfigurement
보강	stabilization
보강	consolidation
보수	repair
보완, 완성	completion
보전	preservation
보존	conservation
불가분	integral
불가분의 고정시설, 장식적 요소	fixture & fitting
빈틈, 틈, 공백	gap
뼈대, 하부구조	framework

【ㅅ】

사용전환	adaptive reuse
식별, 동종임을 확인 또는 인정	identify
식별작업	identification

【ㅇ】

역사도시	historic towns
역사적 구조, 배경, 짜임새	historic fabric
역사적 목조구조물	historic timber structure
연령적 가치	age value
외관, 외모	appearance
용이하게 하다	facilitate
유적, 유적지, 사적, 場	site
유지관리	maintenance
이축, 이전	relocation
인공적 환경과 건축물	built environment& architectur
인공환경, 견축환경	built environment

【ㅈ】

재개발(현대적 시설)	redevelopment
재건, 재건립	rebuild
재건립 복구	reestablishment
재배열, 재구성(한)	rearrangement
재조립, 재구성	anastylosis
재축, 재건, 재건립	rebuilding
재활용, 부흥	rehabilitation
적절한 대처	adequate response
전문적 작업	specialized operation
전원의, 농어촌의 건축적 환경	rural setting
정당한 합의	legitimate consensus
제거	removal
제거(일), 정비(한)	clearing
제도화된 대책	statutory measures
주두(柱頭), 기둥머리	capital

주변환경과 연관 가치	contextual value
주위	surrounding
중건(손실된 원상태로)	reconstruction
중요한 연구	critical study
짜임새의 완전성	integrity of the fabric

【ㅊ】

총합적	integrated
추가, 증축	addition
취락, 주거	settlement

【ㅌ】

토속건축유산	built vernacular heritage

【ㅍ】

평범한	modest
폐허(일), 폐허가 된 유적지	ruin

【ㅎ】

항구적 자산	permanent property
해석	interpretation
협간(夾間)	tracery
활성화 그리고 활용	promotion, enhancement
활용, 증진	enhancement
황폐노후화	delapidation

2. 세계유산협약 전문

　1972년 10월 17일부터 11월 21일까지 파리에서 열린 제17차 유네스코총회는, 문화유산 및 자연유산이 전통적인 쇠퇴 원인뿐만 아니라 한층 심한 손상, 또는 파괴를 수반해 사태를 악화시키는 사회경제적 조건의 변화에도 점점 더 파괴의 위협을 받고 있음에 유의하고, 어떠한 문화유산 또는 자연유산의 퇴락 또는 소실도 세계 모든 국가유산의 유해한 빈곤화를 초래함을 고려하고, 이 유산의 국내적 차원의 보호가 이에 필요한 자원의 규모 및 보호될 재산이 위치하는 국가의 불충분한 경제적, 과학적 및 기술적 자원으로 인하여 종종 불완전하게 됨을 고려하고, 동 기구가 세계의 유산의 보존 및 보호를 확보하고, 관계 제 국가에 대하여 필요 한 국제협약을 권고함으로서 지식을 유지, 증진 및 보급할 것을 동 기구의 헌장이 규정하고 있음을 상기하고, 문화재 및 자연재에 관한 현행 국제협약, 권고 및 결의가 이러한 진기하고 대체할 수 없는 재산을, 그것이 어느 인민에 속하는지를 막론하고, 보호하는 것이 세계의 모든 인민을 위하여 중요하다는 점을 명백히 하고 있음을 고려하고, 문화유산 및 자연유산의 일부는 현저한 가치를 지니고 있고 따라서 인류전체의 세계유산의 일부로서 보존될 필요가 있음을 고려하고, 현저한 보편적 가치를 가진 문화유산 및 자연유산을 위협하는 새로운 위험의 거대함과 중대함에 비추어, 관계국에 의한 조치를 대신하는 것은 아니지만 그에 대한 유효한 보충적 수단이 될 공동원조를 부여함으로써 동 유산의 보호에 참여하는 일이 국제사회 전체에 의무로서 지워져 있음을 고려하고, 이를 위하여 항구적 기초 위에 현대의 과학적 방법에 따라 조직된, 현저한 보편적 가치를 지닌 문화유산 및 자연유산을 공동으로 보호하기 위한 효과적인 체제를 확립하는 새로운 규정들을 협약의 형식으로 채택하는 것이 긴요함을 고려하고, 제16차 총회에 이 문제가 국제협약의 대상으로 될 것을 결정한 바, 1972년 11월 16일 본 협약을 채택한다.

I. 문화유산 및 자연유산의 정의

제1조

본 협약의 목적상 '문화유산'이란 다음과 같은 것을 말한다.

기념물: 건축물, 기념적 의의를 갖는 있는 조각 및 회화, 고고학적 성격을 띠고 있는 유물 및 구조물, 금석문, 혈거 유적지 및 혼합유적지 중 역사, 예술 및 학문적으로 현저한 세계적 가치를 갖는 있는 유산.

건조물군: 독립된 또는 연속된 구조물들, 그의 건축성, 균질성 또는 풍경 안의 위치로부터 역사상, 미술상 현저한 보편적 가치를 갖고 있는 유산.

유적지: 인공의 소산 또는 인공과 자연의 결합의 소산 및 고고학적 유적을 포함한 구역에서 역사상, 관상상, 민족학상 또는 인류학상 현저한 보편적 가치를 갖고 있는 유산.

제2조

본 협약의 목적상 '자연유산'이란 다음을 말한다.

무기적 또는 생물학적 생성물들로부터 이룩된 자연의 기념물로서 관상상 또는 과학상 현저한 보편적 가치를 갖는 것.

지질학적 및 지문학적 생성물과 이와 함께 위협에 처해 있는 동물 및 생물의 종의 생식지 및 자생지로서 특히 특정 구역에서 과학상, 보존상 나아가서 자연 의 미관상 현저한 보편적 가치를 갖는 것.

과학, 보존, 자연미의 시각에서 볼 때 뛰어난 보편적 가치를 주는 정확히 드러난 자연지역이나 자연유적지.

제3조

각 협약가입국은 위의 제1조 및 제2조에 따라 자국 영토 내에 위치한 여러 유산을 조사 및 파악한다.

Ⅱ. 문화유산 및 자연유산의 국내 및 국제적 보호

제4조

각 협약가입국은 제1조 및 제2조의 정의에 따라 자국 내에 위치한 문화 및 자연유산을 식별하고 이를 보호, 보존, 활용하고 자라나는 세대에 전승시키는 것이 자국에 과하여진 최우선의 의무라는 것을 인식한다. 이를 위해 협약가입국은 자국이 갖는 모든 능력을 활용하고 또 적당한 경우에는 얻을 수 있는 한도의 국제적 원조 및 협력, 특히 재정, 예술, 과학기술적 원조와 협력을 얻어 최선을 다하도록 한다.

제5조

각 협약가입국은 자국 내에 위치하는 문화 및 자연유산의 보호, 보존 및 활용을 위한 효과적 또는 적극적인 조치가 취해지기 위해 될 수 있는 대로 자국에 적합한 조건에 따라서 다음과 같이 노력한다.

(가) 문화 및 자연유산이 지역사회에서 주도적 역할을 수행토록 하며 지역개발계획에 유산 보호를 반영한 종합정책을 채택한다.

(나) 문화 및 자연유산의 보호, 보존 및 활용을 위한 기관이 설치되어 있지 않은 경우, 합리적인 직원체제를 갖추어 특히 임무 수행에 필요한 수단을 갖는 기관을 1 또는 2 이상 자국 내에 설치한다.

(다) 학문적, 기술적 연구 및 조사를 발전시키고 자국의 문화 또는 자연유산을 위협하는 위험에 대처하기 위해 구체적인 보호방안을 작성한다.

(라) 문화 및 자연유산의 지정, 보호, 보존, 활용 및 기능 회복에 필요한 법적, 과학적, 기술적, 행정적 및 재정적 조치를 취한다.

(마) 문화 및 자연유산의 보호, 보존 및 활용의 분야에 있어서 전국적 또는 지역적 훈련기구의 설치 또는 확충을 촉진하고 이 분야에 대한 학문적 연구를 장려한다.

제6조

1. 협약가입국은 제1조 및 제2조에 규정된 문화 및 자연유산이 세계의 유산이라는 것, 따라서 그 유산의 보호에 협력하는 것이 국제사회 전체의 의무라는 것을 인식한다. 이 경우에 있어서 그 유산이 영토 내에 위치하는 국가의 주권은 충분히 존중되도록 하고 또 국내법이 정한 재산권은 해치지 아니한다.

2. 협약가입국은 본 협약의 규정에 따라서 제11조 제2항 및 제4항에 규정된 문화 및 자연유산의 지정, 보호, 보존 및 활용에 있어, 해당 유산이 위치한 국가의 요청에 응해서 원조를 제공하도록 한다.

3. 각 협약가입국은 제1조 및 제2조에 규정된 문화 및 자연유산으로서 다른 협약가입국의 영토 내에 위치하는 유산에 직접 또는 간접으로 손상을 입힐 위험이 있는 조치를 고의로 취하지 않을 것을 약속한다.

제7조

본 협약을 적용함에 있어, 세계의 문화유산 및 자연유산의 국제적 보호란, 협약가입국이 행하는 유산의 보존 및 지정 노력에 대해서 지원을 보내기 위한 국제적 협력 및 원조체제의 확립을 말한다.

Ⅲ. 세계 문화 및 자연 유산 보호를 위한 정부 간 위원회

제8조

1. 현저한 보편적 가치를 갖는 문화 및 자연유산의 보호를 위해 정부 간 위원회(세계유산위원회)를 유네스코에 설치한다. 이 위원회는 유네스코 정기총회 중에 개최되는 협약가입국 회의에서 선출되는 15개 위원국으로 구성된다. 위원국 수는 협약 가입국수가 적어도 40개국을 넘어설 경우 최초 개최되는 정기총회부터 21개국으로 증가한다.

2. 위원국 선출은 전 세계의 상이한 지역 및 문화가 공평하게 대표되도록 한다.

3. 이 위원회의 회의에는 국제문화재보존 및 보수연구센터(로마센터)의 대표 1인, 국제기념물유적협의회의 대표 1인 및 국제자연보호연합의 대표 1인이 협약 협약가입국의 요청에 따라 협약가입국 정기회의에 출석할 수 있으며 유사한 목적을 가지고 있는 정부 간 기구 혹은 비정부기구의 대표자들도 자문역으로 이 위원회의 회의에 참가할 수 있다.

제9조

1. 세계유산위원회 위원국의 임기는 위원국에 선출된 정기총회 종료일로부터 3번째 정기총회의 종료일까지로 한다(6년간).

2. 최초의 선거에서 임명된 위원국의 3분의 1의 임기는 그 선거가 있는 정기총회 후에 개최되는 최초의 정기총회 회기의 종료일에 끝나고, 또 동시에 임명된 위원국의 다른 3분의 1의 임기는 그 선거가 행해진 정기총회의 통상회기의 말에 종료한다. 이들 위원국의 국명은 최초의 선거후에 유네스코 총회의장이 행하는 추첨에 의해서 결정한다.

3. 이 위원회의 위원국은 자국의 대표로서 문화 및 자연의 유산에 관한 분야의 전문가를 선정한다.

제10조

1. 세계유산위원회는 그 절차 규칙을 채택한다.

2. 동 위원회는 특정 문제에 대하여 협의하기 위해 공공 또는 민간 기관 혹은 개인에 대하여 회의에 참가할 수 있도록 초청할 수가 있다.

제11조

1. 협약가입국은 될 수 있는 한, 자국 영토내의 문화 및 자연유산중 동 조항 제2항에 의거한 세계유산목록에 포함될 가치가 있는 잠정목록을 세계유산위원회에 제출한다. 이 목록은 최종적인 것이 아니며 목록제출에는 해당 유산의 소재지 및 중요성에 관한 자료를 포함한다.

2. 동 위원회는 제1항의 규정에 따라서 협약가입국이 제출한 목록에 기초하여 제1조 및 제2조에 규정된 문화 및 자연유산을 구성하는 유물로, 동 위원회가 정한 기준에 비추어 현저한 보편적 가치가 있다고 인정되는 목록(세계유산목록이라고 칭함)을 작성하여 매년 갱신하여 공포한다. 최신 목록은 적어도 1년에 1회 배포된다.

3. 세계유산목록에 유산을 등록함에 있어서는 해당국의 동의를 필요로 한다. 2개국 이상의 국가가 주권 및 관할권을 주장하고 있는 영역 내에 존재하는 유산의 등록은 해당 당사국의 권리에 영향을 미치

지 아니한다.

4. 동 위원회는 사정에 의하여 필요한 경우에는 세계유산목록에 등록된 유산중 주요 보존 작업이 요하고 이 협약에 의거 지원을 요청한 유산을 "위험에 빠진 세계유산목록"으로 작성하고 이를 갱신하고 공포한다. 이 목록에는 보호 작업에 요청되는 경비의 견적을 포함시킨다. 이 목록에는 문화 및 자연유산 중 심각하고 중대한 위험에 처한 유산만을 등록하여야 하며 그 위험으로 손괴가 진행됨에 따른 멸실의 위험, 대규모 공적 또는 사적 공사, 급격한 도시 개발 또는 관광 개발을 위한 공사, 토지의 이용 또는 소유권의 변동에 기인된 파괴, 미상의 원인에 의한 중대한 변경, 각종의 이유에 의한 방기, 무력 분쟁의 발생 또는 위협, 재난 및 대변동, 대화재, 지진, 흙사태, 화산 분출, 수위의 변화, 홍수 및 해일과 같은 중대하고도 특별한 위험 등을 들 수 있다. 동 위원회는 언제라도 긴급시 '위험에 빠진 세계유산목록'에 새롭게 등록할 수 있으며 그 등록에 대해 즉시 공포한다.

5. 동 위원회는 문화 및 자연유산중 제2항 및 제4항에 규정된 목록에 포함될 유산의 등재 기준을 정한다.

6. 동 위원회는 제2항 및 제4항에 언급된 목록 중 어떤 것이든 그 등재를 거부하기 전에 반드시 해당 자연 및 문화유산이 위치한 협약 가입국의 의견을 구한다.

7. 동 위원회는 해당국의 동의를 얻어 제2항 및 제4항에 규정된 목록의 작성에 필요한 연구 및 조사를 조정하고 장려한다.

제12조

제11조의 제2항 또는 4항에 따라 어느 목록에도 포함되지 않았다고 하더라도 여타 유산이 세계유산목록에 포함된 유산보다 덜 뛰어난

보편적인 가치를 가지고 있다는 것을 의미하지 않는다.

제13조

1. 세계유산위원회는 문화 및 자연유산 중 자국의 영토 내에 존재하고, 제11조 제2항 및 제4항에 규정된 목록에 기재되어 있고, 또 기재되는 것이 적당하다고 볼 때, 협약가입국이 제출한 국제적 원조의 요청을 수리 검토한다. 이 요청은 해당 유산의 보호, 보존, 활용 또는 기능 회복을 목적으로 한다.

2. 또 예비조사의 결과로 좀 더 조사할 가치가 인정될 경우 제 1조 및 제 2조에 규정된 문화 및 자연유산으로의 지정을 위해 제 항의 국제적 원조의 요청이 받아질 수 있다.

3. 동 위원회는 그 요청에 대해 취할 행동, 나아가서 적당한 경우에는 지원의 성격 및 정도를 결정하며, 스스로 관련 정부와 필요한 매듭을 지을 수 있는 위임을 부여받는다.

4. 동 위원회는 사업의 우선순위를 결정하도록 하고, 그 순위의 결정에 따라 보호를 필요로 하는 각 유산의 중요성과 자연 환경 또는 세계 모든 국민의 창조성과 역사를 무엇보다도 잘 대표하는 유산에 대해서 국제적 원조를 줄 필요성, 보존 작업의 긴급성 및 위협에 처해 있는 유산이 위치한 국가의 능력, 특히 그 국가가 해당 유산을 자력으로 보호할 수 있는 능력에 유의한다.

5. 동 위원회는 국제지원이 이루어진 유산의 목록을 작성하고 늘 갱신 공포한다.

6. 동 위원회는 제15조의 규정에 의해 설립되는 기금의 자금 용도를 결정한다. 동 위원회는 그 자금을 증액하기 위한 방법을 연구하고, 모든 유용한 조치를 취한다.

7. 동 위원회는 이 협약의 목적에 유사한 기능을 갖는 있는 국제기관, 국내 정부기관 및 비정부기구와 협력한다. 동 위원회는 사업 계획을 실행하기 위해 특히 국제문화재보존 및 보수연구센터(로마센터), 국제기념물유적협의회, 국제자연보호연합 및 많은 공사 단체 혹은 개인의 지원을 구한다.

8. 동 위원회의 결정은 출석 투표 위원국의 3분의 2 이상의 다수결로 행해진다. 동 위원회의 모든 회합에는 과반수 이상의 위원국이 출석하여야 한다.

제14조

1. 세계유산위원회는 유네스코 사무총장이 임명하는 사무국의 지원을 받는다.

2. 유네스코 사무총장은 국제문화재보존 및 복원연구센터(로마센터), 국제기념물유적협의회, 세계자연보존연맹의 전문성과 경험을 최대한도로 이용하며 동 위원회의 서류 및 의사일정을 작성하고, 그 결의의 실시에 대한 책임을 진다.

IV. 세계문화유산 및 자연유산의 보호를 위한 기금

제15조

1. 현저한 보편적 가치를 갖고 있는 세계 문화 및 자연유산을 위한 기금, 즉 '세계유산기금'을 설립한다.

2. 기금은 유네스코의 재정 규칙에 의한 신탁 기금으로 한다.

3. 기금의 자금은 다음과 같이 구성된다.

(가) 협약가입국의 의무 분담금 및 자발적 기부금

(나) 다음과 같은 기관의 기증, 증여, 유증

　　(1) 협약가입국 이외의 국가

　　(2) 유네스코, 유엔의 여타 기구 특히 유엔개발계획, 그 외의
　　　　정부 간 기구

　　(3) 공적 또는 사적 기관 및 개인

(다) 기금의 자금으로부터의 이자

(라) 모금 및 기금을 위해 기획된 행사에 의한 수입

(마) 세계유산위원회가 작성하는 기금 규칙에 의해 인정되는 그 외
　　의 모든 자금.

4. 기금에 대한 분담금 및 동 위원회에 대한 그 외의 형식에 위한
원조는 동 위원회가 결정하는 목적에만 사용한다. 동 위원회는 특정의
사업 용도에 한해서 기부 받을 수가 있다. 단, 그 사업은 동 위원회가
이미 실시를 결정하고 있는 것을 조건으로 한다. 기금에 대한 기부금
에는 어떠한 정치적 조건도 붙일 수가 없다.

제16조

1. 협약가입국은 추가된 자발적 후원금에 관계없이 매2년에 1회 정
기적으로 세계유산 기금에 분담금을 지불할 것을 약속한다. 분담금의
액수는 유네스코의 정기총회 중에 개최되는 협약가입국 회의에서 모
든 협약가입국에 적용하는 일정한 비율로 결정한다. 협약가입국 회의
에서의 이 결정에는 과반수 이상의 협약가입국의 출석 및 투표를 요
한다. 협약가입국의 분담금은 어떤 경우에도 국제연합 교육과학문화기
구의 정규 예산에 대한 자국 분담금의 1%를 넘지 않도록 한다.

2. 제31조 및 제32조에 규정된 각국은 자국의 비준서, 수락서, 또는
가입서 기탁함에 있어 제 항의 규정에 구속되지 않을 것을 선언할 수

있다.

3. 본 조의 2항의 선언을 행한 협약가입국은 유네스코 사무총장에게 통고하는 것으로 언제나 그 선언을 철회할 수가 있다. 단, 선언의 철회는 그 국가가 담당해야 할 분담금이 있을 경우 차기 협약가입국 회의의 기일까지 효력을 발하지 않는다.

4. 본 조의 2항의 선언을 행한 협약가입국의 분담금은 동 위원회가 사업을 실질적으로 계획할 수 있도록 하기 위하여 적어도 2년에 1회, 정기적으로 지불하도록 하고 또 그 금액은 제 항의 규정에 구속될 경우에 지불해야 할 분담금액 이하가 되어서는 안 된다.

5. 해당년도분 및 전년도(역년에 의함)분의 분담금 또는 자발적 후원금의 지불이 지체되고 있는 협약가입국은 세계유산위원회의 위원국으로 선출될 자격을 갖지 못한다. 단, 이 규정은 최초의 선거에서는 적용하지 않는다. 지불이 지체되고 있는 협약가입국으로서 동 위원회의 위원국인 국가의 임기는 제8조 제1항에 규정된 선거 때에 종료한다.

제17조

협약가입국은 제1조 및 제2조에 규정된 문화 및 자연유산의 보호를 위한 기부를 구할 것을 목적으로 공사 재단 또는 단체의 설치를 고려하고 장려한다.

제18조

협약가입국은 세계유산기금을 위해 유네스코의 후원 아래 조직되는 국제적인 모금 운동에 대해 원조를 주도록 하고 또 제15조 제항에 규정된 기관이 행하는 모금에 대해 편의를 제공한다.

V. 국제 원조를 위한 조건

제19조

모든 협약가입국은 현저한 보편적 가치를 갖는 문화 및 자연유산으로 자국의 영토 내에 존재하는 것을 위해 국제 원조를 요청할 수가 있고, 요청을 보냈을 경우, 자국이 보유하고 있거나 제2조에 의거 동 위원회의 결정에 필요한 정보 및 자료를 제출한다.

제20조

제 13조 제2항, 제22조 및 제23조의 (다)규정과 관련, 이 협약 하에서의 국제지원은 제11조 제2항 및 제4항에 언급된 유산목록 중 어느 한 개의 목록에의 등재가 결정되었거나 등재될 수 있는 문화 및 자연유산에 한해 지원될 수 있다.

제21조

1. 세계유산위원회는 국제지원을 요청하는 신청 절차 및 신청서의 기재 사항을 결정한다. 신청서에는 보호사업의 계획, 필요한 작업, 예상경비, 긴급도 및 원조를 요청하는 국가의 능력 즉 모든 경비를 부담시킬 수가 없는 이유를 명기한다. 신청서는 될 수 있는 한, 전문가가 작성한 보고서를 첨부해야 한다.

2. 재앙과 그 외의 천재지변으로 요청되는 지원신청은 긴급한 작업을 필요로 하기 때문에, 동 위원회에 의해 즉시 또는 우선적으로 반영하도록 하며, 또 동 위원회는 이러한 예상치 못한 사태에 사용할 수가 있는 예비비를 준비한다.

3. 동 위원회는 결정에 앞서 필요한 연구 및 협의를 행한다.

제22조

세계유산위원회가 제공하는 지원의 형태를 다음과 같다.

(가) 제11조 제2항 및 제4항에 의거 등재된 문화 및 자연유산의 보호, 보존, 활 용 및 기능 회복에서 제기되는 예술적, 학문적 그리고 기술적 문제에 관한 연구

나) 승인된 보존 작업이 올바르게 수행될 수 있도록 전문가, 기술자 및 숙련사의 공여

(다) 문화 및 자연유산의 지정, 보호, 보존, 활용 및 기능 회복의 모든 분야에 있어 서 관련되는 직원 및 전문가의 양성

(라) 해당국이 소유하고 있지 않은 기재 또는 구입할 수가 없는 기재의 공여

(마) 장기 상환조건의 저리 또는 무이자의 대부

(바) 예외적, 특별한 이유의 경우 반환이 필요 없는 무상지원금의 공여

제23조

세계유산위원회는 또 문화 및 자연유산의 지정, 보호, 보존, 활용 및 기능 회복의 모든 분야에 관련된 직원 및 전문가를 양성하는 국가 또는 지역 센터에 대해 지원을 줄 수 있다.

제24조

대규모의 국제원조는 상세한 학술적, 경제적 및 기술적 연구가 행해진 후에 주어진다. 이 같은 연구는 문화 및 자연유산의 보호, 보존, 활용 및 기술 회복을 위한 최신 기술을 활용하도록 하고, 또한 이 협약의 목적에 적절한 것이어야 한다. 이 연구에는 해당국가의 가용자원의 합리적 활용방안을 아울러 모색하여야 한다.

제25조

원칙적으로 국제사회는 필요 사업의 일부 비용만을 부담하도록 한다. 국제 원조를 받는 국가가 재정적으로 불가능한 경우를 **빼놓고** 수혜 국가는 각 사업에 필요한 자금 중 상당한 비용을 부담하는 것으로 한다.

제26조

세계유산위원회와 수혜 국가는 이 협약에 근거하여 국제지원이 주어지는 사업의 이행 조건에 대해 양자 간 협정문을 체결한다. 국제지원을 받은 국가는 합의문서에 정해진 조건에 따라 해당 유산의 보호, 보존, 활용을 지속적으로 추진할 의무를 진다.

Ⅵ. 교육 사업

제27조

1. 협약가입국은 모든 가능한 방법을 동원하여 특히 교육 및 정보 사업을 통해서 제1조 및 제2조에 규정된 문화 및 자연유산에 대한 자국민의 인식 및 존중심을 높이도록 힘쓴다.

2. 협약가입국은 문화 및 자연유산을 위협하는 위험 및 이 협약에 근거하여 실시되는 활동을 널리 대중에게 주지시켜야 한다.

제28조

본 협약에 근거하여 국제지원을 받는 협약가입국은 지원의 대상이 된 유산의 중요성 및 지원의 역할을 주지시키기 위하여 적절한 조치를 취한다.

Ⅶ. 보고

제29조

1. 협약가입국은 유네스코의 정기총회가 의결한 기간 및 양식에 따라 동 총회에 제출하는 정기 보고에 있어서, 자국이 채택한 입법 상 또는 행정상의 규정, 그 외 이 협약을 적용하기 위해서 취한 조치에 관해 이 분야에서 얻은 경험의 상세한 보고와 함께 통보한다.

2. 제1항의 보고는 세계유산위원회 공람에 부친다.

3. 동 위원회는 그 활동에 관한 보고서를 유네스코의 정기총회에 제출한다.

Ⅷ. 최종 조항

제30조

본 협약은 아랍어, 영어, 불어, 러시아어 및 스페인어로 작성한다. 이들 다섯 개의 원문은 똑같이 정문으로 한다.

제31조

1. 본 협약은 유네스코의 각 회원국에 의해 각기 자국의 헌법상의 절차에 따라 비준되고 수락되어야 한다.

2. 비준 및 수락서는 유네스코 사무총장에게 기탁된다.

제32조

1. 본 협약은 유네스코의 비회원국으로서 동 기구의 정기총회에 초청된 모든 국가의 가입을 위해 개방한다.

2. 가입은 유네스코 사무총장에게 가입서를 기탁하는 것으로 행해진다.

제33조

본 협약은 제20번째의 비준서, 수락서 및 가입서가 기탁된 날짜로부터 3개월 후부터 발효한다. 그리고 그 외의 국가에 대해서는 비준서, 수락서 그리고 가입서 제출 후 3개월부터 효력을 가진다.

제34조

다음의 규정은 헌법상 연방제 또는 비단일제의 제도를 취한 협약가입국에 대하여 적용한다.

(가) 본 협약의 규정 중 연방 및 중앙의 입법권의 법적 권한 아래서 실시되는 국가에서는 연방 또는 중앙정부의 의무는 연방제 국가가 아닌 협약가입국의 정부의 의무와 동일하다.

(나) 본 협약의 규정 중 연방의 헌법상의 제도에 의해 입법 조치를 취할 것을 의무 지워지지 않는 각주, 지방, 현 또는 군의 법적 권한에 실시되는 경우에는, 연방 정부가 이들 각주, 지방, 현 또는 군의 권한이 있는 당국에 대해 채택에 관한 권고와 함께 그 규정을 통보한다.

제35조

1. 협약가입국은 본 협약을 폐기할 수가 있다.
2. 폐기는 서면으로 통고하도록 하고, 유네스코 사무총장에 기탁한다.
3. 폐기는 폐기통고서의 수령 후 12개월부터 발한다. 폐기는 탈퇴가 효력을 발하는 날까지 폐기를 행하는 국가의 재정상의 의무엔 영향을 미치지 않는다.

제36조

유네스코 사무총장은 동 기구의 회원국, 제32조의 비회원국 및 유엔에 대해 제31조 및 제32조에 규정된 비준서, 수락서 또는 가입서 그리고 전조의 폐기 통고서의 기탁을 통보한다.

제37조

1. 협약은 유네스코 정기총회에서 개정될 수가 있다. 이렇게 되었을 때 해당 개정은 개정 협약의 협약가입국이 되는 국가에게만 해당된다.

2. 정기총회가 본 협약의 전부 또는 일부를 개정하는 새로운 협약을 채택했을 경우, 새로운 개정 협약에 따라 정한 바가 없는 한, 새로운 개정 협약이 효력을 발하는 날로부터 구협약을 비준, 수락하거나 가입할 수가 없다.

제38조

본 협약은 유엔 헌장 제102조의 규정에 따라 유네스코 사무총장의 요청에 의해 유엔사무국에 등록한다.

1972년 11월 23일 파리에서 유네스코 제17차 정기총회 의장 및 유네스코 사무총장의 서명을 받은 원본 2통을 작성한다. 원본은 유네스코에 기탁하도록 하고 그의 인증 등본은 제31조 및 제32조에 규정된 국가 및 유엔에 속달한다.

이상은 유네스코가 파리에서 1972년 11월 21일 폐회한 제17차 정기총회에서 합법적인 절차를 거쳐 채택한 협약의 정본이다.

3. 세계유산협약 운영지침(Operational Guidelines)

세계유산협약이 정한 기준 내에서 세계유산 등재 및 기준, 심사절차 등을 세부적으로 규정하고 있는 실무지침

개요

1. 문화유산과 자연유산은 소유국가뿐만 아니라 지극히 소중하고 대치할 수 없는 전 인류의 공동재산이다. 이러한 귀중한 유산이 훼손이나 소멸로 상실된다면 인류전체의 유산이 그 만큼 빈곤하게 되는 것이다. 이러한 유산의 일부는 그들의 뛰어난 특성으로 인하여 탁월한 전 세계적인 가치를 가지고 있으며 따라서 나날이 높아가는 위험으로부터 보호받을 값어치가 있다고 판단될 수 있다.

2. 이 위험한 상황을 개선하고 가능한 한 더 많이 전 세계의 대치할 수 없는 유산을 제대로 밝혀내고 보호하고 보존하고 공개(presentation)하는 것을 보장하기 위하여 1972년에 UNESCO 회원국은 세계문화 및 자연유산의 보호에 관한 협약(이하 협약이라 칭함)을 채택하였다. 이 협약은 각 국의 유산보존프로그램을 보완하여 세계유산위원회(World Heritage Committee)와 세계유산기금(World Heritage Fund)의 설립을 규정하고 있다. 세계유산위원회와 세계유산기금은 1976년에 업무를 시작하였다.

3. 세계유산위원회(이하 위원회라 칭함)는 아래와 같은 네 가지 기본임무를 가지고 있다.

(i) 협약에 의하여 보호받고 세계유산목록에 등재할 뛰어난 가치를 지닌 문화유산과 자연유산을 체약국(States Parties)이 제출한 등재신청 자료에 기초하여 선정한다.

(ⅱ) 세계유산목록에 등재된 유산의 보존 상태를 평가(monitor)한다.

(ⅲ) 세계유산목록에 등재된 유산 중 『위험에 처한 세계유산목록』
에 올릴 유산을 결정한다.(보존을 위하여 대대적인 작업이 필요하고
그 작업지원을 협약에 따라 신청한 유산만이 고려대상이 될 수 있다.)

(ⅳ) 체약국이 자기들의 탁월한 세계적 가치를 지닌 유산을 보호하
는 것을 돕기 위하여 세계유산기금을 가능한 한 가장 유익하게
사용하는 방법과 조건을 결정한다.

4. 본 운영지침은 협약 체약국에 『세계유산목록』과 『위험에 처한 세
계유산목록』의 작성을 위한 위원회의 활동과 세계유산기금의 국제적
지원제공에 관하여 알리는 것을 목적으로 한다. 또한 본 지침은 협약
운영에 관계되는 자세한 절차를 밝히고 있다.

5. 위원회는 위원회가 내리는 결정은 할 수 있는 한 객관적이며 과
학적인 검토에 기초한 것이어야만 하며 위원회를 대리하여 내리는 평
가는 철저히 책임 있게 이루어져야 한다는 것을 깊이 인식하고 있다.
위원회는 그 목적과 사려 깊은 결정은 다음 세 가지에 달려 있다는 것
을 인식한다.

- 사려 깊게 마련한 기준
- 철저한 절차 및 추정
- 자격 있는 전문가에 의한 평가 및 전문평가 심판가의 위촉

본 지침은 위와 같은 사항을 염두에 두고 작성되었다.

I. 세계유산목록 작성

A. 일반원칙

6. 위원회는 세계유산목록작성에 다음 일반원칙을 적용할 것에 합의하였다.

(i) 협약은 탁월한 세계적 가치가 있다고 인정되는 문화 또는 자연유산보호를 규정하고 있다. 협정은 다대한 흥미, 중요성 또는 가치가 있는 유산 모두를 보호하는 것이 아니라 국제적 관점에서 보아 가장 뛰어난 신중히 선정된 유산만을 보호한다고 규정하고 있다. 탁월한 세계적 가치가 있는 문화 또는 자연유산에 대한 정의는 협약 제1·2조에 있다. 위원회는 문화유산과 자연유산에 각기 다른 두 기준을 가지고 협약 제1·2조의 정의를 해석한다. 이 해석을 위하여 위원회가 채택한 유산의 진위 또는 완전여부결정의 기준과 조건은 본 지침 24항과 44항에 명기되어 있다.

(주1) "문화유산" 및 "자연유산"이 정의된 협약 1·2조는 이 지침의 23항과 43항에 나와 있다.

(ii) 세계유산목록 등재여부 결정기준은 위원회가 (기술적 협력지원의 필요성 등) 다른 어떤 사항도 고려할 필요 없이, 유산의 고유 가치만으로 독립적으로 심사할 수 있도록 작성되었다.

(iii) 세계유산목록에 문화유산과 자연유산이 합리적인 균형을 이루어 등재되도록 협력하여야 한다.

(iv) 문화유산, 자연유산은 세계유산목록에 점진적 절차로 등재된다. 목록에 올릴 유산 총 점수의 제한도 없고, 일개 체약국이 등재 신청할 수 있는 유산 수에도 제한이 없다.

(ⅴ) 유산의 신청국이 재원의 범위 안에서 취할 수 있는 완전한 조치들(문화유산의 경우 본지침 24항(b) (ⅱ)와 자연유산의 경우 44항(b) (ⅵ)에서 말하는 적절한 입법, 관리요원, 자금, 관리계획 등)이 입증될 때까지 유산등록이 연기된다.

(ⅵ) 세계유산목록 등재요건이 되었던 특징을 잃을 정도로 변질된 유산에 대하여는 위험에 처한 세계유산목록에 올라있어야 하고 이어서 목록에서 제거하는 절차를 밟아야 한다. 이 절차는 본 지침의 46조에서 54조에 기술되어 있다.

(ⅶ) 위원회가 이미 접수한 문화유산 등재신청건수가 너무 많아 소정의 절차를 밟음에 어려움이 크므로, 체약국이 자기의 문화유산이 이미 목록에 잘 반영되어 있지 않은지를 살펴보기를 바라 마지 않으며, 만약 잘 반영되어 있다면 신규등재신청을 자발적으로 억제하여 주시어 세계유산목록에 더 많은 국가의 유산이 골고루 등재될 수 있도록 협조하여 주기 바란다. 같은 맥락에서 위원회는 세계유산목록에 자기 문화유산이 아직 적절히 반영되어 있지 않는 체약국으로서 등재신청서 작성에 도움이 필요한 나라들에 대하여 위원회에 필요한 도움을 청할 것을 당부한다.

B. 세계유산목록 등재 신청 시 유의사항

7. 위원회는 각 체약국에 앞으로 5~10년 내에 세계유산목록등재를 신청할 유산의 잠정리스트를 제출할 것을 바라며, 이 잠정리스트는 (협약 제11조의 "후보목록")에는 계약한 국가 영토 내의 세계유산목록에 등재되기에 적당하다고 생각되는 문화자연유산목록을 기재한다. 잠정리스트 작성의 목적은 위원회로 하여금 그 리스트에 기재된 유산 하

나 하나를 가장 광범위한 맥락 속에서 그것이 가지는 "탁월한 세계적 가치"를 평가할 수 있도록 하는 데에 있다. 위원회는 잠정리스트를 아직 제출하지 않은 체약국은 빨리 제출할 것을 희망한다. 체약국들은 잠정리스트를 제출하지 않은 체약국들의 세계유산목록 등재신청을 받아주지 않겠다는 위원회의 결정에 유의하여 주기 바란다.

8. 능률적인 사무 처리를 위하여 위원회는 체약국이 표준양식(붙임 1)에 따라 잠정리스트를 작성 제출하여 주기 바란다. 표준양식에는 다음 기재 항목이 있다.

- 유산의 명칭
- 유산의 소재지
- 유산의 간략한 개요(설명)
- 본 지침 24조와 44조에 제시된 기준 유물의 진위성, 완전성에 관한 조건에 의하고 체약국 내외에 존재하는 유사유산도 고려해 넣은 잠정리스트에 오른 유산의 "뛰어난 세계적 가치"의 정당화(주장)

자연유산은 생물·지리학적 지역에 따라 분류하고 문화유산은 시대나 지역에 따라 분류하여야 한다. 가능하면 목록에 등재되었을 경우의 등재순서도 표시하여야 한다.

9. 협약에 명시된 기본적 원칙은 세계유산목록에 등재 신청되는 유산은 탁월한 세계적 가치를 지녀야 하며 따라서 신청대상이 되는 유산은 사려 깊게 선정되어야 한다는 것이다. 위원회가 신청된 유산을 평가할 기준과 유산의 진위, 완전성 등을 측정할 조건은 본 지침의 24조와 44조에 쓰여 있다. 동일한 지리적·문화적 지역에 있는 체약국들은 자기들이 제출하는 문화유산 잠정리스트의 조화를 기하기 위하여 유물의 비교평가를 하는 것이 바람직하다. 이러한 공동 비교평가위원

회를 위한 지원을 세계유산기금에 요청할 수 있다.

10. 세계유산목록 등재신청서는 소정의 양식(서식)에 그 가치를 설명할 충분한 자료를 갖춘 것이어야 한다. 소정의 서식(본 지침 64조에 제시되어 있음)에는 등재 신청되는 유산이 진정 "뛰어난 세계적 가치"를 지니고 있다는 것을 보이는 온갖 정보가 기재되어야 한다. 신청서는 적절한 슬라이드, 지도, 그 밖의 자료를 포함한 모든 필요한 증거, 고증자료로 보강되어야 한다. 문화유산의 경우 등재신청서에 그 문화유산에 관한 세계문헌(예 : 전문백과사전, 미술사, 건축사 등과 같은 관련서적, 항해기, 탐험기, 과학보고서, 여행안내서)을 간략하게 분석한 문서를 종합적인 관련문서 목록과 함께 첨부하여야 한다. 새로 발견된 유산의 경우에는 발견이 가져온 국제적 반향을 입증하는 자료들을 첨부하는 것도 도움이 된다.

11. 등재신청서의 "법적자료" 란에는 유산을 보호하는 법 조항뿐만 아니라, 그 조항이 실제로 어떻게 적용, 운영되는가 하는 설명을 써넣어야 한다. 그러한 설명이 단지 법 조항의 수나 조항 자체만을 써넣는 것보다 더 낫다.

12. 이미 세계유산목록에 같은 카테고리의 유산이 충분히 올라 있는 문화유물의 등재를 신청할 때에는 본 지침 7조(잠정리스트)에서 이미 명시한 바와 같이, 같은 타입의 다른 유산과의 비교평가를 제출하여야 한다.

13. 어떤 경우에는 체약국이 등재신청서를 제출하기에 앞서 사무국이나 관련 비정부기관(NGO)과 비공식적으로 상의하는 것이 필요할 수도 있다. 위원회는 체약국이 종합적이고 정확한 세계유산목록 등재신청서 작성을 위한 지원을 세계유산기금에 요청할 수 있다는 것을 다

시 한 번 말하여 두는 바이다.

14. 신청과정에 지역주민의 참가는 당해 유산의 유지 보존에 대해 체약국과 책임을 공유하게 하는데 매우 중요하다.

15. 세계유산목록 등재신청서를 제출함에 있어, 체약국은 문화유산과 자연유산이 합리적으로 균형 잡힌 등재가 바람직하다는 것을 명심한다.

16. 위원회의 심사기준에 맞는 문화 또는 자연유산이 두 나라 또는 그 이상의 수의 나라의 국경에 걸쳐 있는 경우에는 관련된 체약국 공동으로 세계유산목록 등재신청을 낸다.

17. 등재 신청된 문화 또는 자연유산 보존에 필요하다면 언제든지 적절한 "완충지대"를 유산주위에 설정하여야 하며 필요한 보호조치를 취하여야 한다. 완충지대란 유산에 대하여 부가적인 보호기능을 주기 위하여 사용을 제한한 유산을 둘러싼 지대를 뜻한다. 완충지대는 하나하나 기술적 연구를 거친 후 결정되어야 한다. 등재신청서에는 완충지대의 정확한 경계선을 표시한 지도뿐만 아니라 완충지대의 크기, 특징 및 완충지대의 허가된 사용내용 등에 관한 자세한 정보가 첨부되어야 한다.

18. 체약국은 협약의 정신에 따라 등재신청유산에 중요한 문화적·자연적 특성을 모두 가지고 있어서 탁월한 세계적 가치를 지닌 유산을 포함하도록 가능한 모든 노력을 기울인다.

19. 체약국은 다음의 조건에 맞는다면, 다른 지리적 지역에 있는 일련의 문화 또는 자연유산을 동일한 등재신청서에 넣을 수 있다. 즉 일련의 유산이

（ i ） 동일한 역사적 - 문화적 그룹(group)에 속해 있을 때

(ⅱ) 동일한 지역적 특징을 가진 동일한 타입에 속해 있을 때

(ⅲ) 동일한 지역학적 호군(戸群), 동일한 동식물 분포학적 지역
(biogeographic province) 또는 동일한 타입의 생태계에 속한 때
또한 개개의 유물이 아니라 그것들이 이루는 일련의 유물이 탁
월한 세계적 가치를 지니는 경우 등이다.

20. 상기 19조에서 정의한 일련의 문화 또는 자연유산이 한 개 이
상의 체약국 영토에 존재하는 경우, 관련 체약국은 공동으로 단일 등
재신청서에 신청하여 주기 바란다.

21. 체약국은 등재신청 자연유산 하나 하나에 대한 관리계획과 개
개의 등재신청 문화유산의 완전한 보호계획을 작성한다. 기술협력을
요청할 때에는 이러한 계획 등을 제시하여야 한다.

22. 등재 신청유산의 고유가치가 인위적인 위협을 받고 있음에도
불구하고 본 지침 24조와 44조에 명시된 기준과 진위여부 및 완전성
여부조건을 충족시킬 때에는 신청서와 함께 위험에 대한 대책을 제출
하여야 한다. 만약 그 대책이 신청국가가 제의한 시간 내에 실행되지
않으면 위원회는 위원회가 채택한 절차에 따라 해당유산을 등재신청
유산에서 제외할 것을 고려한다.

C. 문화유산의 세계유산목록 등재기준

23. 세계유산목록 등재기준의 각 항목은 항목 상호관계 속에서 보
아야 하며 아래에 적은 협약 제1항의 정의의 맥락 속에서 고려되어야
한다.

기념물 : 역사, 예술 및 과학의 관점에서 탁월한 세계적 가치를
지닌 건축, 기념물적인 조각 및 회화작품, 고고학적 성

격을 띤 구성부분 및 건조물, 명문, 동굴주거 및 이러한
요소의 종합물

건축군 : 건축술, 동질성 또는 주변경관과의 관계 때문에 역사,
예술, 과학의 관점에서 탁월한 세계적 가치를 지니게
되는 일군의 독립된 혹은 연결된 건축물

유 적 : 역사적, 미적, 민족학적 또는 인류학적 관점에서 보아
탁월한 세계적 가치를 지닌 인공 또는 인공과 자연의
결합의 소산 및 고고학 유적을 포함한 지역

24. 위항의 정의에 따른 기념물, 건물군 또는 유적의 세계유산목록
등재신청이 제출되면 위원회는 그 유산이 다음 기준의 하나 또는 그
이상을 만족시키고 진위여부검증에 합격하면 협약의 정신에 부합하는
탁월한 세계적 가치를 지니는 유산으로 생각한다. 따라서 체약국이 등
재 신청한 유산은

(a) (i) 인간의 창조적 능력에 의한 대표적 걸작이거나

(ii) 일정시대에 건축술·기술·기념물적 예술, 도시계획이나 조
경술의 발달에 대한 인간가치의 중요한 교류를 나타내거나

(iii) 현존하거나 소멸된 문명에 대해 독특하거나 적어도 예외
적인 증명이 되거나

(iv) 중요한 역사단계를 밝히는 양식의 건물이나 건축군 또는
조경의 훌륭한 예이거나

(v) 하나이상의 문화를 대표하며, 돌이킬 수 없는 변화의 충격
으로 손실을 입을 염려가 생긴 전통적 촌락의 훌륭한 예이거나

(vi) 현저한 세계적 의의를 지닌 사건, 생활습관, 사상, 신앙,
예술적·문화적 업적 등과 직접적으로나 실제적으로 연관된 것이어
야 한다.(위원회는 이 항목은 매우 예외적인 경우이거나 문화유산 또는 자

연유산에 대한 기준의 다른 항목과 관련하여 적용되어야 한다고 생각한다.)

또한 등재신청유산은

(b) (ⅰ) 디자인, 재료, 솜씨 또는 위치(환경, 배경)와 문화적 경관의 경우에는 특색 있는 성격과 구성요소의 진위여부 검증에 합격하여야 하며(위원회는 진품에 관한 완전하고도 상세한 문서자료에 기초한 복구의 경우에만 인정하고, 추측에 의하여 복구된 것은 인정하지 않는다는 점을 강조한다)

(ⅱ) 신청한 문화유산 또는 문화적 경관의 보존을 확실히 할 적절한 법적 또는 계약적 또는 전통적 보호와 관리체계를 가지고 있어야 하며, 국가·도·시 수준의 보호법령이나 확립된 계약적, 전통적 보호와 적절한 관리와 통제계획체계는 필수적인 것이며 또한 등재신청서에 명백히 언급되어야 한다. 또한 이러한 법이나 계약적, 전통적 보호와 관리체계가 효율적으로 수행된다는 보증도 해 주길 기대한다. 뿐만 아니라, 문화유적의 원형을 보존하기 위하여 특히 많은 관광객에 개방된 유적의 경우 체약국은 유적의 관리, 보존 및 대중개방 등을 다룰 적절한 행정적 장치에 대한 증거를 제시할 수 있어야 한다.

25. 동산유산이 될 공산이 큰 부동산유산은 고려대상이 아니다.

26. 도시건축과 관련하여서는, 위원회는 그들의 세계유산목록등재와 관련하여 다음 지침을 채택하였다.

27. 세계유산목록에 등재될 가치가 있는 도시건축물들은 다음 세 가지 주요범주 중 하나에 드는 것이어야 한다.

(ⅰ) 지금은 주민이 없으나 과거의 고고학적 증거를 변함없이 보여주는 작은 도시 : 이러한 읍은 일반적으로 진위여부에 관한

기준항목은 만족시키며 보존도 비교적 쉽게 할 수 있다.

(ii) 주민이 있는 역사적 읍으로, 사람이 살고 있기 때문에 발전하였고 앞으로도 사회경제적 그리고 문화적 변화의 영향으로 계속 발전할 작은 도시. 이러한 도시의 유산으로서의 가치를 평가하는 것은 어려우며 보존정책에도 문제가 있게 된다.

(iii) 역설적이지만 위의 두 범주와 공통점을 가지고 있는 20세기의 소도시 : 이러한 소도시는 원래의 도시구조와 진위여부를 분명히 알 수 있지만 그 발전을 제어할 수 없기 때문에 장래가 불투명하다.

28. 주민이 없는 작은 도시의 평가에는 고고학적 유적평가 때의 어려움 말고는 다른 어려움이 없다. 독특성과 모범적인 성격을 요구하는 기준항목 때문에 건축양식의 순수성, 다수의 기념비들, 중요한 역사적 회합과 관련이 있는 일군의 건축물을 선정한다. 도시 내의 고고학적 유적은 통합단위(integralunit)로 기재되어야 한다. 몇 개의 기념비나 몇 채의 건물만을 가지고 사라진 도시의 수많은 그리고 복잡한 기능을 이야기하는 것은 적절하지 않다. 그러한 도시의 유물은 가능한 한 자연환경과 함께 전체로서 보존되어야 한다.

29. 주민이 있는 역사적 소도시의 경우에(공업화시대가 시작된 이후 심각한 손상을 입은 경우가 많은)는 도시구조(urban fabric)의 취약성과 도시주변이 걷잡을 수 없는 속도로 도시화되고 있다는 두 가지 이유 때문에 평가에 큰 어려움이 따른다. 작은 도시를 세계유산목록에 등재하기 위하여서는, 그 도시의 과거의 역할에 대한 지적인식이나 위의 24조에 명시된 문화유산 기준만을 고려한 것이 아니라, 그 도시의 유물이 건축학(사)적 관심(가치)을 강력히 불러 일으켜야 한다. 한 도시가 세계유

산목록에 등재되기 위하여서는, 일군의 건축물의 공간배치, 구조, 재료 형태 그리고 가능하면 기능이 그 도시의 등재신청의 계기가 된 과거 문명(변수일 수 있음)을 본질적으로 반영하고 있어야 한다. 네 가지 범주가 있을 수 있다.

(i) 특정 시대나 문화의 전문적 소도시로서 거의 완전하게 보존되었으며 그 후의 발전에 대체로 영향을 받지 않은 소도시. 이때 등재대상은 주변을 포함한 전 도시전체이며, 그 주변도 역시 보호되어야 한다.

(ii) 특징적인 윤곽에 따라 발전한 소도시로서, 때로는 특이한 자연환경 속에서 그 도시의 여러 역사적 단계의 전형적인 공간배치와 구조를 보존하고 있는 소도시. 이 경우 그 도시의 분명한 역사적 구역이 현대적 환경이 있는 구역보다 우선한다.

(iii) 현대도시 안에 있는 고대 소도시 전체가 "역사적 구역"인 경우. 그 구역이 가장 컸을 때의 경계로 이 "역사적 구역"의 경계로 삼으며 그 구역주변을 정하는 적절한 규정을 만드는 것이 필요하다.

(iv) 현재 남아 있는 상태로도 이미 사라진 역사적 소도시의 특성을 보이는 일관된 증거를 제시하는 (도시의) 구역, 지역 또는 독립된 건축군. 이 경우, 현재 남아 있는 구역이나 건축들은 원래의 모습을 충분히 입증하는 것이어야 한다.

30. 역사적 구역과 역사적 지역은 그 안에 매우 깊은 관심을 불러일으키는 소도시의 특징을 직접 나타내는 기념비적 중요성을 지닌 많은 옛 건축물이 있을 때에만 세계유산목록에 등재한다. 도시구조(urban fabric)를 가지고 있다는 것을 이미 알아 볼 수 없게 된 소도시를 대표

한다고 하는 몇 개의 독립적이고 연관성이 없는 건축물의 세계유산목록 등재신청은 바람직스럽지 않다.

31. 그러나 제한된 공간을 점유하고 있으나 도시계획의 역사에 중요한 영향을 끼친 문화유산의 등재신청은 할 수 있다. 이러한 경우에는 그 문화유산을 기념물로 등재 신청하여야 하며 소도시는 단지 그 기념물의 소재지로 부수적으로 보편적가치가 분명한 어떤 건축물이 매우 퇴락하였거나 대표적이 못 되는 도시환경 속에 서 있다면 세계유산목록에 그 소도시에 대하여 아무 언급을 하지 않아야 한다.

32. 20세기의 소도시를 평가한다는 것은 어려운 일이다. 앞으로 역사만이 어느 20세기 소도시가 현대도시계획의 가장 훌륭한 예가 될 것인지를 말하여 줄 것이다. 따라서 특수한 상황이 아니면, 20세기 소도시의 등재신청에 대한 검토는 뒤로 미루어야 한다.

33. 현재의 조건하에서는, 도시전체의 세계유산목록 등재여부를 결정할 만족할 만한 기초가 될 완전한 정보와 문서화된 자료를 제공하기가 매우 어려운 대도시보다 앞으로의 발전을 잘 다룰 수 있는 입장에 있는 소 내지 중정도 크기의 도시 내 지역(urban area)을 세계유산목록에 등재하는 것을 선호한다.

34. 소도시 전체가 목록에 등재되었을 때 그 소도시의 장래에 미칠 영향에 비추어 볼 때, 한 소도시 전체를 등재하는 것은 여간한 경우가 아니면 피하는 것이 낫다. 세계유산목록에 등재된다는 것은 이미 건축물과 그 주변의 보존을 위한 입법적, 행정적 조처가 취하여졌다는 것을 뜻한다. 이 점에 관하여 주민들이 확실히 알고 있어야만 하는 바, 그 이유는 그들의 적극적인 참여 없이는 어떠한 보존계획도 무의미한 것이 되기 때문이다.

35. 문화적 경관에 대하여 위원회는 세계유산등록에 등재되기 위해서 다음의 기준을 채택했다.

36. 문화적 경관은 협약 1조에서 말하는 "자연과 인공의 결합의 소산"을 의미한다.

문화적 경관은 물리적 제약 및 자연환경에 의해 부여된 기회(외부적 영향)와 연속적인 사회·경제·문화적 힘(내부적 영향)에 의해 형성된 인간 사회와 주거의 오랜 발전의 실례이다. 문화적 경관은 그들의 현저한 세계적 가치와 한정된 지리적 문화권역에서 당해지역의 본질적이고 특색 있는 문화적 요소를 잘 보여주는 대표성의 2가지 기준에서 선정되어야 한다.

37. "문화적 경관"이란 용어는 인간과 자연환경의 상호작용이 다양하게 나타난 것을 포함한다.

38. 문화적 경관은 종종 자연과의 정신적 유대와 자연환경의 특성 및 한계에 관하여 지속적인 토지 사용의 특별한 기술을 반영한다. 문화경관의 보호는 지속적으로 토지 사용하기 위한 현대기술에 기여하고 경관의 자연적 가치를 유지·고양할 수 있다. 전통적 양식의 토지사용의 존재는 세계 많은 지역의 생물학적 다양성을 보존한다. 따라서 전통 문화경관의 보호는 생물 다양성 유지에 유용하다.

39. 문화경관은 세 주요 범주로 나뉜다.

(ⅰ) 인간에 의해 의도적으로 창조·설계된 경관. 이는 종교적·다른 기념적 건물과 어우러져 심미적 이유로 축조된 정원과 공원을 포함한다.

(ⅱ) 두 번째 범주는 구조적으로 진화된 경관. 이는 사회적·경제적·관리적·종교적 필요로 발달해서 자연환경에 대응해서 현재의

형태로 발전했다. 그런 경관은 형태와 구성요소 특성의 진화과정을 반영한다. 이는 다음 두 하위범주로 구분된다.

 - 과거 어떤 시기에 - 갑자기 든 일정 시기든 - 끝난 진화과정이 나타나는 유물(또는 화석) 경관. 그런데 그의 중요한 특성은 재료유형에 나타난다.
 - 현대사회의 사회적 역할이 전통생활 양식과 밀접히 관련되고 진화과정에 여전히 진행 중인 경관. 동시에 그것은 오랜 진화의 중요한 물적 증거를 나타낸다.

(iii) 마지막 범주는 합동 문화 경관이다. 그런 경관의 세계유산목록에의 등재는 중요하지 않거나 없을 수도 있는 물적 문화적 증거에 의해서보다는 자연요소의 강력한 종교적·예술적·문화적 연합의 가치에 의해 정당화된다.

40. 세계유산목록에 등재할 문화경관의 범위는 기능성과 명료성에 관련된다. 어떤 경우든 선정된 표본은 그것이 나타내는 문화경관 전체를 대표하기에 충분히 광범위해야 한다. 문화적으로 중요한 운송수단과 통신체계를 대표하는 긴 지역을 설계하는 가능성이 포함되어야 한다.

41. 21조(b)(ii)에 있는 보존과 관리의 일반기준은 문화경관에도 똑같이 적용될 수 있다. 문화적·자연적인 경관에 나타나는 광범위한 가치에 관심을 가지는 것이 중요하다. 등재는 지역사회의 완전 승인에 따라 준비되어야 한다.

42. 위 24조의 기준에 기초하여 세계유산목록에 등재된 '문화경관' 범주의 존재는 문화적·자연적 두 기준에 관련하여 예외적으로 중요한 유적의 가능성을 제외하지 않는다. 그런 경우에 그들의 탁월한 세계적 중요성은 두 기준 하에 정당화되어야 한다.

D. 자연유산의 세계유산목록 등재기준

43. 협약 제2조에 따라 다음 것을 "자연유산"이라 한다. "물질적 또는 생물학적 생성물로 이루어진 자연의 형태거나 그러한 생성물의 일군으로 이루어진, 미적 또는 과학적 관점에서 탁월한 세계적 가치를 지닌 것. 과학과 보존의 관점에서 탁월한 세계적 가치를 지닌 지질학적, 지문학적 생성물과 멸종의 위기에 처한 동·식물의 구체적으로 구획된 생식지. 과학, 보존 또는 자연미의 관점에서 탁월한 세계적 가치를 지닌 자연유적(natural sites)과 구체적으로 구획된 자연지역(natural area);

44. 세계유산목록 등재신청이 된 상기 정의에 맞는 자연유산이 다음의 기준항목 하나, 또는 그 이상을 충족하고 아래에 적은 완전성 조건을 만족시키면, 위원회는 그 자연유산이 탁월한 세계적 가치를 지니는 것으로 볼 것이다.

(a) (i) 지구의 중요 진화단계를 보이는 뛰어난 예일 때, 삶의 기록, 토지형태발전의 진행 중인 중요한 지질학적 과정, 또는 중요한 지형학적·지문학적 특성

(ii) 토지, 수질, 해안, 해양 생태계와 동식물계의 진화와 발전에 있어 진행 중인 중요한 생태학적·생물학적 과정을 나타내는 뛰어난 예일 때

(iii) 특출한 자연미와 유미적 중요성을 지닌 탁월한 자연현상이나 지역을 포함할 때

(iv) 과학과 보존의 관점에서 탁월한 세계적 가치를 지니는 멸종에 처한 생물적 다양성 보존을 위한 중요한 자연 서식지를 포함하고 있을 때

(b) 또한 다음과 같은 완전성의 조건을 충족하여야 한다.

(i) 지구역사의 중요단계, 생명체의 증거를 포함하여 이 항(44
항) (a)(i)에서 언급한 유적은 여기에 예시된 다음과 같은 목적
관계의 상호적 또는 상호 보존적요소를 모두 혹은 대부분 가지고
있어야 한다.

예) "빙하시대"지역은 설원, 빙하, 절단유형(Cutting Patterns), 유
  적 및 군락의 샘플을 포함해야 한다.(e.g. 줄무늬, 빙퇴석, 초기
  단계 식물 등) 화산의 경우, 마그마는 완전하고 폭발하는 다
  양한 바위의 대부분 모두와 분출형태가 대표되어야 한다.

(ii) 44항 (a)(ii)에 언급된 유적은 충분한 규모를 가지고 생태
계와 생물 다양성의 장기간 보존에 필수적인 과정의 핵심측면을
증명할 요소를 포함해야 한다. 예를 들어, 열대우림지역은 해발고
도의 변화, 지형, 토질, 토양의 변화를 포함해야 한다. 예를 들어
산호는 해초, 홍수림이나 산호에 들어가는 영양물과 침전물인 다
른 생태계를 포함해야 한다.

(iii) 44항 (a)(iii)에 묘사된 유적은 뛰어난 유미적 가치가 있어
야 하고 그 미를 유지하는 데 필수적인 지역을 포함해야 한다. 예
를 들어, 경관적 가치가 폭포에 있는 유적은 유미적 가치 유지에
연결되는 인근 집수(集水)지역과 하류지역을 포함해야 한다.

(iv) 44항 (a)(iv)에 묘사된 유적은 고려되고 있는 생물지역과
생태계의 다양한 동·식물군의 특성을 유지하고 있는 서식지를 포
함해야 한다. 예를 들어, 열대초원은 함께 진화한 완전한 약초와
식물군을 포함해야 하고, 도서 생태계는 그 지방 특유의 생물군을
유지하는 서식지를 포함해야 한다. 광범위한 종을 포함하는 유적

은 다양한 종의 생존을 보장하는 데 필수적인 서식지를 포함하기에 충분히 커야 한다. 이주하는 종, 산란, 서식지, 이주경로를 포함하는 지역은 그것이 어디에 있건 충분히 보호되어야 한다. 국제협약, 예를 들어 물새 서식지 보호를 위해서 물새 서식지와 같은 국제적으로 중요한 습지 협정(Ramsar 협약)과 다른 다자간·양자간 협약은 이런 확신을 제공할 수 있었다.

(v) 44항 (a)에 묘사된 유적은 관리계획을 가지고 있어야 한다. 유적이 세계유산위원회에 등재가 고려될 때 관리계획을 가지고 있지 않다면 체약국은 언제 그런 계획이 이용 가능하고, 어떻게 그 계획의 실행과 준비에 필요한 자원을 조달할지를 제시해야 한다. 체약국은 관리계획이 끝날 때까지 운영할 다른 문서(e.g. 운영계획)를 제공해야 한다.

(vi) 44항 (a)에 묘사된 유적은 장기간 법적·규칙적·제도적·전통적 보호를 받아야 한다. 그 유적의 경계는 세계유산목록에 등재를 위한 기초를 제공하는 서식지, 종, 과정, 현상의 공간적 필요를 반영해야 한다. 그 경계는 등재지역 외부의 자원사용을 위한 인간접근성과 침해의 직접적인 영향으로부터 그 유적의 유산 가치를 보호하기 위해 탁월한 세계적 가치를 지닌 지역에 직접 인접한 충분한 지역을 포함해야 한다. 등재유적의 경계는 자연공원이나 생물보존 지구와 같은 보호지역과 일치할 수도 있다. 자연적 또는 의도적 보호지역은 몇 개의 관리지구를 포함하는 반면 그 지구의 일부만이 44항 (a)에 언급된 기준을 만족시킬 수도 있다. 다른 지구는 그 기준에 맞추지 못하더라도 그 유적의 완전성을 위한 관리에 필수적일 수 있다. 예를 들어 생물보호지구의 경

우 핵심지역만 기준과 완전성 조건에 맞고 다른 지구(완충이전지구)는 생물보호지구의 전체성 보존에 중요할 것이다.

(vii) 44항 (a)에 언급된 유적은 생물다양성 보존에 가장 중요한 유적이어야 한다. 생물다양성에 관한 세계협약에 따르면 생물다양성이란 육지, 바다, 다른 수중 생태계에 있는 생물체의 다양성과 종 내의 다양성을 포함하고 그들이 속한 생태적 복합체를 의미한다. 생물적으로 가장 다양한 유적만이 44항 (a)(iv)의 기준에 맞추기가 쉬울 것이다.

45. 원리적으로 유적은 완전성에 관한 네 기준과 관련조건의 하나를 만족시키면 세계유산 목록에 등재될 수 있다. 그러나 대부분의 등재유적은 둘 이상의 기준에 맞았다. 각 등재유적에 대한 등재서류. IUCN 평가서, 위원회의 최종 권고안을 체약국이 그의 영토안의 유적을 확인하고 정교하게 만들기 위한 지침과 같은 정보로 사용하기를 원할 때 참고자료로 사용될 수 있다.

E. 세계유산목록에서 등재유산을 제외하는 절차

46. 위원회는 다음과 같은 경우 유산을 세계유산목록에서 제외하는 절차를 밟기로 하였다.

(a) 세계유산목록에 등재되도록 한 특징이 상실될 정도로 유산이 나빠진 경우

(b) 등재신청시점에 이미 자연유산의 고유한 특징(가치)에 대한 인위적 위협이 있었으며, 그 위협에 대처하는 개선책을 신청국이 신청과 동시에 밝혔으나, 약속한 시간 내에 그 대책을 실행에 옮기지 아니한 경우

47. 세계유산목록에 등재된 유산이 심각하게 나빠지거나 필요한 개선책이 약속한 시간 내에 취하여지지 않았을 때에는, 자국영토에 그 유산이 있는 체약국은 위원회 사무국에 그 사실을 알려야 한다.

48. 위원회가 그러한 정보를 관련 체약국이 아닌 다른 소스(원천)로부터 받았을 때에는 위원회는 관련 체약국과 협의 하에 할 수 있는 데까지 그 소스와 정보내용의 진실여부를 밝히고 관련 체약국의 의견을 묻는다.

49. 사무국은(ICOMOS, IUCN 또는 ICCROM과 같은) 권위 있는 자문기관에 대하여 위원회가 접수한 정보에 대한 의견을 제출하여 줄 것을 요구한다.

50. 위원회가 접수한 정보, 관련 체약국의 의견 및 자문기관(복수일 수 있음)의 의견은 함께 위원회 의장단에 보내진다. 의장단(Bureau)에서는 다음 네 가지 조치중 하나를 취한다.

(a) 문제의 유산이 심각히 훼손, 악화되지 않았기 때문에 아무 조처도 취할 필요가 없다.

(b) 의장단이 문제의 유산이 심히 훼손, 악화되기는 하였으나 보수가 불가능할 정도는 아니라고 생각할 때에는 관련 체약국이 합리적인 시일 내에 그 유산을 수복하는데 필요한 조처를 취한다는 조건하에 위원회에 그 유산을 세계유산목록에 계속 포함시키도록 권고한다. 관련 체약국이 요청할 때에는 의장단은 유산의 수복에 필요한 기술적 협력을 세계유산기금으로 제공하도록 권고할 수 있다.

(c) 어떤 유산을 세계유산목록에 올리게 한 기준이 된 특징이 수복될 수 없을 정도로 훼손, 악화되었다는 증거가 있을 때에는,

의장단은 위원회가 그 유산을 세계유산목록에서 제외할 것을 권고한다. 제외권고가 위원회에 제출되기 전에 사무국은 관련 체약국에 의장단의 권고내용을 통지한다. 의장단의 권고에 대한 관련 체약국의 의견은 그 권고내용과 함께 위원회에 제출된다.

(d) 입수된 정보만으로 위의 (a), (b), (c)항의 행동 중 하나를 취하기에 충분치 못할 때에는, 의장단은 위원회에 대하여 사무국이 관련 체약국과 협의하여 문제 유산의 현상태, 유산을 위협하는 위험과 그 유산의 수복가능성을 확인할 수 있는 행동을 취할 권한을 부여할 것과 그 행동의 결과를 의장단에 보고하도록 권고할 수 있다. 그러한 행동에는 사실조사단 파견 및 전문가의 자문제공이 있을 수 있다. 긴급사태에 대한 대처가 요구될 때에는 의장단이 필요한 긴급원조를 위하여 세계유산기금 지출을 허가할 수 있다.

51. 위원회는 의장단(Bureau)의 권고와 입수할 수 있는 온갖 정보를 검토하며 결정을 내린다. 위원회의 결정은 협약 제13조(8)에 따라 출석하여 투표하는 위원회의 3분의 2의 다수로 내려진다. 위원회는 관련 체약국과의 협의 없이는 세계유산목록에서 유산제거를 결정하지 않는다.

52. 관련 체약국은 위원회의 결정을 통보받고 이 결정의 고시는 위원회에 의해 즉각 행해질 것이다.

53. 위원회의 결정으로 세계유산목록에 변동이 생길 때에는, 그 변동내용은 다음에 발간되는 목록에 반영된다.

54. 위에 적은 절차를 채택함에 있어 위원회는 유산하나라도 목록에서 제거되는 것을 예방하기 위하여 온갖 가능한 대책을 세우는 데에 지대한 관심을 가졌으며, 이와 관련하여 체약국에게 가능한 한의

기술 원조를 제공할 준비가 되어 있었다. 뿐만 아니라 위원회는 체약국이 아래에 인용된 협약 제4조에 유의하여 줄 것을 바란다.

"각 체약국은 제1, 2조에 정의되고 자국 영토 내에 존재하는 문화적 자연적 유산의 식별, 보호, 보존, 공개 및 후세에의 전승을 확실히 하는 책무는 기본적으로 자기의 의무라는 것을 인식한다.

55. 이 점과 관련하여, 위원회는 체약국이 세계유산목록에 등재된 자연유산보존사업의 진행상황을 위원회를 대신하여 계속 모니터하도록 요청받은 자문기구와 협조할 것을 권고한다.

56. 세계유산위원회는 세계문화, 자연유산보호조약 서명국들이 협약의 규정에 따라 보호받는 지역 내에 그 지역의 세계유산으로서의 가치에 영향을 끼칠 염려가 있는 주요개수공사나 신축공사를 시행하거나 허가할 의사가 있으면 UNESCO사무국을 경유하여 동 위원회에 그러한 의사를 알려 주기 바란다. 위원회가 그 지역의 세계유산으로서의 가치의 완전한 보존을 확실히 할 적절한 해결책을 청구할 수 있도록 그러한 통보는 조속히 (예를 들면 특정사업계획서를 만들기 전) 그리고 번복하기 어려운 결정을 내리기 전에 이루어져야 한다.

57. 체약국에 의한 개별유적이 완전성 / 진위성 조건과 기준을 충족시키는지의 평가는 문화유산에 대해서는 국제기념물유적 협의회(ICOMOS)와 자연유산에 대해서는 국제자연보존연맹(IUCN)에 의해 수행될 것이다. '문화적 경관'의 범주에 문화재의 등재의 경우에 평가는 국제자연보존연맹(IUCN)과의 협의 하에 수행될 것이다. ICOMOS와 IUCN은 세계유산위원회 의장단에 평가보고서를 제출한다. ICOMOS와 IUCN은 의장단의 결정과 체약국이 제출하는 부가정보를 고려하여 세계유산위원회에 최종평가서를 제출한다. 세계유산위원회 회의의 보고

시는 결정과 유적이 등재되는 기준, 그들 신청서의 평가서, 위원회의 권고 등을 포함할 것이다.

F. 등재신청서 평가지침

58. 세계유산목록은 협약이 규정한 탁월한 세계적 가치요건과 위원회가 채택한 문화적, 자연적 기준과 진위여부와 완전(벽)성 여부에 관한 조건을 충족하는 가능한 한 모든 문화적, 자연유산을 대표하여야 한다.

59. 모든 문화유산은 그의 보존 상태를 포함하여 상대적으로 평가되어야 한다. 즉 체약국 내외의 동시대의 같은 유형의 다른 문화유산과 비교되어야 한다.

60. 모든 자연유산은 상대적으로 평가되어야 한다. 즉 체약국내외의 동일한 동·식물 분포권내 혹은 동일한 이주권내의 같은 유형의 유산과 비교되어야 한다.

61. 뿐만 아니라 ICOMOS와 IUCN은 평가와 검토와 관계가 있는 다음 점에 대하여 각별한 주의를 하여야 한다.

(a) 두 비정부기관(즉 ICOMOS와 IUCN)은 평가에 있어서 최대로 엄격하여야 한다.

(b) 유산 하나하나를 검토할 때마다 ICOMOS와 IUCN이 행한 전향적 평가방법은 빠짐없이(완전히) 설명되어야 한다.

(c) ICOMOS는 위원회에 같은 유형에 속하는 문화유산에 대한 비교를 하여야 한다.

(d) IUCN은 위원회에 자기의 평가결과를 보고할 때 의장단(Bureau)이 추천하는 유산의 완전성과 앞으로의 관리에 관하여 의

견과 권고사항(recommendation)을 제시한다.

(e) 관련 비정부기관(NGO)이 등재신청된 유산의 검토에 앞서 행하여지는 예비토론에서 그 유산의 슬라이드를 사용할 것을 권장한다.

62. 체약국의 대표는 위원회위원이든 아니든 자기나라가 신청한 유산의 등재를 주창하여서는 안 되며, 다만 질문에 대한 답으로서 관련 정보의 요점을 이야기 할 수 있을 뿐이다.

63. 특정유산의 세계유산목록 등재기준은 미래의 관리에 반영되어야 하는 문화재 등재를 정당화하는 특성의 요약과 함께 위원회보고서에 밝힌다.

G. 등재신청서의 양식과 내용

64. 문화유산이나 자연유산이나 위원회가 승인한 동일한 세계유산목록 등재신청서를 사용한다. 모든 문화재가 특별한 특성을 가지고 있다는 것을 알더라도 체약국은 다음 항목에 있는 정보와 문서를 제출해야 한다.

1. 위치
   a. 국가명
   b. 주, 도 또는 지방
   c. 유산의 이름
   d. 유산의 위치에 표를 하고 그 위치의 위도, 경도를 표시하는 지도나 도면
   e. 등재예정지역과 완충지대를 보여주는 지도와 계획
   f. 등재를 위한 지역과 있다면 완충지대

2. 등재 정당성

   a. 중요성

   b. 가능한 비교분석(유사유적의 보존상태를 포함)

   c. 완전성 / 진위

   d. 등재기준(이런 조건하에서 등재 정당성)

3. 묘사

   a. 문화재 묘사

   b. 역사와 발전

   c. 최근 유적기록의 형식과 날짜

   d. 현재 보존상태

   e. 문화재 제시와 향상과 관련된 정책과 프로그램

4. 관리

   a. 소유권

   b. 법적 지위

   c. 보호조치와 실행수단

   d. 관리당국자

   e. 관리실행수준과 연락목적을 위해 책임 있는 자의 성명, 주소

   f. 문화재에 관한 승인된 계획(e.g. 지역적 계획, 보존계획, 관광개발계획)

   g. 자원과 재정수준

   h. 전문가 요소와 보존·관리기술의 훈련

   i. 방문자 편의와 통계

   j. 유적관리계획과 목표

   k. 직원수준(직업적·기술적 유지)

5. 유적에 영향 요인

   a. 개발압력(e.g. 접근성, 적응, 농업, 광산)

   b. 환경압력(e.g. 오염, 기후변화)

   c. 자연재해와 예방(지진, 홍수, 화재 등)

d. 방문객 / 관광압력

  e. 유적, 완충지대의 서식 동물수

  f. 기타

6. 감독

  a. 보존 상태를 측정하는 핵심지표

  b. 문화재 감독을 위한 관리조치

  c. 사전보고 조치의 결과

7. 문서

  a. 사진, 슬라이드, 필름/비디오

  b. 관리계획 사본과 다른 계획본

  c. 참고서적

  d. 재고, 기록, 공문서가 있는 위치

8. 체약국을 대신한 서명

위원회는 20번째 회의에서 위 등재 형식에 설명서(Explanatory Notes)를 채택했다. 이 노우트는 위의 각각에 관련되고 세계유산 목록에의 등재를 위한 문화재를 선정하는 지침을 제공하기 위해 체약국에 등재 형식의 부속서류로서 이용될 수 있다.

H. 세계유산목록 등재신청 및 처리절차 일정

65. 다음 연간일정에 따라 세계유산목록 등재신청을 접수하고 처리한다. 그러나 세계유산목록등재신청은 연중 어느 때나 할 수 있다는 것을 강조하는 바이다. 즉 신청은 연중 어느 때나 가능하다. 연중 2월 1일까지 접수된 신청은 그 다음해에 처리되고, 매년 2월 1일 이후에 접수되는 것은 그 다음 다음해에야 비로소 고려될 수 있다. 체약국 중에 불편을 느낄 국가들이 있는 것을 알았음에도 불구하고, 위원회는

모든 서류와 자료가 의장단과 위원회의(심사) 회의 개시 6주전에 의장단과 위원회위원국에게 넘겨질 수 있도록 보장하기 위하여 신청서 제출 마감 일자를 앞당기기로 결정하였다. 또한 그렇게 함으로써 위원회는 6월에 열리는 연례회의에서 그 다음해에 처리할 신청서의 수와 유산의 내용을 알 수 있다.

2월 1일
다음 해에 위원회가 처리할 신청서를 사무국에 내는 마감일

4월 15일까지는
사무국은
(1) 등재신청서를 등재하고 그 내용과 첨부자료가 정확한 가를 철저히 확인한다. 신청서에 하자가 있을 때에는 사무국은 즉시 제출국에게 빠진 정보를 요청하여야 한다.
(2) 신청서가 완전하면(하자가 없으면) 적절한 비 정부기관(ICOMOS나 IUCN, 또는 양자 모두에게)에 보낸다. 그러면 받은 비 정부기관은 즉시 신청서를 검토하여 추가적 정보가 필요한 신청서를 골라내고 사무국과 협조하며 보완적 자료를 구할 조처를 강구한다.

3월 1일까지는
적절한 비 정부기관(NGO)는 위원회가 채택한 기준에 따라 신청된 유산을 전향적으로 평가한다. 평가결과를 다음 세 가지 중 하나로 분류하여 사무국에 보낸다.
(a) 무조건 등재를 권고함
(b) 등재를 권고하지 않음
(c) 등재요건이 이론(異論)의 여지없을 정도로 분명하다고 생각안 됨.

3월중에

사무국은 비정부기관이 행한 평가를 체크하여 4월1일까지 평가내용
이 의장단에 반드시 도착하도록 조처를 취한다.

4월

의장단은 신청서를 검토하고 다음 네가지 카테고리중 하나로 분류
하여 신청서에 대한 조치권고를 위원회에 한다.

    (a) 무조건 세계유산목록에 등재함

    (b) 등재를 권고하지 않음

    (c) 신청국에 돌려보내서 추가적인 정보와 자료를 제출할 것을
        요구함

    (d) 더 많은 심층평가와 연구가 필요하여 검토를 연기함

5월 → 6월

사무국은 의장단보고를 가능한 한 빨리 전 체약국에 보낸다. 사무국
은 위의 (c)의 카테고리-에 따라 요청된 추가적 정보를 관련 체약국으
로부터 제출받도록 노력하며 그 정보를 ICOMOS, IUCN과 위원회 위
원국에게 보낸다. 만약 요청된 정보를 6.1일까지 얻지 못하면 그 신청
서는 같은 해 정기회에 위원회 평가를 받지 못할 것이다. 의장단에서
c 카테고리로 분류된 신청서는 부족한 정보가 사실에 관한 것인 경우
를 제외하고는 검토되지 못한다. d 카테고리로 분류된 신청서는 같은
해에 위원회에서 검토되지 못할 것이다.

6월

위원회는 의장단의 권고와 신청국이 제출한 추가적 정보 및 그 정보
에 대한 ICOMOS, IUCN의 의견을 근거로 하여 세계유산목록등재신청

서를 검토하여 등재신청유산을 다음 세 카테고리-의 하나로 분류한다.

(a) 세계유산목록에 올리기로 한 유산

(b) 목록에 올리기 않기로 결정한 유물

(c) 심사를 연기하기로 한 유산

7월

위원회 결정사항을 모두 적은 세계유산위원회의 6월 회의보고서를 전 체약국에 보낸다.

66. 체약국이 세계유산목록에 올라 있는 유산을 확장하고자 할 때에는 위의 64항에 규정된 전 자료와 절차를 다시 밟아야 한다. 그러나 이미 등재된 유산의 한계의 단순한 변경인 경우에는 그러하지 아니한다. 이때에는 그러한 변경신청을 직접 의장단에 내면 의장단은 관련 지도와 도면을 가지고 검토한다. 의장단은 신청된 변경을 승인하거나 또는 그 변경이 유산의 확장이라고 생각될 만큼 중요한 것으로 판단하면 새 유산등재신청과 같은 서류, 자료의 제공과 절차를 밟을 것을 요구한다.

67. 권위 있는 국제 비정부기관과 협의 의심의 여지없이 세계유산목록 등재기준을 만족시킨다고 판단되는 천재(天災)나 인간의 행위로 손상 받은 유산에 대하여서는 통상적인 등재신청서 마감일자가 적용되지 않는다. 그러한 신청은 비상사태로 인정 처리된다.

Ⅱ. 모니터링과 주기적 보고

A. 모니터링

68. 모니터링은 위험에 처한 세계유산의 보존 상태에 대해 세계유산 센터, UNESCO와 의장단과 위원회의 자문기관이 하는 보고이다. 이를 위해 체약국은 예외적인 상황이 일어나는 경우와 문화재의 보존 상태에 영향을 미칠 조치에 관한 특별보고와 연구를 세계유산 센터를 거쳐 위원회에 제출해야 한다. 모니터링은 48~56항에 규정된 세계유산목록에서 제외하기 위한 절차에서 미리 알 수 있다. 또한 86~93항에 규정된 위험에 처한 세계유산목록에 대해 등재되었거나 등재될 유산의 검토에서도 알 수 있다.

B. 주기적 보고

69. 세계유산협약 체약국의 제11차 일반 이사회와 UNESCO의 제29차 총회는 세계유산협약 제29조하에 주기적 보고 문제를 검토했다. 총회는 다음 결의를 채택했다. ; 협약 제29조에 따라 UNESCO 세계유산 센터 사무국을 거쳐 세계유산위원회에 그것을 제출하도록 요청받은 세계문화·자연유산보호협약 체약국은 그 영토 안의 세계유산의 보존 상태를 포함해서 협약적용을 위해 취한 조치와 채택한 법적·행정적 조치에 관해 보고해야 한다. 그리고 세계유산위원회는 세계유산협약의 적용과 세계유산 보존 상태에 관한 주기적 보고의 기간·형식·내용·범위를 정의해야 하고 주권의 원칙에 따라 이들 보고를 조사하고 대응해야 한다.

70. 1998.12월에 열린 제22차 총회에서 위원회는 주기적 보고의 기

간과 주기적 보고의 처리·검토·주기적 보고의 형식에 관해 결정했다.

71. 주기적 보고의 목표 ; 다음 사항을 위해서 세계유산목록에 등재된 문화재의 세계유산 가치가 계속 유지되는 지를 평가하고 체약국에 의한 세계유산협약의 전반적 적용을 평가하는 것.

세계유산 : 향상된 유적관리, 개선된 계획, 비상사태와 간헐적 간섭의 축소, 예방적 보존을 통한 비용 절감

체약국 : 향상된 세계유산정책, 개선된 계획, 개선된 문화재관리, 예방적 보존

지역 : 지역적 협조, 지역적 필요에 대응한 세계유산정책과 활동

위원회 사무국 : 국가적·지역적 수준에서 유적에 필요한 사항과 유산조건의 더 나은 이해, 개선된 정책과 의사결정

72. 유적의 관리와 보존의 총체적 구성체로서 현지 모니터링을 하고 협약 적용을 위해 적절한 조치를 취하는 것이 체약국의 주요 임무이다. 체약국은 관리당국과 유적 관리자나 단체와 긴밀한 협조를 해야 한다. 문화재의 매년 조건이 관리당국과 함께 유적관리자나 단체에 의해 기록되어야 한다.

73. 체약국은 영토내의 세계유산 보존 상태를 포함해서 세계유산협약 적용에 관해 매 6년마다 세계유산 센터를 거쳐 세계유산위원회에 주기적 보고서를 제출해야 한다. 이를 위해 체약국은 사무국이나 자문기관에 전문가 자문을 구할 수 있다. 또한 사무국은 체약국과 협의 하에 전문가가 자문하게 할 수 있다.

74. 위원회와 사무국의 일을 용이하게 하고 세계유산 작업의 지역화와 분권화를 위해 이 보고서는 위원회에서 결정된 지역에서 분산되어 검토될 것이다. 세계유산 센터는 지역에 의한 국가보고서를 합성할

것이다. 그렇게 함으로써 자문기관과 체약국의 전문가와 지역의 제도 및 전문가를 잘 활용할 것이다.

75. 위원회는 지역의 주기적 보고서가 다음 회의에서 발표될 것인지를 결정할 것이다. 체약국에 보존상태 보고서를 준비할 충분한 시간을 주기위해 위원회 결정을 즉각 알릴 것이다.

76. 사무국은 자문기관 등의 정보와 문서를 최대한 이용하게 하고 적절한 세계유산 정보수집과 관리를 위해 필요한 조치를 할 것이다.

C. 주기적 보고의 형식과 내용

77. 위원회는 1998.12월에 열린 제22차 총회에서 주기적 보고의 형식을 승인했다. 이 형식은 두 부분으로 구성되어 있다.

- 섹션 1은 유산의 문화적·자연적 가치 - 보호, 문화자연유산의 보존과 제시, 국제협력과 자금조달, 교육과 정보·홍보 - 의 확인에 관한 것을 포함해서 세계유산협약 관련조항의 적용에 관한 체약국의 보고서로 구성된다.

- 섹션 2는 체약국 영토에 있는 세계유산의 보존 상태에 관한 것이다. 주요목적은 세계유산 목록에 등재된 문화재의 세계유산 가치가 계속 유지되고 있는 지를 평가하기 위한 것이다. 부가적으로, 체약국은 문화재와 모니터링 조치에 영향을 미치는 요인과 관리에 관해 갱신된 정보를 제공하도록 요구된다.

78. 모든 문화재가 특성을 갖고 있다는 것이 인정되더라도 체약국은 다음 항목의 정보와 문서를 제공해야 한다.

　　　섹션 Ⅰ : 체약국에 의한 세계유산협약의 적용
　　Ⅰ. 1. 서두
　　　　a. 체약국

b. 협약의 비준이나 승인의 해

c. 보고서 준비의 임무를 맡은 기관이나 실체

d. 보고 날짜

e. 체약국을 대리한 서명

I. 2. 문화·자연유산의 확인

a. 국가적 목록

b. 임시 목록

c. 신청

I. 3. 문화·자연유산의 보호·보존·전시

a. 일반정책 개발

b. 보호·보존·전시 상황

c. 과학적·기술적 연구조사

d. 확인·보호·보존·전시·개선조치

e. 훈련

I. 4. 국제협력과 자금조달

I. 5. 교육·정보·홍보 조치

I. 6. 결정과 권고조치

a. 주요결정

b. 제안된 미래조치

c. 책임 있는 시행기관

d. 시행 스케줄

e. 국제 원조의 필요성

섹션 II : 세계유산의 보존상태

II. 1. 서두

a. 체약국

b. 세계유산명

c. 인접지의 지리학적 협조

d. 세계유산목록 등재일

e. 보고서 준비의 책임을 맡은 기관이나 실체

f. 보고일

g. 체약국을 대리한 서명

II. 2. 중요성의 글

II. 3. 진위성·안전성의 글

II. 4. 관리

II. 5. 문화재에 영향 미치는 요인

II. 6. 모니터링

II. 7. 결론과 권고조치

a. 문화재의 세계유산 가치(위 II.2, II.3 항에 있는)의 상태에 관한 주요 결론

b. 문화재에 영향을 미치는 요인(위 II.4, II.5 항에 있는)과 관리에 관한 주요결론

c. 제안된 미래조치

d. 책임 있는 시행기관

e. 시행 스케줄

f. 국제 원조의 필요성

79. 위원회는 제22차 총회에서 주기적 보고의 형식에 실제적인 설명자료(Explanatory Notes)를 채택했다. 이 자료는 위 표제 각각에 관련이 있고 보고서를 준비하는 것에 지침을 제공하기 위해 주기적 보고의 형식에 부속서로서 체약국에 이용될 것이다.

Ⅲ. 위험에 처한 세계유산목록 작성

A. 위험에 처한 세계유산목록 등재지침

80. 협약 제11조 제4항에 따라 위원회는 다음 조건들을 충족시키는 유산을『위험에 처한 세계유산목록』에 올린다.

    (ⅰ) 대상유산이 세계유산목록에 고려중인 것

    (ⅱ) 대상유산이 심각하고도 특정한 위험의 위협을 받고 있는 것

    (ⅲ) 대상유산의 보존을 위하여 대규모공사(작업)가 필요한 것

    (ⅳ) 협약에 규정된 원조를 이미 요청한 경우 : 위원회는 어떤 경우에 원조는 위험에 처한 세계유산목록에 유적의 등재에 의해 보내진 메시지를 포함해서 관심도에 관한 메시지에 한정될 수 있고 그런 원조는 위원회 구성원이나 비서관에 의해 요구될 수 있다는 견해이다.

B. 『위험에 처한 세계유산목록』 등재기준

81. 협약 제1, 2조에 정의된 세계유산으로서 위원회가 다음 두 카테고리 중 한 카테고리의 기초항목 최소한 하나만을 충족시키면『위험에 처한 세계유산』으로 등재할 수 있다.

82. 문화유산의 경우

    (ⅰ) 확인된 위험 - 다음과 같은 특정적이며 입증된 위험 :

      (a) 재료의 심각한 상태악화

      (b) 구조 및 또는 장식의 심각한 변화

      (c) 건축적 또는 도시계획상의 일관성(coherence)이 심각히 상실되었을 때

(d) 도시적, 전원적 또는 자연적 환경이 심히 손상되었을 때

(e) 역사적 진실(품)성을 상실하였을 때

(f) 문화적 의의를 크게 상실하였을 때

(ii) 잠재적 위험 - 유산이 고유의 특성에 유해한 영향을 줄 위협에 직면하였을 때 예를 들면 다음의 경우이다.

(a) 유산의 보호강도를 낮추는 (유산의) 법적 지위의 변경

(b) 보존정책의 부재

(c) 지역계획사업이 가지는 위협적 영향

(d) 소도시계획이 가지는 위협적 영향

(e) 전투상황의 발생이나 그 위험성

(f) 지질적, 기상학적 또는 환경적 요인에 의한 점진적 변화

83. 자연유산의 경우

(i) 확인된 위험 - 특정적이며 입증된 긴박한 위험에 직면한 유산

(a) 유산이 보호할 의무가 있는 멸종에 처한 생물이나 탁월한 세계적 가치를 지닌 생물의 수가 병(炳)등의 자연적 이유나 불법사냥과 같은 인위적 요소로 급격히 감소할 때

(b) 인구정착 유산의 중요한 부분을 침수하는 저수지건설, 살충제와 비료사용을 포함하는 공업, 농업개발, 대규모 토목공사, 광업, 오염, 벌목, 화목(火木)채취 등에 의한 유산의 자연미와 과학적 가치의 심각한 훼손과 저하

(c) 유산의 완전성(전체성)을 위협하는 인간의 유산경계와 상류수역 침입

(ii) 잠재적 위험 - 유산의 고유특성에 유해한 영향을 끼칠 수 있는 주요위협에 직면한 유산. 이러한 위협의 예를 들면

(a) 지역의 법적 보호지위의 변경

(b) 유산내의 인구정착이나 개발공사 혹은 인구정착이나 공사의 영향이 유산에 위협이 될 때

(c) 전투차원의 발생이나 위협

(d) 관리계획이 없거나 부적절하거나 충분히 실천되지 않고 있을 때

84. 뿐만 아니라, 유산의 완전성을 위협하는 요소는 모두 인위적인 개선책으로 고칠 수 있는 것이어야 한다. 문화유산의 경우에는 자연적, 인위적 위협이 모두 있을 수 있으나, 자연유산의 경우에는 대부분의 위협이 사람의 손에 의한 것이고 아주 드물게(예: 유행병) 자연적 요인에 의한 것이다. 대규모 토목공사를 취소한다든가 법적지위를 높인다든가 하는 행정적, 법적행위로 유산의 완전성에 대한 위협을 제거할 수 있는 경우도 있다.

85. 『위험에 처한 세계유산목록』 작성에 있어서 위원회는 다음과 같은 보조적 요인을 명심하는 것이 좋다.

(a) 정부가 세계유산목록에 올릴 유산에 영향을 미칠 결정을 내릴 때에는 온갖 요소를 모두 골고루 고려한다. 유산이 위협받기 전에 주는 위원회의 충고는 흔히 결정적 중요성을 가질 수 있다.

(b) 흔히 확인된 위험의 경우, 유산이 입은 물리적 또는 문화적 훼손, 악화정도는 그 영향이 얼마나 큰가에 따라 판단되어야 하며 유산 하나하나를 사안별로(case by case) 분석되어야 한다.

(c) 무엇보다도 잠재적 위험의 경우, 다음 사항을 고려하여야 한다.
- 유산이 놓인 사회적 경제적 구조의 정상적 진화에 따라 위험을 평가하여야 한다.

- 전투상황발발의 경우처럼 어떤 위협은 문화, 자연유산에 끼치는 영향을 평가하기가 불가능하다.
- 인구증가처럼 어떤 위협은 긴박한 자연현상으로 나타나지 않고 다만 예측할 수 있을 뿐이다.
  (d) 마지막으로 위원회는 최종평가를 내림에 있어서 문화적, 자연유산을 지극히 위태롭게 하는 미지의 또는 뜻밖의 원인을 고려해야 한다.

C. 위험에 처한 세계유산목록 등재절차

86. 유산을 『위험에 처한 세계유산목록』에 등재할 것을 고려할 때에는 위원회는 등재신청국과 협의하여 위험에 대처하는 프로그램을 개발, 채택하여야 한다.

87. 위의 프로그램개발을 위하여 위원회는 사무국에게 관련 체약국과 협의하여 유산의 현 상태, 유산이 직면한 위험 및 위험대처프로그램의 가능성을 확인하도록 요청한다. 또한 위원회는 IUCN, ICOMOS, ICCROM 혹은 다른 기관의 자격 있는 옵서버로 구성된 전향 인력단을 유산에 보내 위협의 성격과 정도 범위를 평가케 하고 대책을 건의케 할 수 있다.

88. 사무국은 접수한 정보를 체약국과 자문기관(복수일 수 있음)의 의견과 함께 위원회에 제출한다.

89. 위원회는 정보를 검토하고 위험에 처한 세계유산목록에 문화재 등재에 관해 결정을 내린다. 결정은 출석하여 투표하는 위원회의 2/3의 다수로 이뤄진다. 그러고 나서 위원회는 시정조치 프로그램을 정의할 것이다. 그 프로그램은 즉각적 시행을 위해 체약국에 제안될 것이다.

90. 관련 체약국은 그 결정을 통보받고, 그 결정의 공지는 협약 11.4조에 따라 위원회에 의해 즉각 제출될 것이다.

91. 위원회는 『위험에 처한 세계유산목록』에 등재된 세계유산을 돕기 위한 재정요청에 대하여 세계유산기금에서 결정하여 상당한 부분을 배정하여야 한다.

92. 위원회는 『위험에 처한 세계유산목록』의 유산의 상태를 정기적으로 점검하여야 한다. 이 점검에는 위원회가 정하는 모니터절차와 전문가 파견을 포함된다.

93. 정기점검의 결과에 따라 위원회는 관련국과의 협의를 거쳐 다음을 결정한다.

(i) 유산을 보존하기 위하여 추가적 대책이 필요한지 여부

(ii) 만약 위협(위험)에서 벗어났다면 유산을 『위험에 처한 세계유산목록』에서 제거할지 여부

(iii) 만약 유산이 세계유산목록등재의 요건이 되었던 특성을 상실한 정도로 훼손되었다면 본 지침 46항에서 56항의 규정에 따라 유산을 위험에 처한 세계유산목록과 세계유산목록에서 다 같이 제외할 것을 고려할 것인지의 여부

Ⅳ. 국제지원

A. 세계유산기금 지원종류

i) 준비 지원

94. 체약국에 다음과 같은 목적을 위하여 지원을 제공할 수 있다.

(a) 세계유산목록등재에 적합한 문화, 자연유산예비 리스트 작성

(b) 동일한 지리적, 문화적 지역 내에 있는 유산의 조화된 예비
　　리스트 작성을 위한 회의의 소집

(c) 세계유산목록 등재신청 준비

(d) 기술훈련과정 조직과 관련한 요청을 포함한 기술협력요청
　　준비

『준비적 지원』으로 알려져 있는 이러한 타입의 지원에는 전문
가의 자문, 기구의 대여, 그리고 예외적인 경우에 재정적 지원이
있다. 재정지원은 프로젝트 상 US $30,000을 초과하지 못한다.
의장은 US $20,000까지 준비원조 요구를 승인할 권한을 갖고 있
는 반면에 의장단은 US $30,000까지 승인할 수 있다.

95. 준비적 지원신청을 사무국에 하면 사무국은 위원장에게 그것을
보낸다. 위원장은 지원의 종류를 결정한다. 신청서식(reference WHC/5)
은 사무국에서 얻을 수 있다.

ⅱ) 긴급지원

96. 체약국은 세계유산목록에 올라있거나 오르기에 적합한 문화, 자
연유산으로 (돌연한 땅의 지하, 큰불이나 폭발, 홍수 등) 갑작스럽고 예기치
못한 현상으로 심한 손상을 입었거나 이러한 현상으로 심한 손상을
입을 위험이 있을 때 긴급지원을 요청할 수 있다. 부식, 오염, 침식 등
점진적인 과정으로 인한 손상이나 훼손은 긴급지원의 대상이 아니다.

(a) 본 지침의 65항에 따라 세계유산목록 긴급등재신청을 준비
　　한다.

(b) 세계유산목록에 등재되어 있거나 등재 신청된 유산의 긴급
　　보호계획 수립안

(c) 세계유산목록에 등재되어 있거나 등재 신청된 유산을 보호
　　하기 위한 긴급대책의 집행

97. 긴급지원신청은 WHC/5 서식으로 연중 언제든지 사무국에 할 수 있다. 세계유산 센터는 관계 자문기관에 자문을 구해야 하고 US $50,000까지 긴급요구를 승인할 수 있는 의장에게 이 요구서를 제출해야 한다. 의장단은 US $75,000까지 요구를 승인할 수 있다.

iii) 훈련

98. 체약국은 문화, 자연유산식별, 보호, 보존, 공개 및 수복의 분야에서 각급 전문 인력 훈련지원을 요청할 수 있다. 이 훈련은 세계유산협약의 시행에 관한 것이어야 한다.

99. 협약 제23조에 따라 전국적 또는 지역의 훈련기관에서 지역적 또는 현장인원의 집단훈련을 우선적으로 한다. 개인훈련은 원칙적으로 단기 재교육훈련과 경험의 교환에 국한한다.

100. 국가적, 지역적(도) 수준의 전문요원 훈련신청서에는 다음 사항이 포함되어야 한다.

    (a) 훈련과정의 세부사항(과정명, 교육의 수준, 교관, 학생수와 국적, 일시, 장소 및 기간 등) 그리고 적용될 시에 세계유산 유적에 관해 각 참가자의 기능적 책임 : 만약 지금이 모든 요구에 충분치 않다면 등재유산의 관리나 보존 책임자에 관한 사항에 우선순위가 주어져야 한다.

    (b) 원조의 내용(훈련비지원, 특별교관파견, 기구, 교과서, 교육용 자료지원)

    (c) 수강료, 일일생활비, 교육용 자료구입, 교육장을 내왕하는 교통비 등을 포함한 개략적인 지원요청액

    (d) 기타지원 : 중앙정부 재정지원, 쌍무적 또는 다무적 관계에 의해 받았거나 받기를 기대하는 지원

    (e) 훈련과정을 위해 관련 정부와 기관은 이전 회의에서 얻은

결과의 심층 보고서를 제출할 것이다. 그 보고서는 부가적 자금요구에 관해서 검토와 권고를 위해서 자문기관에 보내질 것이다.

101. 개인훈련신청은 사무국과 UNESCO국가위원회, 회원국의 유네스코사무소, UNDP(UN개발기금)사무소 등에서 얻을 수 있는 UNESCO 펠로우십(fellowship) 신청양식인 『Application for Fellowship』 서식에 따라 한다. 신청서에는 연구계획과 신청체약국 내에서의 협약실행과의 관계와 훈련 보조금의 결과로써 얻어진 결과에 관한 최종 기술보고서 제출에 대하여 언급하여야 한다.

102. 훈련지원요청을 받은 사무국은 신청서에 적힌 정보가 완전한 것임을 확인하고 지원액추산을 하여 신청서와 함께 위원장에게 보낸다. 위원장은 US $20,000까지 승인할 수 있다. 이 금액을 초과하는 액수의 승인은 104항에서 108항 사이에 한정된 기술협력 요청 때와 같은 절차를 밟아 승인한다.

iv) 기술협력

103. 체약국은 세계유산목록에 실린 유산의 보호사업(공사)을 위하여 기술협력을 요청할 수 있다. 이 기술협력은 협약 제22조에 명시된 형태를 취할 수 있다.

104. 제한된 기금을 가장 효과적으로 사용하기 위하여, 그리고 지원하여야 할 문화유적의 수가 증가함에 따라, 위원회는 등재된 문화유산에서 출토되는 고고학적 유물의 중요성을 인정하면서도 이동 가능한 유물의 보존을 목적으로 하는 고고학적 유적에 건립된 박물관에 대한 장비 지원 신청은 접수하지 않는다.

105. 기술협력신청에는 다음 사항이 포함되어야 한다.

(a) 유산의 세부사항
  - 세계유산목록 등재일자
  - 유산과 유산에 대한 위협의 묘사
  - 유산의 법적 지위
(b) 지원요청의 구체적 내용
  - 보호사업(공사)에 관한 과학적 기술적 정보
  - 지원을 바라는 장비에 관한 상세한 정보(예 : 제작사, 타입, 사용전압 등)와 인원(전문가, 노무자) 등
  - 만약 적절하다면 보호사업(공사)의 "훈련적" 요소를 구체적으로 기술
  - 보호사업(공사) 활동의 개시일자를 비롯한 일정표
(c) 활동경비
  - 국가지출
  - 협약에 따라 신청
  - 지원받거나 또는 기대되는 다무적, 쌍무적 지원(각각 어떤 용도로 쓰일 것인가를 표시)
(d) 보호사업 주관기관 및 관리행정의 세부사항
(e) 문화유산과 유적에 관하여서는, 그 보호 상태 점검과 국제지원을 연동시키기 위하여 위원회는 기술지원을 신청하는 해당 유산과 유적의 분석결과를 신청서에 첨부할 것을 바란다.

106. 사무국은 필요한 경우 관련 체약국에 더 필요한 정보의 제출을 요구할 수 있다. 사무국은 또한 적절한 기관(ICOMOS, IUCN, ICCROM)의 전문적인 자문을 받을 수 있다.

107. 의장단은 상정된 기술협력 신청요건을 심의하여 위원회에 건의한다. 사무국은 의장단의 건의를 위원국에 송부한다.

108. 만약 건의가 긍정적인 경우에는 위원회가 그 프로젝트를 승인하

자마자 기술협력을 제공할 수 있도록 온갖 필요한 준비절차를 밟는다.

109. 위원회회의에서 의장단의 건의를 고려하면서 의장과 의장단이 승인할 규모를 초과한 긴급지원과 훈련신청 그리고 기술협력신청 하나하나에 대하여 결정을 내린다. 체약국 대표들은 위원회 구성원이든 아니든, 지원신청의 승인을 주장하는 것이 아니라 질문에 답변할 정보의 핵심을 다룰 것이다. 위원회 결정은 체약국에 통보되며 사무국은 기술협력 실행에 착수한다.

110. 그러나 위에 적은 절차는 US $30,000이하의 기술협력에는 적용되지 않는다. US $30,000이하의 기술협력에는 아래와 같은 간소화된 절차가 적용된다.

 (a) US $20,000을 초과하지 않는 기술협력신청의 경우에는 신청서류를 검토하고 필요에 따라 ICCROM, ICOMOS 또는 IUCN 등의 의견을 들은 후 사무국은 신청서와 관련 자료를 세계유산 기금 중에서 그 해에 배정된 기술협력 예산 한도 내에서 지원결정권을 가진 위원장에게 송달한다. 위원장은 기술협력과 훈련(그러나 독립된 규칙이 있는 긴급지원과 예비지원은 제외)을 포함해서 한해의 전체원조 예산의 20%까지 배정할 수 있다는 것을 이해해야 한다.

 (b) 의장단은 US $30,000까지의 기술협력신청을 승인할 수 있다. 단 의장단 구성 국가가 제출한 US $30,000까지의 협력 요청을 승인할 권한은 없다. 의장단구성국가가 기술협력신청을 제출한 경우에는 의장단은 단지 위원회에 건의를 할 수 있을 뿐이다.

(ⅴ) 교육, 정보, 개선활동 지원

111. (a) 지역 및 국제적 수준 : 협약 27조에 관해서, 위원회는 다음 목적을 위한 회의개최를 지원하기로 하였다.

- 지역 국가 내에 협약에 대한 관심을 불러일으키기 위한 회의
- 협약적용에 보다 적극적으로 참여할 수 있도록 협약이행에 관련한 여러 잇슈-에 대한 인식을 더 깊이 하기 위한 회의
- 경험교환의 장을 마련하기 위한 회의
- 합동교육, 정보, 개선 프로그램과 활동을 고무하기 위한 회의, 특히 그들이 세계유산 보존을 위한 젊은이들의 참여와 관련 될 때

(b) 국가차원

위원회는 협약을 장려하는 국가적 활동지원요청에 대하여 다음 경우에 한하여 지원을 고려할 수 있다고 느낀다.

- 협약 제17조에 따른 국가별 세계유산협회 창설이나 협약을 자국민에게 특히 젊은이에게 더 잘 알리기 위한 회의
- 어떤 특정한 유산의 홍보가 아니라 협약의 일반적 홍보를 위한 교육과 정보자료의 준비

세계유산기금은 국가별 홍보활동에 대하여 선별적으로 최고액 US $5,000까지의 소액 지원금을 지원한다. 그러나 US $5,000을 초과하는 지원요청도 그것이 특별한 관심을 불러일으키는 사안이면 예외적으로 승인될 수도 있다. 이 때 위원회의 동의가 요구되며 지원최고액은 US $10,000이다.

B. 의장단과 위원회가 검토할 국제지원 요구 기한

112. 긴급지원 신청을 제외하고 의장단이 검토한 국제지원의 모든 신청서는 의장단의 다음 회의에서 고려되도록 5월 1일과 9월 1일 전에 제출되어야 한다. 대규모 신청서는(US $30,000초과) 의장단의 추천서와 함께 세계유산위원회의 다음 회의에 상정되어야 할 것이다.

C. 국제지원의 우선순위

113. 항상 우선하는 협약조문을 공정히 해석하면서, 위원회는 협약에 따라 제공되는 지원의 우선순위를 다음과 같이 하기로 합의하였다.
- 세계유산목록에 등재되었거나 등재신청 중인 유산을 구하려는 비상대책
- 문화, 자연유산의 세계유산목록 등재신청 작성 준비지원과 기술협력 요청
- 다음과 같은 이유로 파급효과를 가져 올 가능성이 큰 프로젝트
  · 보존에 대한 일반국민의 관심 환기
  · 과학적 연구의 발전에 기여
  · 전문인력 훈련에 기여
  · 지원금의 다른 소스 개발

114. 또한 위원회는 협약에 의한 지원제공이 원칙적으로 아래 요인에 의하여 결정될 것이라는데 합의하였다.
(ⅰ) 보호공사와 대책의 긴급성
(ⅱ) 그 유산을 보호하고 보존하겠다는 지원국의 입법, 행정 및 재정적 확약
(ⅲ) 프로젝트의 소요경비

(ⅳ) 과학적 연구와 경비효율(cost/effection)이 높은 보존방법 개
    발의 측면에서의 프로젝트에 대한 관심 및 가치
(ⅴ) 현지전문가와 일반국민을 위한 교육적 가치
(ⅵ) 프로젝트에서 발생하는 문화적, 생태계적 이득
(ⅶ) 사회적, 경제적 결과(효과)

115. 세계유산목록에 등재된 유산은 모두 동등한 가치를 가진다고
생각되기 때문에 위에 적은 기준항목에서는 유산의 상대적 가치는 언
급되지 않고 있다. 문화유산보존프로젝트와 자연유산보존 프로젝트에
배분되는 지원 금액이 균형을 이루도록 한다.

116. 긴급훈련, 기술협력 신청서는, 사무국이 필요하다고 인정하면,
적절한 자문기관(IUCN, ICOMOS, ICCROM)에 전문적 평가와 검토를 위해
회부될 것이고 그 권고는 의장단과 위원회에 조치를 위해 제출될 것
이다.

D. 국제지원 수혜국과의 협정

117. 체약국이 대규모 기술협력을 받을 때에는, 위원회와 수혜국간
에 다음 사항을 규정하는 협정을 체결한다.
 (a) 기술협력의 범위와 성격
 (b) 수혜국 정부의 책무, 만약 위원회가 인정하면 적절한 자문
     기관(IUCN, ICOMOS, ICCROM)에 검토를 위해 제출되고 위원
     회에서 이용될 중간, 최종 재정기술 보고서의 제출을 포함
     해서
 (c) 수혜국 정부가 프로젝트와 관련하여 위원회와 또는 UNESCO
     를 위하여 임무를 수행할 인원, 위원회와 또는 UNESCO,
     유산을 위하여 지원할 시설, 특전, 면책특권 및 프로젝트에

배정할 예산 및 자산

118. 표준협정문안을 UNESCO 규약에 합치시킬 것이다.

119. 위원회는 위원장에게 협정서명권한을 위임하였다. 예외적인 상황이나 필요한 경우에는 위원장은 서명권한을 자기가 지명하는 사무국 멤버에게 위임할 수 있다.

E. 프로젝트의 집행

120. 세계유산기금의 기술협력을 제공받는 프로젝트의 효율적인 집행을 보장하기 위하여, 위원회는 관련 체약국이 국내외에서의 프로젝트집행을 책임지는 단일책임기관-국가차원이든, 지역차원이든, 현지차원이든, 공적이든, 사적이든 지명하여 운영할 것을 권고한다.

F. 국제지원조건

121. 국제지원의 조건과 유형은 협약 제19조에서 26항에 규정되어 있다. 협약 제16조의 국제지원 수혜자격조건을 반영하여 세계유산위원회는 제13차 회의(1989년)에서 세계유산기금 분담금을 정한 기일내에 내지 못하고 있는 국가는 다음 연도중에 국제지원을 받을 수 없다고 결정하였다. 단 이 결정은 본 지침에 규정된 긴급지원과 훈련에는 적용되지 않는다. 이 결정을 내림으로써 위원회는 체약국이 협약 제16조에 규정된 기일 내에 분담금전액납부의 중요성을 강조하고자 하는 바이다.

Ⅴ. 세계유산기금

122. 위원회는 국제지원운동과 세계유산목록등재유산을 위하여 UNESCO의 프로젝트에 쓰일 세계유산기금분담금은 협약 제5장(Section Ⅴ)에 따라 접수되고 사용되며 국제지원운동과 프로젝트 수행방법에 합치하는 것으로 본다.

123. 국제지원운동이나 세계유산목록에 등재된 유산을 위하여 유네스코 프로젝트에 출연금(분담금)을 내고 싶은 체약국은 세계유산기금을 통하여 출연하여 주기 바란다.

124. 기금의 재정규정은 WHC/7에 나와 있다.

125. 사무국은 세계유산 기금에 합치되게 외부 자금조달을 다루기 위해 UNESCO에 합치하는 사부문 자금조달의 내부지침(Internal Guidelines for Private Sector Fund-Raising in Favour of UNESCO)을 참조해야 한다.

Ⅵ. 협약집행에 있어서의 문화, 자연유산의 균형 유지

126. 협약집행에 있어서의 문화, 자연유산의 균형을 유지하기 위하여, 위원회는 다음 조처를 취할 것을 권고하였다.

　(a) 체약국에 대한 준비적 지원은 다음 우선순위에 따라 제공된다.

　(i) 체약국내에 존재하고 세계유산목록 등재에 적합한 문화,
　　　자연유산의 예비리스트작성

　(ii) 세계유산목록에 충분히 반영되지 못한 타입의 유산의 등
　　　재신청서 작성

(b) 협약 체약국은 자국의 문화, 자연유산에 일차적 책임을 지는 정부기관의 이름과 주소를 사무국에 보내주어 사무국이 적절한 공식서신과 자료의 사본을 송부할 수 있도록 한다.

(c) 협약체약국은 문화, 자연유산(관리)에 책임 있는 인사들의 합동회의를 정기적으로 개최하여 협약이행에 관한 문제를 토론하게 한다. 이 사항은 동일한 기관이 문화, 자연유산을 모두 다루는 체약국에는 해당되지 않는다.

(d) 협약체약국은 협약 9조3항에 응하여 자연·문화유산 분야의 권한 있는 대표자를 선정해야 한다. 위원회 구성국은 대표자들의 이름과 신분에 대해 사무국에 미리 알려야 한다.

(e) 의장단(bureau)에 문화 분야와 자연분야 전문가가 균형 있게 참여하는 데에 깊은 관심을 가지고 있는 위원회는 전문가선출에 있어서 다음과 같은 결과가 나오도록 모든 노력을 할 것을 촉구한다.

(i) 의장은 문화 분야든 자연분야든 같은 분야 인사가 2년간만 연속하여 맡을 수 있다.

(ii) 세계유산목록 등재신청 유산심사에 균형과 공신력을 주기 위하여 의장단회의에는 항상 적어도 2명의 "문화"전문가와 2명의 "자연"전문가가 출석하여야 한다.

(f) 협약 10.2조와 절차규정 7에 따라 위원회는 언제든지 옵서버로 참여하고 전문성 증진을 위해 공공 또는 사부문이나 개인을 회의에 참석시킬 것이다. 이 참관인들은 문화·자연유산의 균형된 참여를 위해 선택될 것이다.

A. 세계유산심벌과 세계유산의 이름 및 묘사의 사용

127. 위원회는 제2차 회의에서 미쉘 올립(Michel Olyff) 씨가 도안한 세계유산심벌(World Heritage Emblen)을 채택하였다. 그 심벌은 문화유산과 자연유산의 상호보존을 상징화하는 바, 가운데에 있는 사각은 인간이 만든 형상이며 단은 자연을 나타내며 이 둘은 밀접히 연관 지어 있다. 세계처럼 이 문장은 둥글다. 그러나 동시에 그것은 보호의 심벌이기도 하다. 위원회는 도안자가 제시한 (붙임 2 참조) 심벌을 사용하기로 하였으며, 사용자연 및 기술적 가능성과 미술적 특색에 따라 어떤 색을 써도 좋다고 결정하였다. 심벌은 항상 'World Heritage, Patrimoiue Mondial'을 포함하고 있다. 'Patrimonio Mundial'이 있는 공간은 그 심벌이 사용되는 국가의 언어로 번역을 위해 사용될 수 있다.

128. 적합하게 사용하고 심벌의 시각성을 증진하기 위해 제22차회의에서 위원회는 '세계유산 심벌사용의 지침 및 원칙'을 채택했고, 이는 세계유산협약 실행을 위한 관리지침의 통합적 부분으로 고려되며 부록 3에 있다.

B. 위원회 운영절차

129. 위원회 제1차 회의에서 채택되고 제2,3차 회의에서 수정된 위원회 운영절차는 문서 WHC/1에 수록되어 있다.

C. 세계유산위원회 회의

130. 체약국 총회 개최연도마다 총회직후 세계유산위원회 통상회의를 개최한다.

131. 협약 10.3조와 절차규정 20~21에 따라 위원회는 정기회기 동

안 하위 위원회를 구성하여, 전체 위원회에 대한 권고를 실행하고 보고하기 위해 위임된 선정 사업을 검토하게 할 것이다.

D. 세계유산위원회 의장단(BUREAU) 회의

132. 의장단회의는 연2회 개최되는 바, 첫 번째는 4월에 열리며 두 번째는 위원회의 정기회의 직전에 열린다. 새로 선출된 의장단은 위원회의 정기회의 동안 필요적으로 회의한다.

E. 최저 개도국 전문가의 회의참석

133. 위원회가 세계의 여러 지리적, 문화적 지역을 골고루 대표할 수 있게 하기 위하여, 위원회는 UN이 발행한 최저개발국 리스트에 올라 있는 위원회 위원국에서 문화적 또는 자연적 유산보존전문가에 한하여 위원회 회의나 의장단회의에 참석할 수 있도록 그들의 참가비용에 충당할 일정액을 위원회예산에 포함하기로 결정하였다.

134. 의장단과 위원회회의에 참여하기 위한 지원 신청서는 관련 회기 전 적어도 4주전에 사무국에 도착해야 한다. 이 신청서는 위원회 구성국의 GNP는 하위순위이고 각 체약국의 한 대표색을 우선으로 하여 위원회에서 결정된 이용가능 자원의 한계를 고려할 것이다. 어떤 경우에도 한 체약국에서 두 대표가 자금지원을 받지 않으며 이 경우 한 명은 자연유산분야 전문가, 한명은 문화유산분야 전문가로 한다.

F. 세계유산목록 발간

135. 최신 『세계유산목록』과 『위험에 처한 세계유산목록』은 매년 발간한다.

136. 세계유산목록에 유산이 등재된 국가명단을 동 목록에 『협약에 따라 유산등재신청을 한 국가』라는 제목하에 밝힌다.

G. 협약에 따른 제사업의 국가적 차원의 홍보활동

137. 체약국은 문화자연유적의 보호에 관한 협회 설립과 활동을 증진해야 한다.

138. 체약국은 세계유산보호와 자국민의 문화, 자연유산에 대한 감상과 존중심을 깊게 할 교육 및 홍보프로그램 조직을 목적으로 하는 국가적, 공적 또는 사적인 재단이나 협회의 결성에 관한 협약 제17조 및 제27조에 의거 발의하여야 한다.

H. 다른 협약과 권고와의 관계

139. 세계유산위원회 국제보존조치로 긴밀히 협조하여 공공이익이 달성될 것이라는 것을 인정했다. 이러한 조치에는 1949년 제네바협약, 1954년 헤이그협약, 1970년 UNESCO협약, 람사협약, CITES, 기타 보존 목적의 지역협약, 미래 협약 등이 포함된다. 위원회는 정부 간 기구의 대표들이 옵서버로서 회의에 참석하도록 할 것이다. 동시에 사무국은 다른 정부 간 기구에 참관하도록 대표자를 임명할 것이다. 사무국은 세계유산 센터를 통해 위원회와 문화자연유산 보존에 관련된 다른 협약, 프로그램, 국제기구 사이의 적절한 협조와 정보공유를 실현할 것이다.

세계유산 잠정목록 신청 양식

국 명	대한민국
작 성 날 짜	년 월

유산의 명칭 종류: 문화( ) 자연( ) 복합( )	지리적 위치 (주소) 북위　　　　　동경

개　요 (유산의 역사, 특징, 현황 등)

현저한 보편적 가치의 정당화

· 관련기준조항 : 선정기준 해당항목번호 명기, 복수가능/
　예: 문화①③④

· 진위 및 보전의 확인

· 유사유산과의 비교

【붙임 2】 세계유산 심벌

【붙임 3】

세계유산심벌 사용을 위한 안내와 원칙

전문

세계유산 심벌(Emblem, 이하 "심벌")은 유네스코와 관계있는 예술가 올립씨가 고안하여 세계유산위원회의 공식적인 심벌로서 제2차 세계 유산위원회에 위해 채택되었다. 심벌은 문화유산과 자연유산의 상호보 존성을 나타난다. 비록 회의에서 상징에 대한 언급은 없었으나 심벌의 사용은 위원회에 의해 촉진되어 오고 있으며 보전되는 문화재를 확인 해 주고 있고 1978년 채택된 이래로 세계유산목록에 올려 오고 있다. 세계유산위원회는 세계유산 심벌의 사용을 결정하는 데 책임지고 있 고 어떻게 그것이 사용되어질 것인가에 관한 정책규정을 만드는데 책 임진다. 심벌은 의회를 나타내며 위원회에 대한 체약국의 지지를 상징 하며 세계유산리스트에 새겨진 유물을 확인하는 역할을 한다. 심벌은 위원회에 관한 대중적 이해와 연관되고 그것은 위원회의 신용과 권위 의 상징이다.

무엇보다도 그것은 위원회에게는 보편적 가치의 표시이다. 또한 심 벌은 그것과 연관되는 시장가치의 부산물을 고양 할 수 있고 잠재적 인 자금조달이다. 위원회목적의 심벌 사용과 전 세계 위원회의 긍정적 알림에는 균형이 필요하고 부정확하고 부적절하고 인증되지 않은 상 업적 또는 다른 목적을 위한 남용을 막기 위해 필요하다. 품질관리를 위해 심벌과 양식사용을 위한 원칙과 안내는 촉진적 활동을 위한 협 동에 장애물이 되어서는 안 된다. 심벌 사용의 결정과 검토를 위해 책임당국은 그들의 결정에 변수를 요구한다.

이러한 지침과 원칙의 적용

지침과 원칙들은 모든 심벌의 사용을 다음과 같이 제안하였다.

· 세계유산센터
· 유네스코 출판사무소와 다른 유네스코 사무소 등
· 각 체약국에서 협약을 수행하기 위한 책임 있는 기관과 국가 위원
  회들
· 세계유산 유적지
· 기타 계약 당사국, 특히 주된 상업적 목적을 위한 운영

체약당사국의 의무

위원회 체약국은 위원회가 인정한 어떤 불명확한 목적과 그들 각
국가의 그룹 부당한 심벌 사용을 막기 위해 가능한 모든 조치를 취해
야 한다. 체약국은 상표등록법을 포함한 국가적 법안의 완전한 사용을
만들기 위해 노력해야 한다.

증가하고 있는 심벌의 올바른 사용

세계유산 목록에 등재된 문화재는 유네스코 로고와 함께 심벌이 표
시되어야 한다. 그러나 그것에 의문이 있고 문화재를 눈에 띄게 손상
되지 않는 방식으로 놓여 있어야 한다.

세계유산목록 등재기념 표시판 제작

세계유산 목록에 등재되면 체약국은 표시판(plaque)을 만들어야 한

다. 방문한 외국인과 관련된 국가의 대중에게 알려주기 위해 고안된 이 표시판은 특별한 가치를 지니며 국제사회에 의해 인정된다. 즉 다시 말해 그 유적은 매우 독특하며 한 국가의 관심뿐만 아니라 전 세계의 관심사이다. 이러한 표시판은 추가적인 기능을 가지고 있는데 이것은 세계유산위원에 관해 일반 대중에게 홍보하며 적어도 세계유산 개념과 세계유산등록에 관한 정보를 제공한다.

위원회는 이러한 표시판의 제작을 위해 다음의 지침을 채택해 오고 있다

· 표시판은 방문객에 의해 쉽게 보일 수 있는 곳에 위치해 있어야 하며 모습이 보이지 않게 하여서는 안 된다.

· 표시판의 내용은 유적의 독특한 가치를 언급해야 하며 이러한 관점에서 그것은 유적의 뛰어난 특색의 짧은 묘사를 주는데 유용할 것이다. 만약 체약국이 원하면 체약국은 세계유산관련 간행물이나 세계유산전시 등에 나타난 기술을 사용 할 수 있다.

· 안내문 안에는 세계문화유산 및 자연유산의 보호에 관한 협약과 특히 세계유산목록 및 목록의 설명에 의해 언급된 국제적 협정에 관하여 반드시 언급하여야 한다.(그러나 위원회 및 ○○차 회의에서 등재결정을 내렸는지를 언급할 필요는 없다) 외국 관광객이 많이 오는 유산 표시판은 수 개 언어로 제작함이 적절하다.

위원회는 다음 문안을 한 예로 제안한다.

("유산이름")은 세계문화유산 및 자연유산의 보호에 관한 협약에 따른 세계유산목록에 등재되어 있습니다. 이는 이 유산이 전 인류를 위하여 보호받을 가치가 있는 탁월한 세계적 가치를 지닌 문화적(또는 자연적)

유산임을 확인하여 주는 것입니다. 계속하여 그 유산의 간략한 묘사를 기술 할 수 있을 것이다. 또한, 국가기관들은 그들의 레터헤드, 팸플 릿, 직원유니폼에의 심벌 사용 등을 통하여 세계유산 유적들을 장려하여야한다. 세계유산협약과 유적에 관련된 보도 제작물을 생산한 권리를 받은 제3자 체약국은 심벌을 적당하게 나타내야 한다. 그들은 특별한 생산물을 위해 다른 심벌이나 로고를 만드는 것을 회피해야 한다.

원칙

책임 있는 당사들은 이제부터는 심벌 사용에 관한 결정을 내리는 데 있어서 다음의 원칙을 사용하는 것이 요구된다.

(1) 심벌은 이미 채택되고 인증된 협약을 촉진하기 위해 최대한의 가능한 기술적 그리고 법적으로 협약과 관련된 모든 프로젝트에 사용되어져야 한다.

(2) 심벌 사용을 위한 인증 결정은 기대되는 재정적 회수와 마케팅의 부산물이 아니라 내용물이나 질(質)에 강하게 연결되어져야 한다. 인증을 위한 주요 기준은 세계유산원칙 가치와 관련된 교육적, 과학적, 문화적, 예술적 가치 부산물이다. 인증은 교육적 가치가 없는 예를 들어 컵, 티셔츠, 핀. 다른 관광기념품에 심벌이 있다고 해서 정식으로 수여되는 것은 아니다. 이러한 정책에 대한 예외는 특별한 경우에 인정될 것이다. 예를 들자면 기념명판이 나타나는 위원회모임과 축하기념의 모임에서이다.

(3) 심벌 사용의 인가에 관한 어떠한 결정도 매우 명백해야 하고 세계유산위원회의 가치와 명백하고 전혀 의심치 않는 목적에 보조를 맞추어야 한다.

(4) 직접적으로 이러한 원칙에 따라 인증되는 때를 제외하고 상업적 세계위원회를 지지하는 것을 보여주기 위해 그들 자신의 상품에 심벌을 사용하는 것은 정당하지 않다. 그러나 위원회는 어떤 개인, 조직, 회사는 자유롭게 세계유산 유적에 관해 합당하게 간주되는 어떠한 것을 생산하거나 출판하는 것이 인정된다. 그러나 세계유산 심벌 하에서 그것을 하기 위한 공식적인 권위는 전적으로 위원회에 배타적특권으로 남고 이러한 원칙과 안내는 위원회의 규정 하에 있게 된다.

(5) 다른 계약 당사자에 대한 심벌의 사용은 제안된 내용이 세계유산유적과 직접적으로 다루어질 때 정상적으로 인증될 뿐이다.

(6) 어떤 특별한 세계유산유적과 관련되지 않은 경우 또는 제안된 사용의 중요 초점이 아닌 경우, 예를 들어 과학적 이슈들 또는 보존기술에 관한 세미나, 또는 그리고 공동연구회의 안내와 원칙에 일치하는 인증을 바탕으로 수여될 수 있다. 제안된 사용의 방법으로 필요한 문서를 첨부해야 하고 사용의 요구는 협약의 일을 고양시켜야 한다.

(7) 심벌 사용허가는 전적으로 상업목적을 위한 여행사, 공항 또는 어떠한 다른 사업운영에 승인되어서는 안 된다. 예외적인 상황 그리고 특히 세계유산유적과 일반적으로 세계유산의 명백한 이익이 설명될 수 있을 경우는 제외하고는 그런 사용 요청은 구체적으로 관계된 국가당국의 이해관계 일치와 세계유산협약의 안내 및 원칙과 일치하는 승인을 요구한다. 본부는 심벌 사용의 보답을 대신해서 또는 교환으로 여행사 또는 다른 유사한 회사로부터의 어떤 광고·여행, 또는 다른 잠재적 고려를 받아들이지 않는다.

(8) 상업적 이익이 기대될 때 본부는 세계유산기금이 이익의 정당한 몫을 받았는가, 그리고 기금에 이익을 제공하는 협정과 사업계획을 운

영하는 양해(諒解) 성질의 서류를 첨부하여 계약과 협정을 맺는다.

(9) 만약 후원자들이 본부가 필요로 하는 물품을 제품화 하고자 한다며 당사자 또는 당사자들의 선택을 최소한으로 유네스코를 위한 비공식 분야 기금조성을 위한 국제적 안내의 부속서5의 기준과 위원회가 규정하는 것처럼 그것이상의 기금조성안내를 기준으로 계속 되어야 한다. 그러한 물품 필요성은 위원회가 규정하는 것처럼 인증을 요구하는 기록된 표현물로 명백화 되어야 하고 정당화되어야 한다.

세계유산 심벌 사용을 위한 인증 절차

A. 해당국의 간단한 동의

만약 사업계획이 국가적 또는 국제적이든 같은 국가 영역에 위치한 세계유산유적을 포함한다면 해당국의 결정은 세계유산위원회 안내와 원칙에 의해 통제되어야 한다.

B. 내용의 품질관리를 요구하는 동의

심벌 사용의 인증을 위해 다음 절차를 채택해야 한다.

(a) 심벌 사용의 객관성을 표시하는 요구 즉 그것의 기관과 관할 타당성은 세계유산센터의 국장에게 전달되어야 한다.

(b) 협약 안내와 원칙에 따라 세계유산센터 국장은 심벌 사용의 수여 권능을 가지고 있다. 협약 안내와 원칙에 의해 충분하지 못하거나 역할을 하지 못 할 때는 국장은 그 문제를 의장에게 맡기고 그 문제의 최종결정을 위해 의장단에 맡길 수 있다. 심벌의 인증 사용에 관한 매년 보고는 세계유산위원회에 제출되어야 한다.

(c) 미확인 기간 동안 넓게 분산된 주요 상품의 심벌 사용 인증은 제조업체 관련 국가와의 상의(相議)를 얻는 조건으로 그리고 이것이

이루어져 왔던 증거와 함께 센터에게는 어떠한 비용도 없이 그들의 영역에 위치한 설명도를 넣은 사진을 조건으로 한다. 인증된 원문은 위원회의 공식적인 언어 중 한 가지, 또는 관련국가의 언어로 제공되어야 한다.

(d) 센터가 요구를 조사하고 받아들이고 그러한 후에 센터는 당사자와 그 협정을 맺는다.

(e) 만약 국장이 심벌 사용을 받아들이지 않기로 결정한다면 센터는 서류로 요구하는 당사국에게 그 결정을 알려준다.

품질관리노력을 위한 체약국의 권리

심벌 사용을 위한 인증은 관련된 상품에 대한 품질관리를 노력하는 해당국가의 요구와 불가분의 관계에 있다

(1) 협약 체약국은 그들의 영역에 위치한 유적과 관련하여 세계 유산 심벌로 표시하는 분산된 생산품을 인정하기 위한 당사국일 뿐이다.

(2) 법률적으로 심벌을 보호하기 위하여 체약국은 사용들을 검토하여야 한다.

(3) 다른 체약 당사국들은 제안된 사용을 검토하는 것을 택하거나 그러한 제안을 세계유산 센터에 맡길 수 있다. 제안된 사용을 검토하거나 또는 부적절한 사용 확인을 센터에 알릴 책임이 있다.

내용인증형식

[국가명]의 영역에 위치한 세계유산유적에 관한 사진과 본안의 내용인증을 책임질 기관으로서 공식적으로 확인된 **[책임국가기관명]**은

이에 의하여 [제작자의명]에게 세계유산유적[유적명]을 [인증된] [요구되는 다음 변화에 인증 받게 되는] [인증되지 않는] 세계유산유적[유산명]의 사진과 본안 내용을 확인하게 한다. 적용하지 않은 어떠한 가입도 삭제한다. 그리고 필요로 할 때, 본안의 정확한 원고 또는 교정본의 조인된 목록을 제공한다.

주석

책임 있는 국가기관의 약식서명은 본 안의 모든 페이지에 첨부 되도록 권고된다. 만약 책임 있는 해당국이 오랜 기간 동안 문서로써 요구하지 않은 때에는 해당국에게 그 내용을 인증하기 위해 일반적으로 인정된 한 달의 기간이 주어진다. 책임자는 그 내용이 묵시적으로 인정된 것으로 고려 할 수 있다. 본안은 위원회의 두 개의 공식적인 언어중 하나로 해당국에게 제공되어야 하거나

유적이 위치한 그 국가의 공식적인 언어(공식적 언어중 하나), 양 상대국의 편의로 제공되어야 한다.

4. 기념물과 사적지의 보존, 복원을 위한 국제헌장
(베니스 헌장, 1964)

수세대에 걸쳐 인류가 이룩한 역사적 기념건조물은 고거로부터의 메시지를 풍부하게 포함하고 있으며, 오래된 전통에 대한 살아있는 증거물로서 현재에 전해지고 있다. 오늘날 사람들은 점점 더 인류 가치의 보편성에 대해 의식하게 되었으며, 고대의 기념건조물을 인류공동의 유산으로 여기게 되었다. 또한 미래 세대를 위해 이들 기념건조물을 안전하게 지켜가려는 공동의 책임을 인식하게 되었다. 이러한 기념건조물의 진정한 가치를 완전하게 후세에 물려주는 것은 우리들의 의무가 되었다.

이를 위해, 고건축의 보존과 복원의 지도 원리를 국제적인 기반에 두고 일치시키고 문서로 규정하면서, 각 국은 자국의 독자의 문화와 전통의 틀 안에서 이를 적용할 책임을 지는 것이 불가결하게 되었다.

1931년의 아테네헌장은 이러한 기본원리를 처음으로 명확하게 함으로써, 강범한 국제적 운동에 공헌하였고, 이 운동은 각 국가의 문서와 국제박물관 협의회와 국제 연합 교육 과학 문화 기구(유네스코)의 사업, 그리고 유네스코의 문화재 보존 복원 연구 국제센터의 설립으로 구체화되었다.

복잡해지고 다양화되어 가고 있는 문제들에 대해서 보다 많은 주목과 중요한 연구가 집중적으로 이루어졌다. 이제 아테네 헌장에 담고 있는 원칙들을 철저하게 검토하고 그 전망을 확대하여 새로운 문서로 수정하기 위해 이 헌장을 재검토할 시점에 이르렀다.

이에 따라, 제2차 역사적 기념건조물 건축가 및 전문가 총회는 1964

년 5월 25일부터 31일까지 베니스에서 회합하고 다음 문건을 승인하게 되었다.

정의

제1조

역사적 기념물의 개념은 단일 건축 작품뿐만이 아니라 특정문명, 중요한 발전, 또는 역사적 사건의 증거가 발견된 도시나 농촌의 주변 환경까지 포함한다. 역사적 기념건조물이란 개념은 위대한 예술작품뿐만 아니라 세월이 흐르면서 문화적 중요성을 획득한 과거의 보다 평범한 작품에도 적용된다.

제2조

기념건조물의 보존과 복원은 이 건축 유산의 연구와 보호에 도움이 될 모든 과학적 기술적 수단을 동원해야 한다.

목적

제3조

기념물을 보존하고 복원하는 목적은 역사적 증거 못지않게 예술작품으로서도 이를 보호하기 위함이다.

보존

제4조

기념건조물물을 보존함에 있어 건조물을 항구적으로 유지 관리함을 기본전제로 해야 한다.

제5조

기념건조물의 보존은 기념건조물을 사회적으로 유용한 목적을 위해 활용할 때 더욱 촉진된다. 그러므로 이러한 활용은 바람직하지만, 이로 인해 건물의 설계와 장식을 바꿔어서는 안 된다. 기능의 변화에 필요한 개조를 검토하여 허가할 경우도 이러한 제약의 범위를 벗어나서는 안 된다.

제6조

기념건조물의 보존은 적절한 범위의 주변 환경의 보존을 의미한다. 전통적 환경이 남아있는 곳은 어디나 반드시 보전되어야 하고, 외형의 덩어리(mass)와 색과의 관계를 변경시킬 수 있는 신축·파괴 및 개조는 허용되지 않는다.

제7조

기념건조물은 그것이 증언하는 역사 및 그것을 세운 주변 환경에서 분리될 수 없다. 기념건조물의 전체 혹은 일부를 이동하는 것은 기념건조물의 보호를 위해 반드시 필요한 경우이거나, 특히 중요한 국가적, 국제적 이해가 이축을 정당화하는 경우에 한하여 허용된다.

제8조

기념물의 불가결의 부분을 형성하는 조각, 회화, 혹은 장식의 경우 이들을 제거함은, 이것이 보존의 유일한 방법이 될 때에만 가능하다.

복원

제9조

복원의 과정은 고도의 전문적인 작업이다. 복원의 목적은 기념건조물의 미학적, 역사적 가치를 보존하고, 드러내는 것이며, 원래의 재료와 출처가 분명한 문서에 대한 존중에 바탕을 두고 있다.

추측에 의한 복원은 행하여서는 안 된다. 불가피하게 이루어진 추가 작업은 건축적 구성에서 반드시 구별되어야 하고 현대의 작업이라는 표시가 반드시 있어야 한다. 또한 어떠한 경우든지 기념건조물의 복원 전과 복원 후에는 해당 기념건조물에 대한 고고학적, 역사학적 연구가 반드시 이루어져야 한다.

제10조

기념건조물의 보강에 있어 전통기법이 부적절하다고 밝혀지면, 그 효능이 과학적인 자료에 의해 밝혀지고 경험으로 검증된 현대적 보존기법과 건축기법을 사용할 수 있다.

제11조

기념건조물의 건설에 기여한 모든 시대의 정당한 공헌은 존중되어야 한다. 양식의 통일 복원의 목적이 아니기 때문이다. 만일 한 건물 내에 여러 시대의 작업이 겹쳐 있을 경우, 최초의 상태를 드러내는 것은 예외적인 경우에 한해 정당화될 수 있다. 즉 제거할 부분은 중요하지 않으나, 드러날 부분이 역사적, 고고학적, 미학적으로 중요한 가치를 가졌을 경우, 그리고 보전 상채가 이러한 작업을 정당화할 만큼 충분히 양호한 경우에 한해 시행한다. 관련된 요소들의 중요성에 대한 평가와 파기 대상에 대한 결정을 관련 작업의 책임자 개인에게만 맡겨서는 안 된다.

제12조

결손된 부분의 교체는 반드시 전체와 조화롭게 통합되어야 하고, 동시에 복원으로 인한 예술적 혹은 역사적 증거의 왜곡을 피하기 위해 원래의 것과 반드시 구분되어야 한다.

제13조

부가물 설치작업은, 건물의 중요한 부분, 전통적인 주변 환경, 건물 구성의 균형, 그리고 건물 주변과의 관계를 손상시키지 않음이 명백한 경우에 한하여 허용될 수 있다.

역사유적

제14조

기념건조물의 부지(敷地)는 유적의 완전성을 보호하고, 유적이 품위 있게 정비되고 개발될 수 있도록 특별한 관심을 기우려야할 대상이다. 이러한 장소에서 행해지는 보존과 복원작업은 앞의 구조물들에 규정된 원칙을 따라 이루어지도록 해야 한다.

발굴

제15조

발굴은 1956년 UNESCO가 채택하여 고고학적 발굴 때 적용하도록 국제원칙을 규정한 과학적 기준과 권고사항에 맞추어 행해져야 한다. 폐허가 된 유적지는 반드시 유지 관리되어야 하고, 그 건축적 특징 및 발견된 대상물에 대한 영구적 보존 및 보조치가 반드시 이루어져야 한다. 더 나아가, 모든 방법을 동원하여 해당 기념건조물의 대한 이해를 용이하게 하고, 의미를 왜곡하지 않게 명시하기 위해 모든 조치를 강구해야 한다.

반면, 모든 추측에 의한 재건축 작업은 일단 배제되어야 한다. 오직, 재조립(anastylosis), 즉 존재하지만 흩어져 있는 기존 부재를 다시 조립하는 것만 허용된다. 조립할 때 사용된 재료는 항상 식별 가능해야 하고, 재료의 사용은 기념건조물의 보존과 그 형태의 회복을 위한 최소한의 하용에 산정되어야 한다.

출판

제16조

모든 보존, 복원 또는 발굴 작업에는 반드시 도면과 사진을 갖춘 분석적이고 비판적인 보고서의 형태로 된 정밀한 문서화 작업이 있어야 한다. 기록에는 작업 중에 확인된 기술적이고 형태적인 특징은 물론, 정비, 보강, 재구성, 통합의 모든 단계가 반드시 포함되어야 한다. 이 보고서는 공공기관의 문서보관소에 보관 비치하여 연구자들에게 열람할 수 있게 하여야 한다. 보고서는 출판할 것을 권장한다.

다음 인사들이 기념건조물의 보전과 복원 국제헌장의 문안 적성 위원회의 작업에 참여하였다.

Piero Gazzola (Italy), Chairman; Raymond Lemaire (Belgium), Reporter; Jose Bassegoda-Nonell (Spain); Luis Benavente (Portugal); Djurdje Boskovic (Yugoslavia); Hiroshi Daifuku (UNESCO); P.L de Vrieze (Netherlands); Harald Langberg (Denmark); Mario Matteucci (Italy); Jean Merlet (France); Carlos Flores Marini (Mexico); Roberto Pane (Italy); S.C.J. Pavel (Czechoslovakia); Paul Philippot (ICCROM); Victor Pimentel (Peru); Harold Plenderleith (ICCROM); Deoclecio Redig de Campos (Vatican); Jean Sonnier (France); Francois Sorlin (France); Eustathios Stikas (Greece); Mrs. Gertrud Tripp (Austria); Jan Zachwatovicz (Poland); Mustafa S. Zbiss (Tunisia)

5. 진정성에 관한 나라 문서(1994)

(전문)

1. 우리 전문가들은 일본 나라에서 유산보전 분야에서의 기존 관념들에 의문을 제기하고 문화 및 문화유산다양성에 대한 관심을 보존 실무적 영역에까지 확장시키기 위한 수단과 방법을 논의할 수 있도록 적절한시기에 이번 포럼을 개최한 일본당국의 호의와 지적인 용기에 감사를 표한다.

2. 또한 세계유산목록 등재를 위해 제출된 문화유산의 현저한 보편적인가치를 심의함에 있어서 모든 사회의 사회적 문화적 가치를 최대한 존중할 수 있는 방법으로 진정성의 검증을 적용하려는 세계유산위원회의 의해 제공된 토론의 틀(체제)의 가치에 대해 감사를 표한다.

3. 진정성에 관한 나라 문서는, 우리들의 현대세계의 문화유산에 관한 우려와 관심이 학대되어 가고 있다는 사실에 부응하여, 1964년 베니스 헌장의 정신에 의하여 탄생하였고, 그 위에 구축되었으며, 이들을 확대하는 것이다.

4. 점점 더 세계화되고 균일화의 힘에 좌우되어가는 세계에 있어, 또한 문화적 정체성에 대한 탐구가 때로 공격적 민족주의나 소수민족의 문화의 억압이라는 형태로 나타나는 세계에서, 보존의 실천장에서 진정성을 고려함으로써 생기는 중요한 공헌은 인류의 총체적 기억을 해명하고 조명하는 것이다.

문화다양성과 유산다양성

5. 세계의 문화 및 유산 다양성은 모든 인류에게 있어 무엇과도 대체될 수 없는 정신적·지적 풍요의 원천이다. 문화 및 유산다양성의 보호와 증진은 인류발전의 핵심적인 측면으로 적극적으로 권장되어야 한다.

6. 문화유산 다양성은 시간과 공간 속에 존재하며, 다른 문화 및 신념 체계의모든 측면에 대한 존중을 요구한다. 문화적 가치가 상충하는 경우, 문화다양성에 대한 존중은 상대방이 가지고 있는 모든 문화적 가치의 정당성을 인정해야 한다.

7. 모든 문화와 사회는 그들의 문화유산을 구성하는 유·무형의 특별한 유형 및 수단에 근거를 두고 있으며, 이들은 존중되어야 한다.

8. 각각의 문화유산은 우리 모두의 문화유산이라는 유네스코의 기본원칙을 강조하는 것은 중요하다. 문화유산과 그 관리에 대한 책임은 먼저 그것을 창조한 문화공동체에 있고 다음으로 그것을 관리하는 공동체에 있다. 그러나 이러한 책임과 함께 문화유산의 보존을 위해 실현된 국제헌장 및 협약에 가입하게 되는 경우 그로부터 파생되는 원칙과 책임에 대해서도 고려해야 한다. 다른 문화공동체의 요구와 자신의 요구사이에서균형을 이루는 것은, 자신의 근본적인 문화적 가치를 저해하지 않는 한, 각각의 공동체를 위해 매우 바람직하다.

가치와 진정성

9. 문화유산을 그 모든 형태나 시대구분에 응해서 보존함은 유산이 가지는 가치에 뿌리박고 있다. 우리들이 이등 가치를 이해하는 능력은 부분적으로 그들의 가치에 관한 정보원이 신뢰할 수 있고 또 진실이라고 이해하는 정도에 달려 있다. 문화유산의 원형과 그 후의 변천의

특징 및 그 의미에 관련되는 이들 정보원의 지식과 이해는 진정성의 모든 측면을 평가하는데 필수적인 기반이 된다.

10. 이와 같이 이해되고 베니스 헌장에 확인된 진정성은 가치에 관한 본질적적인 평가요소로서 출현한다. 진정성에 관한 이해는 세계유산협약 및 그 밖의 문화유산의 목록에 등재하는 절차와 마찬가지로 문화유산에 관한 모든 학술적 연구에 있어 그리고 보존과 복원의 계획에 있어 기본적인 역할을 한다.

11. 관련 정보의 출처에 대한 신뢰성뿐만 아니라 문화 자산에 부여된 가치에 대한 모든 판단은 문화마다 다를 수 있고 심지어 같은 문화 내에서도 다를 수 있다. 그러므로 정해진 기준으로 가치와 진정성을 판단하는 것은 불가능하다. 반대로 모든 문화에 대한 존중은 문화자산을 그것이속한 문화적 맥락 속에서 고려하고 판단해야 함을 의미한다.

12. 그러므로 문화권에 있어 그 문화유산이 가진 고유의 가치와 성격 및 이에 관련된 정보원의 신뢰성과 확실성에 대하여 인식이 일치하여야 함이 대단히 중요하고 긴급한 일이다.

13. 문화유산의 성격, 문화적 맥락, 그리고 시간의 경과로 인한 변화에 따라서, 진정성에 대한 판단은 다양한 정보원천이 갖고 있는 가치와 연계될 수 있다. 형태와 디자인, 재료와 재질, 용도와 기능, 전통과 기술, 입지와 환경, 정신과 감성, 그 밖의 내·외적 요인들이 정보원천에 포함될 것이다.

이러한 요소를 사용하는 것이 문화유산의 특정의 예술적, 역사적, 사회적 그리고 과학적 차원의 엄밀한 검토를 가능하게 한다.

【부록 I 】

H. Stovel의 추가적 조치 제안

1. 특정 기념물과 유적지의 진정성을 정의 또는 결정하는데 있어서, 문화 및 유산 다양성을 존중하기 위해서는 기계적인 공식이나 표준화된 과정의적용은 의도적으로 피하여야 한다.

2. 문화 및 유산 다양성을 존중하는 가운데 진정성을 결정하고자 하는 경우에는, 여러 문화가 각각의 성격과 요구에 적합한 분석과정과 도구를 개발하도록 장려하는 접근방법이필요하다. 이러한 접근방법은 다음의 공통적인 측면들을 갖고 있다.

- 진정성 평가를 위해 학문 간 협력과모든 가능한 전문가 지식의 적절한활용을 확보하는 노력
- 특정 기념물과 유적지에 부여된 가치가 특정 문화와 그 문화에 대한이해의 다양성을 진정으로 대표할 수 있도록 하는 노력
- 향후 처리 및 추적감시를 위한 실무지침으로 활용하기 위해 기념물 및 유적지가 갖는 진정성의 특별한 성격을-변화하는 가치 및 환경에 맞추어진 정성 평가를 새롭게 하려는 노력

3. 부여된 가치를 존중하고 이 결정이, 가능한 한, 가치와 관련 있는 학문 간 및 공동체간의 동의를 이끌어내는 노력이 특별히 중요하다.

4. 개별 문화의 다양한 표출과 그 가치를 세계적으로 존중하고 이해시키기 위해, 이 접근방법은 문화유산의 보존에 관심을 가진 모든 사람들의 국제적인 협력을 구축하고 촉진하는 방법을 찾는 접근 방법이 강구되어야 한다.

5. 이러한 논의를 전 세계의 다양한문화와 지역으로 지속적으로 확산시키는 것은 인류 공동유산의 보존에 있어서 진정성 고려라는 실제

적인 가치를 증진시키는 선결 조건이다.

6.사람들이 유적의 기본적인 차원에 대해 더욱 인식하도록 하는 것이 과거의 유적 보호를 위한 구체적인 대책수립을 위해서도 절대적으로 필요하다. 이는 현대 사회에서 기념물과유적지의 역할을 존중하고 문화자산 그 자체의 가치를 더욱 더 이해하게 됨을 의미한다.

【부록 Ⅱ】

정의

보존 : 문화유산을 이해하고, 그 역사와의미를 알고, 그것의 물질적인 보호, 필요시 유산에 대한 해설, 복원, 향상을 도모하는 모든 노력(문화유산은 세계유산협약 제1조에 의해 정의된 것처럼 문화적 가치를 지닌 기념물, 건축물군과 유적지를 포함하는 것으로 이해된다)

정보의 출처: 문화유산의 성격, 세부사항, 의미, 역사를 알게 하는 글, 말, 그림으로 이루어진 모든 자료

진정성에 관한 나라 문서는 일본문화청과 나라시의 초청으로 1994년11월 1일~6일 일본 나라에서 개최된'세계유산협약과 관련된 진정성에 관한회의'에 참석한 45명의 참가자에 의해 초안이 작성되었다. 일본 문화청은 유네스코, 이크롬, 이코모스와 함께 이 회의를 준비했다. 나라 문서의 최종 문안은 나라 회의의 진행간사 레이몽 르메르씨와 허브 스토벨씨가 편집했다.

6. 인공환경의 보호와 활용을 위한 애플톤 헌장

1983년 8월 캐나다 온타리오 주 오타와에서 이코모스 캐나다가
제정발표

A. 전문

이 헌장은 기념건조물과 유적지의 보존과 복원에 관한 국제헌장(베
니스 1964), 문화적 의의를 갖는 장소 보호를 위한 오스트랄리아 이코
모스 헌장(뷰라헌장, 1981.2.23.) 및 퀘벡문화유산 보존헌장(데샴보 선언)을
인정하는 것으로서 이들 헌장이 없으면 존재할 수 없는 문서이다.

이 헌장은 또한 인공환경의 적절한 관리운영이 중요한 문화적 활동
이며, 보존이란 관리운영 과정의 하나의 중요한 요소임을 인정한다.

B. 골조

인공환경에 대한 개입은 여러 단계(보전에서 재개발)와 다양한 규모(개
개 건물에서 현장 전체)로 발생할 수 있는 것으로, 유지관리에서 추가(증
축 등)에 이르는 하나 또는 복수의 보존행위로 성격 지울 수 있다.

어떠한 계획도 개입의 규모와 정도 및 보존행위를 결합하여 추진되
나 이들 계획은 작은 규모의 결정의 판단기준도 될 수 있는 명백하게
명시된 목적에 의해 성격 지워지는 것이라야 한다.

개입의 적절한 정도의 선택에 앞서 다음 열거하는 성질에 관한 신
중한 검토가 필요하다.

문화적 의의,

구조의 상태와 완전성,

주변환경과의 관련 가치,

이용 가능한 물적, 사회적 및 경제적 자산의 적절한 활용.

이들 요소 상호의 중요성에 관한 결정은 될 수 있는 한 광범위한 합의에 근거하여야 한다.

정당한 합의를 위해서는 공중의 참여가 불가결 하며, 이런 합의는 작업 개시 전에 선행되어야 한다.

개입의 규모, 정도 및 보존행위의 관계는 아래와 같이 요약할 수 있다.

보존활동

개입의 정도

	유지관리	보강	제거	추가
보전	*	*	*	*
과거상태의 복원	*	*	*	*
재생	*	*	*	*
과거상태의 중건				*
재개발				*

개입의 규모

개입의 정도/규모

	부자재	건물	건물군	건물과 부지
보전	*	*	*	*

과거상태의 복원
         *   *   *   *
재생
         *   *   *   *
과거상태의 재건
         *   *   *   *
재개발
         *   *   *   *

개입의 정도

보전: 현존하는 형태와 재료 및 그 현장의 완전성 유지.

과거 한 시기의 상태의 복원: 어떤 이전 시기의 형태와 재료 및 그 현장의 완전성 회복.

재생: 현대적 기능적 기준에 맞게 자산을 개조하여 새로운 용도에 적응을 포함한다.

과거시기의 상태의 중건: 멸실되었거나 회복 불가능하게 손상된 자산의 재창조

재개발: 자산의 주변환경에 조화되는 현대적 구조 또는 추가부분의 삽입

보존활동

유지관리: 되돌릴 수 없는 또는 손상을 끼치는 개입 없이 자산의 장기 유지를 보장하기 위한 계속적 활동

보강: 최소한의 변경만으로 자산의 열화를 정지시키고 현존하는 형태와 재료를 안정화시키기 위한 정기적 활동.

제거: 정기적 활동으로 표면 마감, 레이어, 몸체 나 구성요소의 삭감 등의 수정이 개재된다.

추가: 정기적 활동으로, 새로운 재료의 도입을 포함하는 자산의 수정이 개재된다.

C. 원칙

보호 및 활용이라는 활동에 있어 현존하는 구조(짜임새)를 존중함은 기본이다.

보호 및 활용의 관정은 모든 관계자의 이익을 고려하고 또 자산의 연구와 보호에 공헌할 수 있는 모든 분야의 전문가의 의견을 활용하지 않으면 안 된다.

위에서 설명한 규모, 정도 및 보존행위를 위한 개입은 인공환경의 보호 및 활용을 위한 수법으로 다음 원칙을 준수하지 않으면 안 된다.

보호: 보호는 보강을 포함할 수 있다. 또한 유지관리를 위한 계속적인 사업계획을 포함하여야 한다.

작품적 가치: 최고의 문화적 가치를 가진 유적지는, 파손되기 쉬운 복잡한 역사적 기념건조물로서 보호가 요구되는, 기본적으로 인간에 의한 작품으로서 간주된다.

주변환경(배경): 인공적 환경의 여하한 요소도 그것이 증거하는 역사 및 태어난 배경(세팅)과 불가분이다.

따라서 모든 개입은 전체와 부분을 동시에 대상으로 하여 행하지 않으면 안 된다.

이축: 현존 자산의 이축이나 해체는 다른 방법으로는 자산의 보호가 보증되지 않을 경우 최후의 수단으로서 행하여진다.

활용: 제거나 추가의 활동은 문화유산 활용을 위한 방법의 특징적인

것이다.

사용: 자산은 원래 가지고 있던 목적대로 사용되어야 한다. 이것이 불가능할 경우는 최소한의 변경을 수반하는 적합한 용도를 찾아내는 데 최대한 노력해야 한다.

새로운 용도를 강구할 때 동선과 레이아웃의 기존의 패턴을 존중하는데서 시작 한다.

추가: 새로운 용도와 요구를 충족시키기 위하여 건물의 확대나 신규의 재료 또는 마감 작업이 필요해질 수 있다. 그것은 현대적 아이디어를 반영해야 하겠지만 동시에 오리지널 정신을 존중하고 고양하여야 한다.

환경제어: 단열이나 환경제어(공조) 그 밖의 설비는 현존하는 전통적인 것과 균형을 존중하면서 열화 과정을 진행시키지 않는 방향으로 업그레이드 시켜야 한다.

D. 실시

기록활동 : 자산이 잘 이해되고 설명되면 그만큼 더 잘 보호되고 활용된다.

어떤 유적지를 바르게 이해하고 설명하기 위해서는 구조물의 의의를 부여하고 있는 성질 전체를 연구 조사하지 않으면 안 된다.

이를 위한 활동은 현장 활동에 선행되어야 한다. 현장에서의 작업은 문서화되고 기록되어야 한다.

추측: 보다 이른 시기의 형태를 회복하고 재창조를 포함한 활동은 추측 없이 달성 가능한 부분에 제한되어야 한다.

식별성: 새 작업 부분은 정밀조사에 의하거나 훈련된 전문가의 눈으

로 식별할 수 있어야 하지만, 전체의 미적 완전성과 일관성을 손상시
켜서는 안 된다.

재료와 기술: 사용한 재료와 기술에 관하여 확실한 과학적 근거가
있고 많은 경험에 의하여 뒷받침되어 상당한 이점을 제공하는 현대적
인 대용품을 존재를 확인한 경우를 제외하고는 전통적 방법을 존중해
야 한다.

고색: 고색이라는 것은 자산의 역사적 완전성을 구성하며, 이의 제거
는 구조(짜임새)의 보호에 꼭 필요한 경우에 한하여 허용되어야 한다.

고색을 위조하는 것은 피해야 한다.

가역성: 장래 사태의 변화, 또는 예측할 수 없는 문제를 해결하기
위하거나 자산의 완전성에 영향을 미치는 경우, 최대한의 선택의 여지
를 확보하기 위하여, 되돌림 과정 사용을 항상 권장한다.

완전성: 구조적 기술적 완전성은 존중되어야 하고 구조물의 외관과
마찬가지로 기능에도 주의를 기울여야 한다.

7. 역사적 목재 구조물의 보전원칙

1999년 멕시코 개최 제12차 이코모스 총회 채택

이 문서는 역사적 목재 구조물의 보호와 보존을 위해, 그 문화적 중요성을 충분히 존중하면서 기본적이고 보편적으로 적용할 수 있는 원칙과 실천사항을 정의하기 위한 것이다. 여기서 역사적 목재구조물이란 문화적 중요성을 가지고 있거나 역사적인 장소의 일부로서, 전체 혹은 부분이 목조로 되어 있는 모든 유형의 건물 혹은 구조물을 일컫는다. 이러한 구족물의 보존을 위한 원칙은 다음과 같다.

-모든 시대의 목재구조물이 세계문화유산의 일부분으로서 가지는 중요성을 인식한다.
-역사적 목재구조물의 심원한 다양성을 고려한다.
-역사적 목재구조물을 건축하는데 사용한 다양한 수종과 특성을 고려한다.
-전체 혹은 부분적으로 목조인 건조물은, 습도의 변화, 빛, 곰팡이와 곤충으로 인한 피해, 마모와 균열, 화재 또는 기타 재해와 같은 다양한 환경적, 기후적 조건에 의해 재료부식과 성능저하의 취약점을 인식한다.
-취약성, 오용, 전통적 설계와 건축 기법에 관한 기술과 지식의 상실로 인해 역사적 목재 구조물이 점차 희귀해지고 있음을 인식한다.
-이러한 유산 자원의 보전과 보존을 위해 필요한 활동과 조치의 다양성을 고려한다.
-베니스 헌당, 뷰라 헌장, 및 관련된 유네스코와 이코모스의 독트린

에 유념하며, 역사적 목재구조물의 보호와 보존에 이러한 일반원칙들의 적용을 모색한다.

이에 다음 권고안을 제적한다.

조사, 기록, 문서화

1. 베니스헌장 제16조 그리고 기념건조물, 건물군, 유적의 기록에 관한 이코모스 원칙에 의거하여, 보존 조치가 있기 전 구조물의 상태와 구성요소 및 조치에 사용된 자재에 대한 면밀한 기록이 이루어져야 한다. 구조물로부터 제거된 잔여 자재 혹은 구성재에 대한 대표적 표본수집 및 관련 전기법과 기술에 관한 정보 등 모든 관련 기록은 수집되고 분류되며, 안전하게 보관되고 적절하게 접근할 수 있어야 한다.

2. 목재구조물의 부식과 구조적 결함의 원인과 산태에 대한 면밀하고 정확한 진단이 어떤 모존 조치보다 선행되어야 한다. 진단은 문서자료에 의한 증거와 물리적인 검사 및 분석 그리고 필요한 경우에 물리적 상태에 대한 측정과 비파괴 시험에 근거해야 한다. 그러나 경미한 조치나 응급조치마저 취할 수 없다는 의미는 아니다.

모니터링과 유지관리

3. 정기적인 모니터링과 유지관리의 일관된 전략은 역사적 목재구조물과 그 문화적 중요성의 보존에 있어 핵심적이다.

조치(intervention-개입)

4. 보전과보존의 일차적 목적은 문화유산의 역사적 진정성과 완전성을 유지하는 것이다. 그러므로 개별조치는 적절한 연구와 평가에 근거하여야 한다. 문제점이 있을 경우, 역사구조물 혹은 유적의 미학적, 역사적, 가치와 물리적 완전성을 충분히 감안하여 관련 상태나 필

요에 맞게 해결되어야 한다.

5. 모든 예정된 조치는 다음의 사항을 따르도록 권고한다.

a) 전통적 방법을 따라야 하고,

b) 기술적으로 가능하다면 복원 가능해야 하며,

c) 나중에 필요하게 될지도 모르는 미래의 보존 작업에서 편견을 가지게 하거나 그것을 방해하지 않아야 하며,

d) 구조물에 포함된 증거물에 대한 향우의 접근성을 해지지 않아야 한다.

6. 역사적 목재 구조물의 구조에 대한 개입은 최소화하는 것이 이상적이다. 어떤 상황에서는, 최소한의 조치가 해당 목재구조물을 보전, 보존하기 위해 수리를 함에 있어 구조물 전체 촉은 부분을 해체하고 이후 재조립해야 함을 의미하기도 한다.

7. 개임을 할 경우, 역사적 구조물은 전체적으로 고려되어야 한다. 즉 구조재·칸막이 벽·외부 비 막이·지붕·바닥·문·창문 등의 모든 자재에 대해 동등한 관심을 기울여야 한다. 원칙적으로, 기존 자재는 최대한 많이 유지되어야 한다. 또한 보호에는 회반죽, 페인트, 코팅, 벽지 등과 같은 표면 마감도 포함되어야 한다. 표면 마감을 새로 하거나 교환해야 하는 경우, 원래의 재료, 기법, 질감을 가능한 그대로 재현해야 한다.

8. 복원의 목적은 베니스헌장 제9조~제13조에서 지시하고 있는 갓과 같이, 역사 구조물과 그 내력 성능을 보존하고, 현존하는 역사적 자재가 증거하는 범위 내에서 그 구조물의 역사적 완전성과 초기의 상태, 설계에 대한 가독성을 개선하여 역사적 구조물의 문화적 가치를 드러내는 것이다. 역사적 구조물에서 제거된 부재와 기타 부품은 목록

화 되어야 하며, 대표적인 표본은 문서화 작업의 일부로 영구적으로 보관되어야 한다.

보수와 교체

9. 역사 구조물을 보수하는데 있어 대체목재의 사용은, 유관한 역사적 가치와 미적 가치가 충분히 고려되고, 부식 도는 손상된 부재나 부품의 교체 필요 또는 복원의 요건에 적절하다고 여겨질 경우에 사용될 수 있다. 새로운 부재 혹은 부재의 일부는 교체될 부재와 동급 혹은 적절하다면 더 우수한 등급의 동일한 수종으로 제작되어야 한다. 또한 가능하다면 기존 자재와유사한 자연적 특성을 가지고 있어야 한다. 대체 목재의 함수율 및 물리적 특성은 기존의 구조물과 화합할 수 있어야 한다. 연삭기나 기계류의 사용을 포함한 세공과 건축기술은 가능한 한 원래 사용된 것에 상응해야 한다. 필요하다면 못이나 기타 부수적인 자재는 원형을 그대고 재현해서 사용해야 한다. 부재의 일부만이 교체될 때에는, 구조적 요건에 적합하다면, 기존의 부분과 새로운 부분을 전통적 목재 맞춤을 이용해 이어서 사용해야 한다.

10. 새로운 부재 혹은 부재의 일부는 기존의 것과 구분될 수 있어야 한다는 사실을 받아들여야 한다. 교체될 부재나 부재의 일부에 발생한 자연스러운 부식 혹은 변형을 모방하는 것은 바람직하지 않다. 단, 목재나 부재의 표면을 상하게 하거나 손상하지 않는 범위 내에서 기존의 부재와 새 부재 사이의 색상을 맞추는 데에는 적절한 전통적 기법 혹은 충분한 검증을 거친 현대적 기법이 사용될 수 있다.

11. 새로 쓰는 부재 혹은 부재의 일부는 나중에 식별이 가능하도록, 새김이나 그을린 표식 혹은 기타 방법을 이용해 구분되게 표시해야 한다.

역사 삼림 보존지

12. 역사적 목재구조물의 보존과 보수에 알맞은 목재를 확보할 수 있는 숲이나 삼림 보존지의 설정과 보호가 장려되어야 한다. 역사구조물과 유적의의 보존에 책임이 있는 기관은 그 작업에 적합한 목재 저장소를 설립하거나 설립을 장려해야 한다.

13. 에폭시 수지와 같은 현대식 재료 및 철근을 사용한 구조적 보강 등의 현대식 기술은 최대한 신중하게 선택되고 사용되어야 하며, 해당 자재와 시공 기술의 내구성과 구조적 거동이 충분히 오랜 시간에 걸쳐 만족스러운 수준으로 증명된 경우에 한하여 사용되어야 한다. 난방, 화재 감지 및 예방 시스템 같은 설비는 구조물 혹은 유적의 역사적, 미적 중요성을 충분히 인지하여 설치해야 한다.

14. 화학 방부제의 사용은 주의 깊게 통제되고 모니터링 되어야 하며, 확실한 이점이 있고, 공공의 안전이나 환경에 영향이 없으며, 장기간에 걸친 성공 가능성이 특별히 요구되는 곳에 한해 사용해야 한다.

교육과 훈련

15. 역사적 목재구조물의 문화적 중요성과 관련한 가치를 교육 프로그램을 통해 재생시키는 것은 지속 가능한 보존과 개발 정책에 있어 필수적인 선결 조건이다. 이에 역사적 목재구조물의 보호와 보존, 보전을 위한 교육 프로그램의 설립과 심층 개발을 장려하는 바이다. 이러한 교육은 지속 가능한 생산과 소비를 가능케 하는 범위 안에서 통합되어있는 종합적인 전략에 기반해야 하며, 지방적, 국가적, 지역적, 국제적 수준의 프로그램이 포함되어 있어야 한다. 이 프로그램은 이러한 작업과 관계하는 모든 관련 전문가와 업종, 특히 건축가, 보존전문가, 기술자, 장인 그리고 유적 관리자에게 제공되어야 한다.

8. 20세기 유산보존을 위한 접근방법:
(마드리드 문서, 2011)

Approaches for the Conservation of 20Century Architectural Heritage, Madrid Document 2011

서문

이코모스의 20세기 유산을 위한 국제 학술위원회(ISC 20C)는 2011년부터 2012년까지 20세기 유산의 보존을 위한 가이드라인 작성에 착수하였다. 이런 논의의 기여하기 위하여 20세기 건축유산에 대한 개입적 접근수법을 의제로 한 국제회의에서 "마드리드 문서(CAH20thC)"를 2011년 6월 16일 마드리드에서 채택하였다.

문서의 목적

20세기의 유산을 보존해야 하는 우리의 책임은 이전시대의 유산을 보존하는 책임과 비교하여 비등(比等)한 것이다. 20세기의 건축유산은 지금 인지도의 결핍과 보존미비 등으로 이미 위기에 노출되어있다. 현재 일부 유산은 이미 손실되었고 또한 더 많은 손실이 우려되고 있다. 유산은 살아있는 것으로 정확하게 그들을 이해, 정의, 해석하고, 잘 보존 관리하여 미래 세대에 계승하는 것이 본질적으로 중요한 일이다. "마드리드 문서 2011"은 20세기의 중요한 건축유산을 적절하게 존중하면서 대처하는데 기여할 수 있는 방안을 찾고자 한다. 이미 존재하는 유산보존 전반에 관한 문서를 인식하면서 "마드리드 문서 2011"은 건축유산의 보존에 관련된 많은 특유한 사항을 식별한다. 이러한 식별은 모든 형태의 건축유산에 적용되지만, 개념과 아이디어는 20세기의 유산 전반에 적용될 수 있을 것이다. "마드리드 문서 2011"에서는 유산의 보존 프로세스에 관여하는 모든 관계자를 대상으로 한다. 기술적 주석이 필요에 따라 삽입되었고, 문서의 마지막에 "용어집"으로 첨부되었다.

사전 지식, 이해 및 의의

제1조: 문화적인 의미의 식별 및 평가

1.1 : 일반적으로 용인되는 평가 기준의 채용

20세기 건축유산의 의의와 중요성에 대한 식별과 평가는 일방적으로 용인되는 유산 평가기준을 사용하는 것이 필요하다. 20세기의 건축유산(모든 구성요소를 포함하여)은 이 세기의 시간, 장소 그리고 사용에 대한 실체적인 기록이다. 따라서 문화적인 의의와 중요성은 각 유산의 실제 위치, 디자인(예를 들어, 색채 디자인 등), 건설 시스템 및 기술 장비, 구조(fabric), 조형미, 사용형태 등으로 감지되는 구체적인 유형의 특징과 더불어 역사, 사회, 과학 또는 정신적으로 관련되었거나 창조적인 천재성을 포함한 무형의 가치에 의존하고 있을 것이다.

1.2 : 인테리어, 창호, 가구와 예술 작품 등의 의의와 중요성을 확인하고 평가한다.

20세기 건축유산을 이해하기 위해서는 유산과 연관된 인테리어, 창호, 및 관련 가구와 예술품 등을 포함한 모든 구성요소를 식별하고 평가하는 것이 중요하다.

1.3 : 세팅과 관련경관의 식별과 평가

유적지의 의의와 맥락의 중요성을 이해하려면 관련 유적지의 경관과 배경 주변 환경을 식별하고 평가하여야 한다. 도시주거지는 유산의 시대별 도시계획과 개념을 식별(identify-조사확인)하고 그 의의와 중요성을 인식한다.

1.4: 20세기 건축유산 목록작성을 적극적으로 추진한다

체계적인 조사와 목록의 작성 학제적으로 통합된 팀에 의해 철저한 리서치와 연구와 더불어 유산관리 관할당국에 의해 확립된 적절한 보존관리 계획으로 20세기 건축유산을 적극적으로 파악하고 평가해야 한다.

1.5:문화적인 의의를 확립하기 위한 비교 분석법 적용.

20세기 건축유산의 의의와 중요성을 평가함에 있어서 해당유산을 분석하여 상대적인 의의와 중요성의 이해를 가능하게 하기 위해서는 비교할 유산의 사례를 선택하여 이를 식별·평가하는 것이 필요하다.

제2조: 적절한 방법론에 근거한 저장 계획 신청

2.1:개입하기 전에 유산의 의의를 이해하여 완전성을 유지한다

유산에 대한 어떠한 변경이나 개입에 있어 역사적 구조(짜임새)에 관한 충분한 연구, 문서화 및 분석 결과에 따라 작업을 추진해야 한다. 20세기 건축유산의 완전성이 적절하지 못한 개입 행위로 인해 영향을 받아서는 안 된다. 따라서 유산의 의의와 중요성 구축에 기여하는 유산의 특징과 프로세스를 올바르게 표현하고 모든 구성요소를 포함한 유적지에 대한 신중한 평가 작업이 필요하다. 20세기 건축유산의 문화적인 의의와 중요성이 어떻게 표현되는지, 또는 다양한 속성, 가치, 및 구성 요소가 어떻게 그 의의와 중요성에 기여하고 있는지를 이해하는 것은 유산의 보존과 유지에 적절한 의사를 결정하고 유산의

진정성과 완전성을 보존하기 위해 필수적인 것이다. 건물은 시간과 함께 변화하며, 때로는 후일의 변경이 문화적인 의의와 중요성을 창출할 수도 있으며 동일한 유산 내에서도 별도의 보존 방법이나 기술이 필요할 수도 있다. 필요한 경우 항상 원 설계자나 건설업체의 의견을 구하는 것이 중요하다.

2.2: 보존공사나 작업에 앞서 문화적인 의의를 평가하고 그것을 존중하고 유지하는 방법을 제시하는 방법론의 적용

20세기 건축유산의 문화적 의의와 중요성을 평가하기 위해 적용되는 방법론은 일반적으로 문화적으로 적절한 보존 계획적 접근을 따라야 할 것이다. 확인된 문화적 의의와 중요성을 보존 관리하고 해석하기 위한 방법을 전개할 때 포함될 것은 포괄적인 역사의 연구 및 의의와 중요성의 분석 작업을 바탕으로 작업을 진행하는 것이다. 중요한 것은 보존공사나 작업 개시에 앞서 우선 위의 분석을 완료하여 개발 및 변경의 지표가 될 수 있는 특정의 보존방법과 수단의 제시를 보장하는 것이다. 따라서 보존계획을 준비해야 한다. 먼저 지역 문화유산 헌장 과 유적지 고유의 보전선언을 수립해도 좋을 것이다.

2.3: 변경 정도의 허용 범위 설정 및 설치

모든 보존활동에 건축적 개입행위를 하기에 앞서 변경의 허용범위를 규정하기 위하여 명확한 전략과 지침이 확립되어야 한다. 보존계획은 유산의 중요한 부분과 개입이 가능한 영역을 특정하고 유적지의 최적의 활용 및 보존대책을 규정하는 것이어야 한다. 또한 20세기적 건축의 기본원칙과 건축기술도 고려되어야 한다.

2.4: 학제(interdisciplinary)적 전문성의 활용

보존계획에는 유산의 문화적 의의와 중요성 관련된 모든 특징 및

가치를 고려한 학제적 통합접근이 필요하다. 20세기 건축유산에 광범위하게 사용된 비전통적 재료와 건축방식을 자문하기 위해 현대보존기술과 재료전문가와의 교환과 조사가 필요하다.

2.5: 유지관리계획 작성

해당 건축유산에 대한 정기적으로 예방적 보수 관리계획을 세우는 것이 중요하다. 긴급한 보강(안정화)작업이 필요할 수도 있다. 지속적이고 정기적으로 이루어지는 적절한 유지보수 및 지속적 점검 작업은 최선의 건축유산 보존 활동이며, 동시에 장기적 수선비용 절감 효과도 있다. 따라서 유지 관리계획은 이 프로세스에 도움이 된다.

2.6: 보존 활동을 위한 각 책임자의 명확화

20세기 건축유산의 보존에 있어서 보존활동의 책임을 지는 당사자를 확인하고 분명히 하는 것이 중요하다. 당사자들은 다음에 국한된 것은 아니지만 유산 소유자 유산 관할기관, 지역 공동체, 지역 당국과 거주 점유자 등도 포함한다.

2.7: 기록과 문서의 보관(Archive)

20세기 건축유산에 변경을 가하면 이 변경에 관한 기록을 생산하여 공적으로 보관(아카이브)함이 중요하다. 기록방법으로는 상황에 따라 사진, 실측도면, 구전의 역사, 레이저 스캔 화상, 3D 모델링과 샘플링(추출견본)을 포함할 수 있다. 기록보관을 통한 연구는 보존계획 진행의 중요한 위치를 차지한다.

모든 개입에 유적지의 특성과 이에 적용한 대책을 적절히 문서화해야 한다. 문서화는 개입 이전, 개입과정의 상태 및 개입 후의 상태를 기록해야 한다. 문서화한 기록은 최신의 복제 가능한 기록매체로 데이터를 기록하여 안전한 장소에 보관하여야 한다. 보관된 기록 데이터는 유산의 설명과 해석을 도와 사용자와 방문자의 이해와 즐거움을 돋우어 준다. 건축유산의 조사과정에서 얻은 정보는 물론 다른 재고조사 및 기록화 문건은 관심 있는 자로 하여금 접근할 수 있게 해야 한다.

제3조: 20세기 건축유산의 기술적 측면의 조사연구

3.1: 20세기 특유의 건설자재와 건설기술에 적합한 특정의 수리 방법에 관한 조사연구

20세기 건설자재와 건축기술은 과거의 전통적 재료와 방법과 다를 수 있다. 그러므로 이 특유의 공법에 적절한 수리 방법을 조사 연구 개발할 필요가 있다. 20세기 건축유산 특히 세기 중반 이후 건설된 것은 보존상의 문제를 제기할 지도 모른다. 원인은 새로운 시험자재와 건설공법에 기인하거나 유산의 수리에 특정의 전문적 경험이 부족하여 생길 수 있다. 오리지널이나 특정 건재 또는 부분(details)을 제거한다면 기록하고 대표적인 샘플을 보관하여야 한다. 여하한 개입이라도 그 이전에 재료를 신중하게 분석하고 가시적 또는 비가시적 파손부분을 식별하여 이를 이해하여야 한다. 재료의 상태와 열화(劣化)에 대한 조사는 자격을 가진 전문가가 비파괴적이고 비침습적인 방법을 사용하여 검증하여야 한다. 파괴적 분석은 절대적으로 최소한으로 제한한다. 20세기 건축 재료의 경년열화(經年劣化-aging) 조사는 신중하게 행할 필요가 있다.

3.2: 건축기준법규의 적용은 적절한 유산보존 해결책을 보장하기 위해 유연하고 혁신적인 접근이 필요하다

건축기준 법규를 적용함에 있어(예를 들면 접근에 관한 제약, 건강 및 안전 관계기준, 소방, 내진설비기준 및 에너지 효율개선대책 등)의 법규는 문화적 의의를 보존하기 위해 유연하게 적용할 필요가 있다. 관계당국과 철저한 분석과 교섭을 함에 있어 유산에 악영향을 주지 않고 또는 최소화하기 위한 목표가 정해져야 한다. 사례마다 개별적으로 유무리(merits)를 판단해야 한다.

문화적 이의를 보존하기 위한 변경의 관리

제4조: 상존하는 일정의 변경에 대한 압력의 인정과 관리

4.1 : 인간의 개입 또는 환경적 변화에 의한 결과이던지 변경의 관리는 유산의 문화적 의의와 진정성 및 완전성을 유지하기 위한 본질적 보존 프로세스의 한 부분이다.

진정성과 완전성의 보존은 특히 도시권 유산에 중요하다. 도시권에는 일상적인 사용에 의한 변화가 누적되어 문화적 의의에 영향을 끼칠 수 있다.

제5조: 민감하게 변화를 관리한다.

5.1: 변화에 신중한 접근을 채용

필요한 변경의 실시는 필요한 만큼 최소한으로 한다. 어떠한 개입도 신중하지 않으면 안 된다. 변경의 규모는 필요한 최저치로 해야 한다. 수리방법은 실적이 있는 것으로 하고 역사적 재료와 문화적 의의에 대하여 손상을 주지 않도록 해야 한다. 따라서 수리작업은 가능한 가장 최저의 침습적 방법을 사용해야 한다. 유산의 성능과 기능을 향상시키기 위한 개입은 유산의 문화적 의의에 부정하게 영향을 주지 않는다는 조건하에 개별적 개입이 가능하다. 사용변경을 고려한다면 문화적 의의를 보존할 수 있는 적절한 재이용 방안을 주의 깊게 강구해야 한다.

5.2 : 제안된 변경의 유산에 끼치는 영향을 작업 개시 전에 심사 평가하여 악영향 경감을 지향한다.

유산에 대한 어떤 개입도 사전에 문화적 의의를 조사 평가할 필요가 있으며, 모든 구성요소가 정의되고 이들의 관계와 세팅(주변 환경)에 관하여 이해해야 한다. 제안된 유산의 문화적 의의에 끼치는 변화에 대하여 철저한 심사 평가를 해야 한다. 모든 속성과 가치가 변화에 의하여 생기는 민감성을 분석하고 그 의의가 해명되어야 한다. 악영향을 피하거나 최소화 하여 문화적 의의가 보존되도록 해야 한다.

제6조: 증축과 개입작업에 존중되어야 할 접근방법을 확보한다.

6.1: 증축은 유산의 문화적 의의를 존중하여 행할 필요가 있다.

어떤 경우, 유산의 지속성을 확보하기 위하여 개입 행위(즉 일부확장 또는 증축 등)가 필요할 수도 있다. 신중한 검토를 한 후에, 새로운 증축 부분에 관해서는 유산 자체의 스케일, 입지와 배치, 구성, 비례, 구조, 건축재료, 성질(texture), 색채 등을 존중하여 설계하여야 한다. 이들 증축부분은 잘 검사하면 신축한 부분을 명료하게 판별되어야 하고 동시에 기존부분과 경합하지 않고 보완하는 조화관계성을 유지해야 한다.

6.2: 새로운 개입은 유산의 기존의 특징, 스케일, 현태, 입지와 배치, 건재, 색채, 녹청 및 상세(detailing) 등을 고려한 설계를 필요로 한다.

주변 건물을 주의 깊게 분석하고 디자인을 호의적으로 해석한다면 적절한 설계상의 해결책을 도출하는 데 도움이 될 것이다. 그렇지만 주변맥락을 해석한다 하여 모방을 의미하는 것은 아니다.

제7조: 유산의 진정성과 완전성의 존중

7.1: 개입행위는 문화적 의의를 높이고 지속시킬 수 있어야 한다.

중요한 건물의 요소는 보수하거나 복원하고 중건하지 말아야 한다. 중요한 요소는 교체하는 것보다 보강하고 통합 보존 조치를 취함이 좋다. 가능한 경우, 교체할 재료는 각각 합치, 조화되는 교환 부재를 선정 사용하고 이를 판별할 수 있게 표시하거나 날짜를 넣어두어야 한다. 완전히 없어진 유산 유적지 또는 중요한 건물요소를 중건함은 보존활동의 범주를 넘는 것으로 권장하지 않는다. 그렇지만 한정적 중건은, 만약 문건으로 고증된다면, 유산의 완전성이나 이해를 심화시키는데 공헌할 수 있을 것이다.

7.2: 중요한 변화의 층들(layers)과 경년에 따른 고색(patina)의 가치를 존중한다.

역사적 증언으로서의 유산의 문화적 의의는 주로 원래의 특징이나 중요한 속성이 있는 건물과 재료적 특징과 무형의 가치가 유산의 진정성을 정의하는 근거가 된다. 하지만 원래 유산 또는 후일의 개입의 문화적 의의가 단지 유산의 연령에만 의존해서 유래한 것은 아니다. 후일의 변경도 자체로 문화적 의의를 획득했다면, 이를 인식하고 존중하면서 보존을 위한 결정을 해야 한다. 유산의 연령은, 시간을 경과하면서 행해진 모든 개입과 변경 및 그의 고색적 품격을 판별할 수 있게 해야 한다. 이런 사고(思考)는 20세기에 사용된 대다수의 건축 재료에도 중요한 원칙이 된다. 콘텐트와 부대설비 비품과 가구 등 문화적 의의에 기여하는 요소는 상시 가능한 한 유산 내에 보존되어야 한다.

환경의 지속가능성

제8조: 환경의 지속가능성에 대한 배려

8.1: 환경의 지속가능성과 문화적 의의 사이의 적절한 균형을 달성하기 위한 배려가 필요하다.

건축유산에 대한 에너지 효율성과 관련된 압력은 시간이 흐름에 따라 증가될 것이다. 이 때문에 문화적 의의에 대한 악영향을 미치는 일은 없어야 한다. 유산의 보존은 환경의 지속가능성에 대한 최신의 접근방법을 고려하여 행하여질 필요가 있다. 유적지에의 개입은 지속 가능한 방법을 사용하고 이의 발전과 관리를 지원해야 한다. 실천적이고 균형 잡힌 해결책의 실현은 유산의 지속가능성을 보증하기 위해 이해관계자 전체와 협의할 필요가 있다. 유산의 개입, 관리와 해석, 보다 광범위한 세팅과 문화적 의의 등과 같은 모든 가능한 옵션은 미래 세대를 유의하면서 보전하여 둘 필요가 있다.

해석과 소통

제9조 : 광범위한 공동체와 20세기 건축유산을 진흥시키고 찬양하라.

9.1: 전시와 해석은 보존의 프로세스의 불가결한 부분이다

20세기 건축유산에 관하여 연구와 보존계획을 출판하고 유통 배포하면서 전문가 집단과 광범위한 공동체와 가능한 한 이벤트와 프로젝트를 계획하여 전개한다.

9.2: 광범위하게 문화적 의의를 소통시킨다

중요 관중과 관계자와 20세기 건축유산의 보존에 대한 평가와 이해를 지원하는 대화를 추진한다.

9.3: 20세기 건축유산의 보존을 위한 전문적 교육 프로그램을 장려하고 지원한다. 교육적 전문적 양성 프로그램에 20세기 건축유산의 보존 기본원칙을 포함시킴이 필요하다.

■용어집

속성(Attributes) 특징 또는 속성

실제의소재지, 디자인(색채설계 등을 포함)과 건설 시스템 및 기술기기, 구조(짜임새), 심미정도 및 사용 형태 등을 포함한다.

진정성(Authenticity)

유산의 문화적 의의를 질적으로 표현하는 것으로서, 사용된 건축 재료의 유형적 특징과 속성을 비롯하여 존재하는 무형의 가치가 어떻게 진실하고 신뢰성 있게 표현되는지 유산의 품질을 말한다. 따라서 진정성은 어떤 유형의 문화유산인지, 그 문화적 맥락에 속해있는지에 따라 다르다.

구성요소(Components)

유산에 관련된 인테리어, 건구, 관련 가구 및 예술품을 비롯하여 세팅과 경관

보존(Conservation)

유산의 문화적 의의를 보존유지(retain)를 목적으로 행하는 모든 과정

문화적 의의(Cultural significance)

문화적 의의란 과거, 현재 그리고 미래의 세대를 위한 미적, 역사적, 과학적, 사회적 그리고 혹은 정신적 가치를 의미한다. 문화적 의의는 유적 자체 또는 그의 세팅, 구조(짜임새), 사용형태, 관련된 것, 의미,

기록, 관련 장소 및 관련 물체에 구체적으로 표현된다. 유적은 개인이나 그룹에게 폭넓은 의의를 가지고 있게 한다.

무형의 가치(Intangible values)

실태가 없는 역사적 사회적 과학적 또는 정신적으로 관련 있거나 창조적 천재에 의한 가치들이 포함된다.

완전성(Integrity)

완전성은 건설된 유산이나 그 특징이나 가치의 전체성과 일체성을 측정하는 기준이다. 완전성의 상태를 검증하는 데는 다음과 같은 범위의 대상이 되는 사항을 평가할 필요가 있다.

a) 가치를 표현하는데 필요한 모든 구성요소가 포함되어 있을 것.
b) 해당 유산의 의의와 중요성을 전달하는 특징과 프로세스에 대하여 완전한 대표성을 보장할 수 있을 것.
c) 개발 또는 방치로 인한 악영향으로 실제로 피해를 보고 있는 유산.

개입(Intervention)

변경 또는 개증축(改增築 adaptation)을 포함한 어떤 행위에 의한 개조를 포함한다.(한국어에서 "개입"은 개념적인 것에 관계되는 말이나 그렇다고 "간섭"이란 어휘는 건축에 어의가 맞지 않음으로 개입으로 표현해 둔다.)

유지관리(Maintenance)

보수라고도 표현할 수 있는 것인데, 유산의 구조(짜임새)와 세팅에 대한 계속적인 보호조치로서 수리와는 구별된다.

가역성(Reversibility)

유산의 기본적인 역사적 짜임새와 경관에 대하여 변경이나 개조를 하지 않고서 개입한 부분을 본질적으로 원래의 모양으로 되돌릴 수 있는지를 의미한다. 대부분의 경우 가역성은 절대적이지 못하다.

Michael Petzet

International Principles of Preservation

MONUMENTS AND SITES
MONUMENTS ET SITES
MONUMENTOS Y SITIOS

XX

CONTENTS

Preface

Annex

-Charter on the Protection and Management of Underwater Cultural Heritage (1996)
-Charter on the Built Vernacular Heritage(1999)
-Principles for the Preservation and Conservation / Restoration of Wall Paintings(2003)
-Principles for the Analysis, Conservation and Structural Restoration of Architectural Heritage(2003)
-Xi'an Declaration on the Conservation of the Setting of Heritage Structures, Sites and Areas (2005)
-Observations on the Information Document by the World Heritage Centre on the Development of a Revised UNESCO Recommendation on the Conservation of Historic Urban Landscapes (2008)
-The ICOMOS Charter on Cultural Routes (2008)

원문의 Annex는 국제적 보존원칙과 관련된 유네스코 및 이코모스의 권고, 헌장, 선언문 등으로 국내에도 대부분 소개되었다. 이 책 앞부분에서도 원문만 번역하여 수록하였기에 여기도 목차만 소개한다.

PREFACE

In the debate about the basic tenets of conservation / preservation we sometimes overlook – on account of such historically encumbered and variously interpreted general terms as "restoration" or "reconstruction" and such catch phrases as "conserve, do not restore" – the fact that generally accepted international principles do indeed exist, regardless of whether or not the goals of preservation can be made to prevail within the framework of differing provisions for the protection of cultural property. In the form of the Venice Charter (Charter on the Conservation and Restoration of Historic Monuments and Sites) passed in May 1964 by the Second International Congress of Architects and Technicians of Historic Monuments, we even have an international paper on principles that is accepted worldwide, although from a current point of view it is a historic document that needs interpretation and can be supplemented with further points of emphasis.

Together with the Nara Document on Authenticity (1994) the Venice Charter, the foundation stone of ICOMOS, is of course the starting point of all reflections on principles of preservation, presented in this volume XX of the Monuments and Sites series, supplemented in the annex by a selection of international position papers. The attempt to describe some principles of conservation / preservation accepted in theory and practice presupposes a definition of monuments and sites "in the full richness of their authenticity" and is followed by a series of chapters on topics such as conservation, restoration, renovation, maintenance, repair, reconstruction and ends with a chapter on conservation politics in a globalised world.

Such reflections on principles of preservation started with my keynote speech at the Nara Conference on Authenticity in 1994 (*"In the full richness of their authenticity"–the Test of Authenticity and the New Cult of Monuments),* where I had the honour of chairing a section, and with a lecture on "Principles of Monument Conservation", which I gave on 2 August 1996 during the ICOMOS General Assembly in Colombo. In some respect, this volume XX of the Monuments and Sites series is also a considerably extended new edition of the *Principles of Monument Conservation / Principes de la Conservation des Monuments Historiques* (ICOMOS – Journals of the German National Committee, vol. XXX) and, at the same time, a revised version of the *Principles of Preservation – An Introduction to the International Charters for Conservation and Restoration 40 Years after the Venice Charter*, which can be found in the second edition (2004) of Monuments and Sites, vol. I, *International Charters for Conservation and Restoration*.

The current reason for this new attempt of an extended version of the Principles of Preservation are tendencies to ignore – in search of allegedly "new" topics –the traditions embodied in the principles. With inconsiderate general proposals, such as "conservation is managing change", and the call of October 2009 for a general discussion on "tolerance for change", a slogan which can provoke dangerous misunderstandings, now even the core ideology of our organisation is being counteracted. After all, conservation does not mean "managing change" but preserving, – preserving, not altering and destroying: ICOMOS, the only global international organisation for the conservation of monuments and sites is certainly not an International Council on Managing Change.

The summary of reflections presented here might provoke criticism of some points and ought to be supplemented by a series of examples illustrating the international practice of conservation. At any rate, I would like to express my gratitude to all ICOMOS colleagues who untiringly commit themselves to conservation / preservation. The discussions with many of these colleagues – among them Alfredo Conti, Jukka Jokilehto, Wilfried Lipp, Francisco J. Lopez Morales, Andrzej Tomaszewski and Guo Zhan – have given me the opportunity time and again to scrutinise my own principles based on European traditions and to exchange experiences on an international level.

Munich, 1 December 2009
Michael Petzet

I. CONSERVATION OR MANAGING CHANGE?

Conservation or managing change? Everywhere in the world the conservation of monuments and sites can look back on a long tradition, if only because the preservation of commemoration, of commemorative values, seems to be a human quality that goes back to the earliest times. Anything that commemorates something can be or become a monument – *omnia monumenta sunt quae faciunt alicuius rei recordationem,* as is written in a Cicero commentary of the late antiquity. Given the appeal to join and participate in a truly global, multi-cultural and multi-disciplinary exercise on the "initiative for tolerance and change" recently presented in Malta, before any further reflections on the international principles of conservation reference must be made first of all to the great tradition of preserving monuments and sites; a tradition to which ICOMOS feels obliged since its foundation in 1965: *ICOMOS shall be the international organisation concerned with furthering the conservation, protection, rehabilitation and enhancement of monuments, groups of buildings and sites on the international level,* is the fundamental statement to be found in article 4 of the ICOMOS Statutes. This article defines quite clearly the tasks and goals of our international, non-governmental organisation. The equally binding name ICOMOS would consequently have to be interpreted as International Council on Conservation and Protection of Monuments and Sites. Therefore, also in view of an increasing tendency to avoid the term "monuments and sites" – part of the name ICOMOS – forgetting our traditional responsibilities, we need to refer again and again to the binding article 4, which uses, together with articles 3 and 5 of the ICOMOS Statutes, the same terms and values as article 1 of the World Heritage Convention. Of course, the definitions of monuments and sites in the ICOMOS Statutes and in article 1 of the Convention must be interpreted very broadly and can be seen in connection with the monument definition of the Venice Charter, the foundation document of ICOMOS.

The simple statement "conservation is managing change" was occasionally mentioned in Australian papers, in the land of the Burra Charter, where our colleagues avoid the term monument just like the devil shuns the holy water. Instead they use the term "place", which according to art. 1 of the Burra Charter can mean everything and anything: *Place means site, area, land, landscape, building or other work, group of other buildings and other works and may include components, contents, spaces and views.* The Burra Charter of 1979, revised time and again, is a somewhat complicated but nonetheless excellent national charter. However, it is not necessarily suitable for "evangelisation attempts" in other countries. Incidentally, the Charter includes the very sensible articles 15 and 27 on the topic of "change" *(undesirable where it reduces cultural significance!)* and "managing change", plus the explanatory notes: *When change is being considered, a range of options should be explored to seek the option which minimises the reduction of cultural significance: reversible changes should be considered temporary. Non-reversible change should only be used as a last resort and should not prevent future conservation action.* Also some ICOMOS Charters for special fields of conservation rightly point out the changes that are to be expected. For instance, the Florence Charter (1981) mentions *growth and decay of nature and the desire of the artist and craftsman to keep* [the garden's appearance] *permanently unchanged* (article 2), and in article 11 it says: *Since the principal material is vegetal, the preservation of the garden in an unchanged condition requires both prompt replacements when required and a long-term programme of periodic renewal...* The Charter on Built Vernacular Heritage (1999) refers to the *inevitability of change and development* and that *changes over time should be appreciated and understood as important aspects of vernacular architecture* (guidelines in practice). In the same way the Xi'an Declaration on the Conservation of the Setting of Heritage Structures, Sites and Areas (2005) deals with the task *to monitor and manage change affecting settings: The rate of change and the individual and cumulative impacts of change and transformation on the settings of heritage structures, sites and areas is an ongoing process which must be monitored and managed* (article 9) *and change to the setting of heritage structures, sites and areas should be managed to retain cultural significance and distinctive character* (article 10).

Incidentally, particularly in the United Kingdom, the United States and Australia a certain enthusiasm –possibly also animated by political slogans? – for change in general and management in particular seems to have developed. See for instance the publication *Conservation Principles, Policies and Guidance for the Sustainable Management of the Historic Environment,* edited by Lord Bruce Lockhart, chairman of English Heritage. There conservation is defined as *process of managing change to a significant place...* (Definitions); furthermore, it contains a special chapter "Managing Change to Significant Places" and of course a great amount of `useful information *that will guide English Heritage in offering advice or making decisions about particular types of change affecting significant places.* With our ICOMOS colleagues in the USA the term "managing change" emerged for instance in May 2007 in connection with the popular debates on the topic of "Historic Urban Landscape"(ICOMOS HUL Discussion – Phase 1), where thoughts were even given to the "capability to differentiate good change from bad".

After such relatively harmless beginnings **the new discussion paper Protecting heritage places under the new heritage paradigm & defining its tolerance for change,** presented to the Advisory Committee in Malta in October 2009, now we have a real challenge for *a truly global, multi-cultural and multi-disciplinary exercise,* – unfortunately with ideas that ignore fundamental experiences in theory and practice of conservation. In any case, this paper that somehow seems to be based on an "Australian" heritage philosophy is quite confusing and suitable for damaging the traditional objectives of monument conservation. First of all, a fundamental mistake is that in the discussion paper no distinction is made between the different categories (single monument, ensemble, site, setting, etc.) and the scope of conservation activities, and that instead a general tolerance for change in "heritage places" (according to Australian ideas meaning everything and anything) is preached. This could have devastating consequences from the conservation / restoration of monuments and works of art up to matters of preservation of urban ensembles, cultural landscapes, cultural routes, etc., – all of them areas where every possible or unavoidable change would have to be evaluated individually and from different perspectives.

Those who in this context are now complaining about the allegedly merely "Eurocentric doctrinal foundation" of theory and practice of conservation should at least have some idea of the history of monument conservation in the European countries and its value systems (e.g. Alois Riegl, The Modern Cult of Monuments: Its Character and its Origin, in: *Oppositions*, Institute for Architectural and Urban Studies, Harvard University, vol. 25, 1982). Also for the activities "on the international level" described in the above-mentioned article 4 of the ICOMOS Statutes a certain degree of knowledge of the traditions of conservation in all the world regions, for instance in Asia or in the Arab world, is necessary. And of course, "on the international level" means that we must not refer exclusively to the Venice Charter and the European traditions of conservation which were dominant when our organisation was established nearly half a century ago. Rather, we must respect the special traditions of all world regions. However, this applies also to the great European tradition of conservation, which should not be discriminated on the basis of "old Europe" attitudes.

In any case, it would be advisable to forget as quickly as possible the following statements of the Malta discussion paper on the "tangible or intangible vessels of value", as well as on monument values in general : *Given the constantly shifting nature of values, how can we then speak of Statements of values or even of a Statement of Outstanding Universal Value in the context of the World Heritage Convention? The truth is that values can be neither protected nor preserved. Values simply emerge from and exist in the ether of the communal public consciousness. Any attempt to institutionalize or freeze them permanently would be tantamount to social engineering or even ideological propaganda. This is not to say that values are unimportant...*

Behind such a "constant flux" of values there are not the state or communal conservation authorities, which have been excluded as far as possible from this allegedly "integral and holistic approach" of the discussion paper. Up to the "intriguing example" of the Sydney Opera House all hope for salvation is directed towards the so-called "heritage community" consisting of *people who value specific aspects of cultural heritage which they wish, within the framework of public action, to transmit to future generations* (definition according to Council of Europe Framework Convention on the Value of Cultural Heritage for Society, Faro 2005).

Values are here now dominated by those previously unrecognised stakeholder communities, minority groups, aborigines, unspecialised professionals etc., who somehow will take care that heritage is subsumed *into a process that is inherently dynamic by responding directly and constantly to the evolving needs of society at any given time.* Obviously, it is accepted that in this wonderfully dynamic process the classic values of conservation will perish in no time and that "managing change" will replace the efforts to save our cultural heritage. Our traditional principles of conservation are negated or described in a biased way, for example in the case of the Nara Document which was far more than a *confrontation in the mid-1990s between Eurocentric and non-Western perceptions.*

Those who as conservationists have been fighting at least for a certain continuity, as expressed in the conservation of monuments and sites, might even assume that the slogan "tolerance for change" is already a sign that neo-liberal tendencies which have caused the present economic disaster, are playing a certain role. Besides, among conservationists the enthusiasm for "management" in general could be rather limited, if the dogma of managing is carried around the world in the very sensitive area of heritage – management plans instead of conservation concepts, more and more MBAs (master's in business administration) instead of necessary specialists for monuments and sites?

No one will deny that in the 21st century there are enormous new challenges and disasters, combined with challenges well known already from the last century. Some challenges as signs of a "paradigm shift" are described in the introduction of the Malta discussion paper on tolerance for change, for instance the threat to the visual integrity of ensembles through high-rise buildings, cases published several times in the ICOMOS *Heritage at Risk* editions, all kinds of threats up to the dramatic consequences of global climate change. However, in view of the climate change should it be our concern to define a "tolerance for change" or rather to fight against climate change? Faced with the impending disaster for a historic city centre, should we give a priori signals of tolerance for change to the responsible authorities and stakeholders? And in view of the *dynamic nature of the city and its need to provide a vibrant setting for communal life should we replace obsolescence with functionality* in order to provide an open track for getting rid of unloved witnesses of the past? Some of the sad experiences of our Austrian colleagues regarding the Vienna Memorandum of 2005, which launched the notion of Historic Urban Landscape (HUL), speak for themselves.

So let us hope that the not yet completed UNESCO Recommendation on the Conservation of Historic Urban Landscapes on the basis of the UNESCO Recommendations Concerning the Safeguarding and Contemporary Role of Historic Areas of 1976 will lead to better results than the Vienna Memorandum. In February 2008, after the temporary end of the HUL debate, ICOMOS, at the request of the World Heritage Centre, made comprehensive observations in which the idea of continuity instead of change was also emphasised: *To maintain continuity needs a serious controlling of change (safeguarding policy, compare point 7 of the Nairobi Paper). With in-*

considerate proposals such as "observations is management of change"
the core ideology of the World Heritage Convention –namely to pro-
tect and preserve monuments and sites as unchanged as possible – is
being counteracted. For conservation does not mean "managing
change" but preserving, – preserving, not altering and destroying.

Incidentally, given the dramatic changes in our cities, villages and cultural landscapes, which cannot be compared with the gradual changes in past centuries, the common reasoning that there has always been change and that the quasi natural process of demolition and new building has time and again generated an attractive urban development, becomes obsolete given the uniformity of modern mass-production dictated almost exclusively by economic considerations. Therefore, instead of an a priori "tolerance for change" based on whatever standards, which would condemn our colleagues working in conservation practice merely to act as supernumeraries (only watching change?), we should stick to our fundamental principles and fight for cultural heritage in a dramatically changing world.

II. THE VENICE CHARTER
– HALF A CENTURY LATER

The Venice Charter, the International Charter for the Conservation and Restoration of Monuments and Sites (1964), phrased 45 years ago by the 2nd International Congress of Architects and Technicians of Historic Monuments, was also the foundation stone of ICOMOS since the resolution to found an International Council of Monuments and Sites was adopted in Venice at the same time as the Charter: the fundamental "resolution concerning the creation of an international non-governmental organization for monuments and sites", whose general constituent assembly was held a year later in Cracow. In his preface to the publication of the congress papers Piero Gazzola, first President of ICOMOS, later rightly underlined this close connection: *The results of the meeting are momentous. We need only recall the creation of the International Council of Monuments and Sites – ICOMOS – the institution which constitutes the court of highest appeal in the area of the restoration of monuments, and of the conservation of ancient historical centers, of the landscape and in general of places of artistic and historical importance. That organization must supervise the creation of specialized personnel, its recruitment and advancement. It must oversee the use of international exchanges and in addition concern itself with the creation of local international committees that are capable of counseling international organizations (UNESCO, the Council of Europe, etc.). ... With the creation of ICOMOS a gap lamented by every nation has been closed and a need which had been felt by every local organization concerned with conservation has been satisfied. But above all, it is to be recognized that the most important positive result by far of this assembly has been the formulation of the international code for restoration: not simply a cultural episode but a text of historical importance. In fact, it constitutes an obligation which no one will be able to ignore, the spirit of which all experts will have to keep if they do not want to be considered cultural outlaws. The concerns thus codified constitute for everyone today an un-assailable document the validity of which will be affirmed more and more as time passes, thereby uniting the name of Venice forever with this historic event. In fact, from now on, the Charter of Venice will be in all the world the official code in the field of the conservation of cultural properties...*

With his words about the Venice Charter, the foundation document of ICOMOS, Piero Gazzola, who demanded high standards of the work of ICOMOS, standards of which we should stay aware in the future, was right. This charter, to which in later years many other charters and principles adopted by the General Assemblies of ICOMOS have referred, is admittedly in some respects a historical document typical of the time of its creation and needs to be newly interpreted time and again. However, it is and remains an irreplaceable instrument for our work on the international level, and attempts to write a "new" Charter of Venice – one example being the Cracow Charter of 2000 – make little sense.

Thirty years after the Venice Charter ICOMOS published its Scientific Journal 4 *(The Venice Charter/La Charte de Venise 1964 – 1994)*. The Journal also contains the summary report of the International Symposium connected with the 9th General Assembly of ICOMOS in Lausanne, where a working group dealt with the actuality of the Venice Charter. This report underlines *the necessity to create a working group on the Charter of Venice doctrine, theory and commen-taries and comes to the conclusion: We can affirm that the Charter of Venice is a historical monument which should be protected and preserved. It needs neither restoration, renewal, nor reconstruction. As for the future, it has been suggested that a commentary or a parallel text should be drawn up to present interdisciplinary regional and na-tional perspectives, with the object of finding a better solution to the needs of the new generations and the coming century. The Charter should be considered in a philosophical and open perspective rather*

---

than in a narrow and technical one. The same publication also contains a review of the Venice Charter, written as early as 1977 by Cevat Erder: *Recent reactions... show that the Venice Charter does not completely meet the demands of contemporary society. Proponents and critics of the Charter may be grouped in general into three separate camps. One defends the Venice Charter as it stands. In this camp are also those who defend the Charter with the condition that regional charters form an adjunct to the present document. The second proposes changing those articles which fail to meet current demands and introducing supplementary articles to complete it. The third insists that a new charter be prepared to replace the Venice Charter altogether.*

If now, nearly half a century after the Venice Charter was written, such criticisms are hardly heard any longer, this may have to do with the fact that this paper, by now translated into many languages and known and appreciated worldwide, is considered a historic document, which must not be corrected in any way.

Thanks to its broad definition of the term "monument" the Charter can easily be integrated into the cosmos of international theory and practice of conservation/ preservation although nowadays definitions of cultural heritage go far beyond the ideas of nearly half a century ago. Furthermore, aims and possibilities combined with catchwords such as "authenticity" and "integrity", "repair", "rehabilitation", "reconstruction" or "reversibility" open up new perspectives for the preservation of monuments and sites as well as new fields of duties for the conservation of various monument categories on which the Venice Charter commented only cursorily or not at all.

Incidentally, the Venice Charter already emphasizes the necessary scientific and technical approach to our tasks: *The conservation and restoration of monuments must have recourse to all the sciences and techniques which can contribute to the study and safeguarding of the architectural heritage,* asserts article 2 of the Venice Charter. So, today the scientific aspect of preservation practice is a self-evident and generally accepted requirement. This is also true for the documentation that is necessary to prepare, accompany and conclude every individual project that is carried out according to the methods and principles described in the following chapters. The Venice Charter closes along these lines with article 16, which is in fact self-evident for the scientific based discipline of preservation but for various reasons is often badly neglected in practice: *In all works of preservation, restoration or excavation, there should always be precise documentation in the form of analytical and critical reports, illustrated with drawings and photographs. Every stage of the work of clearing, consolidation, rearrangement and integration, as well as technical and formal features identified during the course of the work, should be included. This record should be placed in the archives of a public institution and made available to research workers. It is recommended that the report should be published.* Some of these reflections were already pre-formulated in the forerunner of the Venice Charter, the Charter of Athens (cf. "values of international documentation", VII. Principles for the Recording).

Today, apart from the Venice Charter and further international principles of conservation / preservation developed on its basis of national and regional principles are also welcome, for example the Burra Charter (1979, revised 1999) or the Principles for the Conservation of Heritage Sites in China (2002). It seems that for world-wide efforts to preserve monuments and sites "in the full richness of their authenticity", as it says in the Venice Charter, a pluralistic approach taking regional traditions of conservation / preservation into consideration has become a matter of course. And considering the omnipresent threats to our cultural heritage, in all necessary struggles for the right solution in every individual case there should not be any "dogmatic wars" about principles. Instead it is important to save what can be saved within the range of our possibilities. Of course, the preconditions vary a lot and depend on the existing–or non-existing – monument protection laws and on an effective management as well as on the commitment of all parties concerned and on the quality of the conservation professionals.

Under these circumstances, within the framework of a necessarily pluralistic approach to conservation the Venice Charter, the foundation document of ICOMOS will also in the future remain one of the most relevant papers on the theory and practice of our work. But exactly because of that we must not ignore that from today's point of view the **Venice Charter as a historic document** depends on a certain period: Up to a certain degree the Venice Charter bears testimony of its time and therefore not only requires supplements to special points – supplements which in many areas have already been made – but also needs interpretation from time to time. The history of its origin leads back to the First International Congress of Architects and Specialists of Historic Buildings in Paris 1957 and to the result of a meeting of conservationists of historic buildings, organized by the International Museum Office at the Athens conference, the Athens Charter. In a way some of the thoughts found in the Venice Charter were developed parallel to the reflections formulated in the 1920s and 1930s by the Modern Movement, for instance the famous Athens Charter of 1933 by CIAM (= Congrè Internationaux d'Architecture Moderne, founded in 1928). With considerable contributions from Le Corbusier CIAM at that time laid down the rules of modern urban planning.

Also in the case of the Venice Charter theory and practice of conservation, as they have developed since the 19th century, must be seen in **close correlation to the respective "modern"architecture.** Conservation practice of the 19th century, in Europe a "child of Romanticism", born against the background of a first brutal wave of destruction during the French Revolution and the Secularization, must be seen in its fluid transition between "restoration" and "new creation", drawing from the freely available arsenal of historic styles in close connection with the architecture of Historicism. Thus in the 19th century, despite warning voices such as John Ruskin and William Morris, the preservation architects who prevailed were those who backed completely a fiction of "original" form and design which negated later alterations in accordance with the ideas of "stylistic purity" and "unity of style". They sacrificed to this fiction not only all traces of age but also the historic layers that had evolved over centuries, quite in keeping with Viollet-le-Duc's famous definition of restoration: *Restaurer un édifice, ce n'est pas l'entretenir, le réparer ou le refaire, c'est le rétablir dans un état complet qui peut n'avoir jamais existé à un moment donné (Dictionnaire raisonné,* vol. VIII, 1868, p. 14). In its strict rejection of this "restoration" practice of the 19th century the "classic" conservation practice of the 20th century, developed at the turn of the century, concentrated exclusively on the mere conservation of monuments of artistic and historic value. At the same time the Modern Movement jettisoned all "historic ballast", thus declaring the new form, "purified" of even the simplest ornament, an expression of the respective new function ("form follows function") in contrast to the conserved old form as "document of history". Under these circumstances "pure" architecture and "pure" conservation can actually only exist as contrasts, if only for reasons of "honesty" and "material justice" – catchwords from the Modern Movement, which occasionally are even used today as arguments in conservation practice, although they are hardly suitable for the handling of historic architecture.

Against this background typical attitudes of the "Zeitgeist" when the Venice Charter was written are noticeable in some of its articles, reflecting a period that was not only highly critical of the questionable restoration practice of Historicism but also of its architecture in general. Even the conservation authorities either purified many of these architectural witnesses or had them demolished altogether – buildings which in the meantime would have achieved monument status themselves. In the sense of the famous slogan "conserve, do not restore" by Georg Dehio *(Denkmalschutz und Denkmalpflege im 19. Jahrhundert,* Strasbourg 1905), who was one of the founders of "classic" monument conservation around 1900, we can understand the Venice Charter's cautiousness about "restorations", which should only be the exception, and its negation of the question of "renovation" by leaving it out completely as well as its rather "prudish" attitude to-wards replacements (article 12) or, what is more, reconstructions (article 15 referring to archaeology, not to monuments and sites in general). On this account from a modernistic point of view it was se-ducing to manipulate certain articles of the Venice Charter in accord-ance with one's own architectural doctrines, for instance article 15 as alleged prohibition of any kind of reconstruction, or article 5 as an al-leged command to use and find a function for every monument, even if this new function is paid for with considerable loss.

Insofar we must consider the Venice Charter as a historic document in correspondence with the "classic" monument conservation evolved around the turn of the century in Europe in opposition to the restora-tion practice of Historicism. And of course a certain correlation to the Modern Movement is noticeable, which by the 1960s had developed into the "International Style" and overcome all political borders and social systems. Therefore, the thought suggests itself that the crisis of modern architecture in the 1970s, marked by the appearance of so-called Post-modernism, must also have had an impact on the prac-tice of dealing with historic architecture. The various trends in the ar-chitecture of the last decades have indeed opened up new perspectives, including the possibility of reacting to a historic surrounding in a dif-ferentiated way, not simply by contrast of form and material, but oc-casionally by even using historic architecture as a source of inspiration. In this context new opportunities for the preservation of historic architecture have also developed. The intercourse with historic architecture is even understood as a kind of "school for building" in the sense of repair and sustainability – chances which conservationists acting world-wide must use in a pluralistic approach, adapted from case to case to the various categories of monuments and sites and also taking regional traditions into account.

Within such a **pluralistic approach** all monument values need to be taken into consideration, in the way they were already defined 100 years ago by the still useful system of commemorative and present-day values in Alois Riegl's *Modern Cult of Monuments (1903)*, going far beyond the question of material/immaterial or tangible/intangible values. While the Venice Charter at the time when it was written could hardly free itself from a slightly one-sided cult of historic substance –i.e. the emphasis on the role of the authentic material, which to a certain extent is of course indispensable – the Nara Document described the authentic values, including the authentic spirit of monuments and sites, in a much more differentiated way than in the current debate on the rather simple distinction between tangible and intangible values. Concerning this authentic spirit one could recall the remarks on works of art by Walter Benjamin (Das Kunstwerk im Zeitalter seiner technischen Reproduzierbarkeit, in: *Zeitschrift fürr Sozialforschung,* 1, 1936), who speaks of a spiritual message that is also expressed in every monument's and every site's own "trace" and its "aura". Trace is understood here as the meaning of the history of the building, which is expressed by traces of age, the "scars of time". Aura refers not only to the aura of the famous original but also to the aura of the modest historic monument, an aura that is present "in situ", even when the monument is no longer existing or is hardly comprehensible as "historic fabric". So the true and authentic spirit of monuments and sites normally only finds expression in combination with a particular place, a space encompassing a certain environment or what we may have defined as a cultural landscape or cultural route. In conjunction with such a space time as a historical dimension becomes comprehensible: time that has passed at this place, a process that has left many traces since the creation of an object, which has perhaps become a monument, an object of remembrance, only in the course of centuries; time that is also present in the form of the "Zeitgeist" that the monument embodies, a hard-to-translate German word suggesting the spirit of the times in which the way of life and the "style" of a particular period or epoch are reflected. Space and time can even become one in the spiritual message of a monument, - the apparently paradoxical but quite tangible presence of the past.

In the future the close cooperation in protection and preservation of our natural and cultural heritage as also demanded by the World Heritage Convention will surely influence the **further development of conservation principles,** thus going far beyond the Venice Charter which aimed exclusively at our cultural heritage in the form of monuments and sites. The fact that environmental protection and monument protection belong together, that today's preservation practice rests on the foundations of a general environmental movement is an aspect that is not to be overlooked, although so far the consequences of this connection are to some extent only reluctantly acknowledged by preservationists themselves. But against the background of worldwide progressive environmental destruction on a gigantic scale, monument protection and management also take on a true moral dimension which has hardly been discussed in connection with the Venice Charter. The **concept of historic continuity** – continuity which should be upheld and which of course is not only embodied in our monuments – can also be called upon as a moral justification for monument protection: the remembrance of history, also necessary in the future for man as a historical creature, must not be broken off. Therefore monuments and sites are to be preserved; to surrender them to destruction is not a question of weighing interests but rather a question of morals. In a figurative sense this is true not only for cultural landscapes shaped by monuments, but also for our natural environment, in which the continuity of a natural history that encompasses millions of years (also embodied by "monuments of nature") appears today to be in question.

The now nearly half a century old Venice Charter and all the other ICOMOS charters and principles will hopefully accrue the moral strength that will help us in the future in the daily struggle against the all-present powers of destruction in a changing world.

III. MONUMENTS AND SITES IN THE FULL RICHNESS OF THEIR AUTHENTICITY

Imbued with a message of the past, the historic monuments of generations of people remain to the present day as living witnesses of their age-old traditions. People are becoming more and more conscious of the unity of human values and regard ancient monuments as a common heritage. The common responsibility to safeguard them for future generations is recognized. It is our duty to hand them on in the full richness of their authenticity. These are the first words of the introduction to the Venice Charter, whose authors – faced with the rapidly changing world in the post-war period – would probably have considered a dubious definition of conservation as "managing change" as a betrayal of their efforts to save monuments and sites, some of which were badly affected by the Second World War. Under these circumstances conservation means safeguarding monuments and sites for future generations and maintenance "on a permanent basis" (article 4), protected by various restrictions such as "not to change the layout or decoration of the building" (article 5), "keeping the traditional setting", allowing "no new construction, demolition or modification" (article 6), no moving "of all or part of a monument... except where the safeguarding of that monument demands it" (article 7). The artistic furnishings as part of the monuments should also remain as unchanged as possible (article 8).

Of utmost importance for the international role of the Charter of Venice as an "official code in the field of conservation" was finally that in article 1 it defined the monument concept, which was based on European traditions going back to Roman times, very broadly – monuments "no less as works of art than as historical evidence" (article 3) to be safeguarded not by "managing change" but by conservation / restoration: *The concept of a historic monument embraces not only the single architectural work but also the urban or rural setting in which*

is found the evidence of a particular civilization, a significant develop-
ment or a historic event. This applies not only to great works of art
but also to more modest works of the past which have acquired sig-
nificance with the passing of time. If the Charter of Venice defines a
monument concept that also includes "modest works of the past", at
the time when it was adopted it probably had those monuments and
sites in mind, which a few years later, in 1972, the World Heritage
Convention defined as "cultural heritage", however with reference to
monuments of all kinds, not necessarily with the "outstanding value"
demanded by the Convention.

"Cultural heritage" may be defined very broadly, for instance of late
in the Council of Europe Framework Convention on the Value of
Cultural Heritage for Society (Faro, 27 Oct. 2005): *Cultural heritage*
is a group of resources inherited from the past which people identify,
independently of ownership, as a reflection and expression of their
constantly evolving values, beliefs, knowledge and traditions. It in-
cludes all aspects of the environment resulting from the interaction be-
tween people and places through time... But sometimes general dis-
courses on "our heritage" obfuscate the primary aims of ICOMOS,
which are to make active contributions to the conservation/preservation
of monuments and sites. And in view of a rather strange tendency of
some colleagues to avoid the term "monuments and sites" – part of
our name ICOMOS – and to replace practical actions in con-
servation/preservation by "managing change" and commonplace action-
ism, forgetting our traditional responsibilities, I would like to refer
here again to article 4 of the ICOMOS Statutes: *ICOMOS shall be the*
international organisation concerned with furthering the conservation,
protection, rehabilitation and enhancement of monuments, groups of
buildings and sites.

In article 3 of the ICOMOS Statutes the term "monument" is de-
fined in the following way:

– The term "monument" shall include all structures (together with
their settings and pertinent fixtures and contents) which are of value

from the historical, artistic, architectural, scientific or ethnological point of view. This definition shall include works of monumental sculpture and painting, elements or structures of an archaeological nature, inscriptions, cave dwellings and all combinations of such features.

– The term "group of buildings"shall include all groups of separate or connected buildings and their surroundings, whether urban or rural, which, because of their architecture, their homogeneity or their place in the landscape, are of value from the historical, artistic, scientific, social or ethnological point of view.

– The term "site"shall include all topographical areas and landscapes, the works of man or the combined works of nature and of man, including historic parks and gardens, which are of value from the archaeological, historical, aesthetic, ethnological or anthropological point of view. Here, the ICOMOS Statutes use nearly the same terms and values as article 1 of the World Heritage Convention:

– monuments: architectural works, works of monumental sculpture and painting, elements or structures of an archaeological nature, inscriptions, cave dwellings and combinations of features, which are of outstanding universal value from the point of view of history, art or science;

– groups of buildings (ensembles): groups of separate or connected buildings which, because of their architecture, their homogeneity or their place in the landscape, are of outstanding universal value from the point of view of history, art or science;

– sites: works of man or the combined works of nature and man, and areas including archaeological sites which are of outstanding universal value from the historical, aesthetic, ethnological or anthropological point of view.

The Operational Guidelines for the Implementation of the World Heritage Convention have also interpreted the definitions of article 1 very broadly, for instance "groups of buildings" (ensembles) as different categories of towns or the "combined works of nature and man" as cultural landscapes.

Of course, it goes without saying that in the decades since the Venice Charter was passed the idea of how modern society defines "cultural heritage" has grown considerably, if we only think of the categories of "cultural landscapes" and "cultural routes" further developed within the framework of the implementation of the World Heritage Convention, or of the growing interest in rural settlements and vernacular architecture, in the heritage of the industrial age or in "modern" heritage, taking into account that the 20th century has also become history. But even such categories of cultural heritage are compatible with the Charter of Venice, if in accordance with cultural diversity one understands the terms "monuments" and "sites" in all their formations. If "everything which reminds us of something" can be a "monument" according to the definition in a late classical commentary on Cicero, the public interest in protection and conservation of "objects of remembrance" can be very comprehensive and range from the authentic spirit of a holy place to enormous witnesses of the past made of seemingly indestructible material.

Article 1 of the Convention, just like article 3 of the ICOMOS Statutes, not only defines cultural heritage as monuments, groups of buildings (ensembles) and sites, but also sets the requirement of certain values *from the point of view of history, art or science* when dealing with monuments or groups of buildings and *from the historical, aesthetic, ethnological or anthropological points of view* in connection with sites, while according to article 2 of the Convention natural heritage should meet the requirement of Outstanding Universal Value (OUV) *from the aesthetic or scientific point of view.* Thus article 1 of the Convention answers the question about cultural values of monuments and sites that should be protected: Firstly, there is the value *from the point of view of history* (= historical value, "old age value", commemorative value); secondly, there is the value *from the point of view of art* (= artistic value, aesthetic value); thirdly, one finds the value *from the point of view of science* (= scientific value), and finally there are also values *from the ethnological and anthropological point of view.*

The Convention and the ICOMOS Statutes thus start out from a monument definition and from monument values which have been phrased in a rather similar form in monument protection laws of individual state parties worldwide, i.e. mentioning first the historic value, then the artistic value and further values, such as the ethnological or anthropological significance, for example the definitions in the Bavarian Monument Protection Law: *Monuments are man-made things or parts thereof from a past epoch whose preservation, because of their historic, artistic, urban design, scientific or folkloristic significance, is in the interests of the general public.* Monuments and sites whose preservation is a matter of public interest because of these values are meant to be protected by national monument protection laws or decrees within the framework of a general policy regarding the protection and conservation of the entire cultural and natural heritage, as required in article 5 of the Convention, which obliges the State Parties to this Convention *to ensure that effective and active measures are taken for the protection, conservation and presentation of the cultural and natural heritage situated on its territory.* For this reason monuments and sites are or should be registered in monument lists as well as in national or regional inventories. This is also a prerequisite for *inventories of properties forming part of the cultural and natural heritage* as demanded of the state parties in article 11 of the Convention, for only by comparison with the abundance of the existing cultural heritage and its particular values the outstanding value of individual properties can be determined for the Tentative Lists.

Under these circumstances it is not unimportant for the successful implementation of the World Heritage Convention that the same "monument values" are also relevant according to the monument protection laws for the documentation and protection of the entire cultural heritage in the form of monuments, ensembles and sites, only that in the case of the inscription in the World Heritage List these values should be "outstanding" and "universal". Outstanding means that in comparison with the generally documented cultural heritage they belong to the very best or are "representative of the best". Universal means that these outstanding values can be acknowledged as such in general and worldwide. It also means that not only a region or a country looks after the protection and conservation of this heritage, but that instead in the sense of the already mentioned preamble of the Convention "mankind as a whole" feels responsible for the heritage.

In connection with the practice of the World Heritage Convention of 1972 the concepts of authenticity and integrity, which are so important for the principles of conservation, have also been further developed. In the Venice Charter they were taken for granted and mentioned *(the sites of monuments must be the object of special care in order to safeguard their integrity,* article 1), but not explained. Evaluations of monuments, ensembles and sites and their special values are therefore closely linked to questions of authenticity and integrity. In contrast to authenticity "integrity" is not a necessary prerequisite for the evaluation of all kinds of cultural properties. If integrity is "the state of being whole or in perfect condition", fragmentary findings and traces are surely not in their integrity, but nonetheless they may very well be authentic in every respect. The term integrity has always been used for the characterisation of certain qualities and values of cultural properties, e.g. the integrity of a work of art in the sense of immaculateness, intactness, or for instance the territorial integrity of a cultural landscape or the integral, intact surrounding of an architectural monument as a particular value in the sense of visual integrity. And in matters of traditional use of monuments and sites one could speak of functional integrity.

In the preface to the Venice Charter the idea of monuments "¢in the full richness of their authenticity" is conjured in combination with a "message" –a "message" that is credible–that is authentic –because it is based on the authentic traditions of different cultures and is attested to by monuments and sites as authentic evidence. The phrase "in the full richness of their authenticity" promises in any case more than only material or formal authenticity and exceeds the "test of authenticity in design, material, workmanship or setting", introduced by the first Operational Guidelines of the World Heritage Convention in 1977: *In addition, the property should meet the test of authenticity in design, materials, workmanship and setting; authenticity does not limit consideration to original form and structure but includes all subsequent modifications and additions, over the course of time, which in themselves possess artistic or historical values.*

The test of authenticity proves that we are dealing with authentic testimonies of history, i.e. "real" monuments, not surrogates of one kind or the other. The question of authenticity is therefore relevant for the entire cultural heritage, independently of the question whether monuments and sites of outstanding universal value are concerned or not. The preamble of the Venice Charter already stressed the common responsibility to safeguard the historic monuments *in the full richness of their authenticity;* however, the Charter did not define the authentic monument values. This was the task of the Nara conference (1994). The Nara Document on Authenticity, the results of which were adopted in the new Operational Guidelines of 2005, has become one of the most important documents of modern conservation theory. The Nara Document tried to define the *test of authenticity* rather comprehensively so that according to the decisive article 13 it explicitly also included the immaterial/intangible values of cultural heritage: *Depending on the nature of the cultural heritage, its cultural context and its evolution through time, authenticity judgments may be linked to the worth of a great variety of sources of information. Aspects of the sources may include form and design, materials and substance, use and function, traditions and techniques, location and setting, and spirit and feeling, and other internal and external factors.* The Nara Document describes the authentic values, including the authentic spirit of monuments and sites, in a much more differentiated way than in the current debate on the rather simple distinction between tangible and intangible values (see also Roberto di Stefano, L'authenticité des valeurs, in: *Nara Conference on Authenticity,* Nara 1–6 November 1994).

IV. PRINCIPLES OF CONSERVATION, RESTORATION AND RENOVATION

Already the Athens Charter for the Restoration of Historic Monuments distinguishes between restoration and conservation in the narrow sense, both of which are then named in the title of the Venice Charter – International Charter for the Conservation and Restoration of Monuments and Sites – and used for the subheadings of the corresponding articles, conservation above articles 4 to 8, restoration above articles 9 to 13. Although nowadays conservation/restoration is also used in general for all kinds of measures for the preservation of monuments and sites – that is conservation/preservation in general – it remains necessary and useful for the understanding of our international charters to **differentiate between conservation in the narrow sense and restoration.** The term "conservation /restoration" which in the meantime is frequently used in papers for the work of restorers (see. the instance in the Principles for the Conservation of Mural Paintings) only emphasizes the often indissoluble connection between these methods of preservation, both of which cover preservation measures of very different types, from conservation of prehistoric traces to conservation and restoration of the exterior or interior of historic buildings, including all works of art, fittings and movable objects.

In the history of preservation especially the term restoration has been differently defined. If for some "puristic" colleagues the term "restoration" still arouses negative associations, it has to do with the still existing consequences of the battle fought around 1900 against the restoration methods of the 19th century focusing more or less on reconstructions, for which Viollet-le-Duc's famous definition of "restoration" may serve as a representative. Against this background not only such a famous catchphrase as Georg Dehio's "conserve, do not restore" must be understood, but also the highly restrictive position of the Venice Charter when it comes to replacements or even reconstructions. The latter becomes particularly clear in the French version of article 9: *La restauration est une opération qui doit garder un caractère exceptionnel(!)*(whereas in the English version it only says: *The process of restoration is a highly specialized operation).* It is also characteristic that in this context the term "reconstruction" is only used in article 15 of the Venice Charter, on the issue of excavations, while the term "renovation" is avoided altogether, although despite negative experiences with the restoration methods of the 19th century the 20th century also very often not only conserved and restored, but in fact renovated and reconstructed.

Under these circumstances in modern specialized literature these terms are often used without differentiation – restoration as a general term for restoration and conservation, renovation instead of restoration or the other way around–not to mention the fact that in some countries the term "reconstruction" is used instead of restoration or renovation regardless of whether a structure is in fact being reconstructed, restored, renovated or merely conserved. Overlapping with one another in practice, the preservation methods used in conservation, restoration and renovation must therefore be precisely understood, also because unfortunately the basic goal of all preservation work frequently disappears – as if behind a wall of fog –behind justifying, undifferentiated catchwords for a successful "restoration" or "renovation" which in fact cover up all manner of work – and in extreme cases even destruction of the original. To repeat once again: Every preservation measure – whether conserving, restoring or renovating – should serve the preservation of the monument and its historic fabric; in other words, serve the preservation of the original in the form in which it has come down to us, with its various layers and with its outstanding as well as its seemingly secondary or insignificant components. Under the heading "Aim" article 3 of the Venice Charter summarizes briefly this self-evident prerequisite of every preservation concept: *The intention in conserving and restoring monuments is to safeguard them no less as works of art than as historical evidence.*

From this basic objective it becomes clear that in certain cases only conservation in the narrow sense is acceptable; restoration or renovation would be possible or desirable only under certain preconditions, or perhaps must be strictly rejected.

In connection with the method of renovation which goes far beyond restoration the traditional preservation methods of conservation and restoration will in the following therefore not are described without explicit reference to the dangers of restoration and especially of renovation. Also at the beginning of the 21st century these terms can describe a wide spectrum of measures in accordance with the modern understanding of monuments and sites, whereas formerly the terms conservation, restoration and renovation were used primarily in connection with works of painting and sculpture or in the context of "art monuments" in the field of "classical" preservation. In the following sections conservation will only be used in the narrow sense, not as conservation / preservation in general.

Conservation

To conserve (conservare) means to keep, to preserve. Thus the basic attitude of preservation comes most purely to expression in conservation: to conserve is the supreme preservation principle. Together with stabilization and safeguarding measures, conservation work that protects the fabric of a monument and prevents its further loss should therefore have absolute priority over all other measures. Unfortunately this principle cannot be taken for granted because often parts of a monument are renovated or even reconstructed at great cost while other components of the same building continue to deteriorate without urgently necessary conservation work.

All those measures that serve the preservation of the fabric of a monument are to be counted as conservation work. Conservation includes, for example, consolidation of the historic fabric of a monument: impregnation of a stone sculpture, injections in the cavities behind a layer of plaster, securing a layer of peeling pigment on a painting or a polychrome sculpture, strengthening a picture support, etc. After all, a historic building conservation includes all measures that prevent further decay and preserve the historic fabric. This can encompass structural strengthening with appropriate auxiliary constructions, or the replacement and completion of components insofar as this prevents their further deterioration. In this sense the constant replacement of damaged stones by the cathedral stonemason workshops is a borderline case between conservation and restoration. Moreover, in addition to traditional techniques available modern technology must also be used in conservation in certain circumstances to save historic fabric. Special reference to this is made in article 10 of the Venice Charter: *Where traditional techniques prove inadequate, the consolidation of a monument can be achieved by the use of any modern technique for conservation and construction, the efficacy of which has been shown by scientific data and proved by experience.* Caution with regard to methods that are not sufficiently proven or tested is always in order, unless the monument in question cannot be saved by any other means. In some cases – involving, for instance, full impregnation with acrylic resins of a stone figure that cannot be saved in any other way – the principle of reversibility must also be disregarded in conservation.

Repair measures that go beyond a mere safeguarding of the existing fabric are no longer within the scope of conservation work; for instance the completion of a gap, be it a crack in a painting or a break in a city wall, is not conservation work unless such fill-ins are necessary for the techniques used in safeguarding. In contrast, the removal of fabric that endangers a monument can be considered an important conservation measure. This sometimes includes the removal of intruding alterations from modern times, to the extent that they actually endanger historic fabric (for instance removal of an installation that causes structural damage or of new plastering that contains cement).

The ruin, especially the castle ruin, which played a central role in the preservation debates at the turn of the 19th century, offers a perfect illustration for conservation to which the Athens Charter already refers: In the case of ruins, scrupulous conservation is necessary... Here the monument value also derives from the fragmentary, ruinous state that reminds us of the past, making history present through the "scars of time". Maneuvering between the idea of reconstruction, which crops up sometimes even today, and the occasionally advocated idea of letting the ruin "perish in beauty" (the latter being an understandable reaction to destruction of the actual historic monument as usually results from the former), the conservation plan must seek the correct path for each individual case: for instance stabilization of the walls –but only stabilization, without falsification of the character of the ruin through unnecessary additions. Even the removal of plant growth, seemingly self-evident as an initial conservation measure, must be carefully considered; although the growth endangers the fabric it contributes very critically to the "picturesque" character of the monument. In cases of definitive, otherwise inevitable ruin of an important building component –such as the fresco fragments in the remains of a castle chapel –a roofing-over can be an unavoidable conservation measure, even if it actually contradicts the nature of the ruin. In this context we can understand the covering over carefully conserved wall remnants and the paved floor of a Roman bath, which would be completely destroyed within a few years without a protective roof. In the case of castle ruins, certain wall remnants and findings are and will remain best conserved under the earth, better preserved than if they are subjected to the amateur excavations that unfortunately are so popular at such sites and that, without supervision, only irrevocably destroy their findings.

As not only the example of the ruin makes clear, to conserve means to preserve the monument even in a fragmentary state: the fragments of a fresco, a sculpture, a vase or an epitaph are all objects whose historic state should not be "falsified" through additions in the sense of a restoration or renovation.

In other words, **for certain categories of monuments conservation is the first and only measure!** It is obvious for several reasons that this particularly applies to monuments that are to be seen in a museum-like context. In contrast an inhabited old town cannot be preserved as a historic district using conservation measures exclusively. The "use-value" of many types of monuments demands repair or careful rehabilitation that goes beyond conservation work and thus also involves additional preservation methods which certainly include restoration and perhaps also renovation work. However, conservation always is and will remain the starting point for all deliberations in the field of preservation.

Restoration

To restore (restaurare) means to re-establish; in the following it is not to be defined as a term meaning major preservation work in general, as is often customary, but rather as a measure that is to be differentiated from conservation and safeguarding as well as from renovation. The Venice Charter says the aim of restoration is *to preserve and reveal the aesthetic and historic value of the monument and is based on respect for original material and authentic documents.* Thus it should go beyond merely "preserving", or conserving a monument to "reveal" aesthetic and historic values; or in other words to accentuate values of a monument that are hidden (for whatever reason), disfigured or impaired: that means to "re-establish" them. Whereas conservation of the existing fabric of a monument only attempts, as far as is necessary, to stabilize individual areas technically and to eliminate sources of danger that directly threaten the fabric, restoration is concerned with the overall appearance of the monument as historical and artistic evidence.

Following upon the stabilization and conservation of the original fabric, a restoration adds new elements, without reducing the original fabric. Because a gap in a painting, for instance, can severely impair the overall aesthetic effect, far beyond the very restricted area of the actual damage (which may itself be relatively minor), an effort is made to close the gap by means of retouching. The many possibilities for restoration, which must be carefully weighed in each individual case, range here from a neutral "adjustment" in a painting to a detailed replacement of missing elements, as would be undertaken for gaps in decorative plasterwork or for certain architectural sculpture. The bay that has collapsed because of structural damage in an otherwise intact Renaissance palace, for instance, would hardly be conserved according to the solutions applied to a medieval castle ruin, but rather, because of the overall aesthetic effect, would be restored to accord with the adjoining bays.

A restoration can also go beyond the harmonizing or filling-in of gaps, to undo disfigurements from previous restorations. We must always be conscious of the danger that a new restoration can also interpret certain aesthetic and historical values in a biased manner or can even falsify, thus perhaps "disfiguring" the monument just as did an earlier restoration, the mistakes of which occasion the new interventions. A restoration can also once again reveal a monument that has been completely hidden, such as a classical temple beneath later construction or a medieval fresco under layers of later interior decorations.

With the re-exposure of a particular layer –such as a painting that is not visible but might in fact be extremely well conserved underneath several layers of lime –a critical question must always be addressed: What is the goal of the restoration of a monument that, as so often is the case, is composed of very different historical layers? As traces of its age and evidence of its history, all of these layers are valid parts of the monument. If we imagine that overtop the (to be exposed?) medieval painting there is a Baroque painting as well as one from the 19th century, that the (to be exposed?) original polychromy on a Romanesque crucifix has no less than eight subsequent polychrome schemes above it, that the (to be exposed?) Roman temple is integrated into a Byzantine church complex, then the problems inherent in all restoration work become clear. These issues become particularly difficult if, as is frequently the case, a restoration is based on an uncompromising orientation toward a genuine or supposed "original state" to which later historic layers are to be sacrificed without hesitation. In fact, after consideration of the results of detailed preliminary investigations, we can only proceed with the greatest caution in accordance with article 11 of the Venice Charter, which clearly dismisses the restoration practices of the 19th century that aimed at a "unity of style": *The valid contributions of all periods to the building of a monument must be respected, since unity of style is not the aim of a restoration. When a building includes the superimposed work of different periods, the revealing of the underlying state can only be justified in exceptional circumstances and when what is removed is of little interest and the material which is brought to light is of great historical, archaeological or aesthetic value, and its state of preservation good enough to justify the action.*

Extreme care is thus required; the goal of a restoration cannot be coordinated with a particular "historic state" if other "historic states" will thus be destroyed. On principle, the existing fabric, which has evolved over time, should be respected initially as the historic state. Only after thorough analysis will the removal of insignificant work to the advantage of materials of "great historical, archaeological or aesthetic value" appear to be warranted. Moreover, as important as an earlier state may be in comparison to later changes, it must also be so well preserved that *its state of preservation (is) good enough to justify the action.* The few particles of pigment that perhaps remain from the Romanesque polychromy on a wood sculpture no more justify the removal of a fully preserved Baroque paint scheme than the remains of a medieval ashlar stone wall justify demolition of an entire building that has evolved over the following centuries.

In a restoration project, preservation practice must also consider in particular the function of a monument and its relation to its surroundings, so that the components of a large monument complex – for example a monastery church with its decorative features – will not be **"restored asunder"**. In a museum there might be good reason to re-expose the 15th century polychrome scheme on a late Gothic figure of the Virgin, removing later additions to ultimately conserve its fragmentary state; but the same figure located on a Baroque altar as a devotional image must of course retain its Baroque polychromy. An altar from the 17th century in a space that was uniformly redecorated in the mid-18th century would not be re-exposed to its initial paint scheme but rather to the second or third version, the one which harmonizes with the overall space. Even a restoration measure that seems extremely simple and self-evident, such as removal and renewal of a yellowing layer of varnish in order to recover the aesthetic effect of an old painting or of marbling, must be questioned if by giving up the "age-value" of the varnish layer the relationship to other components of the work or to the remaining features of the monument is altered in the sense of "restoring asunder".

Given the diverse layers of a monument and the varying goals and prerequisites for a restoration project, excesses occasionally arise from a so-called **"analytical restoration"**, which attempts to simultaneously preserve and exhibit all the historic states of a monument, at least in part. The Baroque facade of a palace on which painted architectural decoration from the Renaissance, deep medieval wall openings, remains of a re-exposed late Gothic painting, and remnants of Roman ashlar have all been made visible on a single bay becomes a mere preserved "specimen"; the same is true of a sculpture on which individual parts have been restored to different historic periods. As important and necessary as methodically sound preliminary investigations and documentation of previous historic states are in order to understand the essential character of a monument and to guide the interventions a restoration plan has to be oriented to the –evolved –historic and aesthetic whole of the monument. **The safeguarding of evidence is**

necessary but the search for these traces cannot become an end in itself, determining the goal of a restoration.

Moreover, earlier historic situations can also be reconstructed on paper for scholarly publication. Regarding late Gothic fragments in a Baroque church interior, for example, there would be good reason to advise that they not be restored but rather covered up again, following conservation if necessary, in order not to endanger the aesthetic and historic whole of the monument. A "window to the past", based on what emerges in the course of a restoration, is only possible if it can be disposed in an inconspicuous place so that there is no negative impact of the kind discussed above. In general there must be a warning against the exaggerations of "analytical preservation", which represents a special kind of "restoring asunder".

This applies of course not only to individual restoration projects and to monuments with extensive decorative components but equally to restoration work within a historic district. The re-exposure of (originally visible) half-timbering can represent successful restoration work when considered alone, but in the context of a square with only Baroque buildings or Baroque transformations of houses that are medieval in core, this intervention must be rejected as a disfigurement and disturbance of the square as a historic ensemble. Likewise we must reject the idea of restoring a streetscape that was transformed in the 19th century back to its medieval "original state"; monuments are not infrequently destroyed through such massive interventions based on an unprofessional understanding of restoration.

Whereas "analytical restoration", a sort of "specimen preparation" of historic states which is with good reason hardly practiced anymore today, adversely effects the coherent overall appearance of a monument and leads to loss of fabric in specific areas, the **idea of "restoring back"** to a single historic state, a concept that is always turning up anew, implies removal of entire layers of a monument. A constant conflict with the supreme dictate of preservation, the conserving and preserving of historic fabric, is pre-programmed, as is conflict with the restoration principle, already cited above in article 11 of the Venice Charter, of accepting the existing state and only re-establishing a particular earlier state in well-justified, exceptional cases.

Finally, attention should still be given to the general connection between every restoration project and the principles described for the conservation and repair of monuments. Conservation concerns must take priority, also in the difficult questions regarding the objective of a restoration project. Furthermore, in general a restoration is only appropriate if the necessary measures for stabilization and conservation are executed beforehand or at the same time.

The principles regarding general repair – limitation to the necessary and reversibility –are also valid for restorations. However, since the removal of even an insignificant historic layer, permitted after thorough consideration, represents an irreversible intervention, in such cases a special measure of responsibility for the welfare of the monument is required. In article 11 the Venice Charter therefore demands the participation of several specialists to weigh all the possibilities: *Evaluation of the importance of the elements involved and the decision as to what may be destroyed cannot rest solely on the individual in charge of the work.*

A restoration that makes an effort to close and fill gaps that impair a monument's overall appearance can also be linked to the principle of repair using traditional materials and techniques . This applies particularly to the preservation of historic buildings, whereas with individual works of art restorative completions must sometimes be executed in a different technique which can guarantee its own damage-free removal, based on the principle of reversibility. Of course, as with conservation work, not only the traditional but also the most modern restoration techniques (which cannot be covered individually here) must be employed *where traditional techniques prove inadequate,* as the Venice Charter says in article 10.

Renovation

To renovate (renovare) means to renew, and together with conservation and restoration it is a third widespread method in preservation, although it is not mentioned specifically in the Venice Charter. Renovation aims particularly at achieving aesthetic unity in a monument in the sense of "making new again" (the outer appearance, the visible surface of a monument, etc.) whereas "making visible again" by means of conservation work, cleaning or re-exposure in combination with completions still belongs in the realm of restoration.

The same conflicts concerning goals arise with the renovation of a monument which has multiple historical layers as have already been discussed in the context of restoration. Here, too, article 11 of the Venice Charter applies: renovation measures must accept in principle the evolved state of a monument with all its superimposed historic layers; no layer may be sacrificed to the aesthetic unity that is the goal of the renovation unless there is justification based on detailed investigations that carefully weigh the gains and losses.

Considering the priority of conservation –as the supreme principle that applies to all efforts in the field of preservation–and the principle of limitation to the necessary that is universally valid for the repair of monuments, it could perhaps be argued that conservation is always necessary, restoration is justifiable under certain conditions, but renovation, meaning as it does to renew and therefore to destroy, is not compatible with preservation's basic demands. Thus in place of Dehio's phrase "conserve, do not restore" do we rather have "conserve, restore where necessary, do not renovate"?

In practice historic fabric is in fact being destroyed even now to a shocking degree in the name of "renovation" and also in the course of many "restorations" **The great danger with all renovation work** lies in the fact that it is preceded by at least a thorough "cleaning" of the surface of the monument: complete removal and renewal of plaster; scraping off of earlier polychrome layers on an old altar in order to be able to renovate it "according to findings" or freely "according to the taste" of the authorities; stripping the layers off a figure and thereby destroying an essential part of the artistic and historical statement of a work of art; even total reworking of a weathered wooden or stone sculpture through "recarving" until the object is falsified and devalued beyond recognition. Similarly, the sanding of a gravestone or a stone portal down to an undamaged, "healthy" layer is equivalent to the replacement of the original surface with a modern surface. These are all irreversible losses that remind us that the general principle of reversibility must be valid for renovation measures as well. In this context reference can also be made to the danger of renovation using inappropriate materials; dispersion paints, for example, have caused devastating damages on plaster or stucco facades or on stone surfaces.

In order to avoid such damages, the basic demand for historic materials worked in appropriate techniques must be met in renovation work in particular. Here is the opportunity to practice, learn and pass-down traditional technologies and the handling of traditional materials. Renovation is seen in contrast here to the complicated field of conservation and restoration which, as already described, cannot dispense with modern restoration techniques and newly developed resources. Furthermore in the case of renovation work repeated in ever-shorter intervals even well-meant and technically correct measures represent a significant danger to a monument's fabric if only because of the preparatory cleaning that affects the original fabric.

In spite of the indisputable dangers suggested here, a renovation project which pays heed to the principles of conservation can indeed be considered a preservation measure. Even if we constantly remind ourselves that the new layer resulting from a renovation cannot be a fully valid stand-in for the old fabric beneath it, with its special "age-value", in preservation practice there are indeed certain areas in which renovation is the only way possible to preserve the historic and artistic appearance of a monument and to conserve the original layers below. **A renovation measure is thus justified if it has a conserving**

effect itself or if conservation measures prove to be unfeasible. However, as with conservation and restoration, such a renovation must be understood as being "in service to the original", which should not be impaired in its effect and should be protected from further danger.

In order to preserve a monument severely worn, weathered or even soiled components may have to be renovated. For example, a new coat of lime paint could be applied over an older one that has been badly soiled by the modern heating system, without thus excluding the cleaning and conservation-oriented handling of an old coat of lime paint at a later point in time. This approach is often valid for the exterior of a building where worn and weathered original plaster and paint layers can only be preserved under a new and simultaneously protective coat; the new coat can be executed as a reconstruction of a historic scheme, as documented by investigative findings. Finally there are cases in which old plaster is so badly damaged by weathering and environmental pollutants that it can no longer be preserved with conservation measures and must be renewed. In this situation the painted decorative articulation on the exterior, only traces of which could still be detected, can be renovated–that is repeated – by means of a new coat of paint based on the investigative findings: the only possible way to pass on the monument's aesthetic appearance. As in the case of a restoration, of course very different possibilities can emerge from the investigative findings covering various layers. Should the plan for the exterior renovation based on these findings repeat the architectural paint scheme from the Renaissance, from the Baroque or from the Neo-Classical period, or should it take up the uniform ocher facade from the 19th century? Whether this involves a palace facade or the plain facade of a townhouse in the historic district of an old town, this decision can only be reached within the framework of the overall preservation plan after thorough analysis of the findings and the history of the building and in coordination with its surroundings.

Whereas the exterior renovation of a historic building has to be coordinated with its surroundings, an interior renovation must take into

consideration the historic, aged surfaces of surviving elements, espe-
cially the "age-value" of all the decorative features; for instance the
variable intensity of renovated painted interior surfaces must be of
concern. As already suggested, the protective effect that a renovation
measure can have must also be taken into account. Thus **renovation as
protection** is a valid aim even in cases in which it conceals the
"age-value" or an intermediate state that, from an aesthetic or historic
standpoint, is worthy of preservation. An example is offered by new
plaster on a Romanesque tower to protect weathering stone; although
findings of minimal remnants may provide proof that there was indeed
plastering in previous centuries, the new plaster replaces – in fact, dis-
poses of the "picturesque" and simultaneously "legitimate" version of
the tower with its exposed medieval masonry, as it had appeared since
the 19th century. The renovation of an outdoor sculpture of stone or
wood by applying a new polychrome scheme based on investigative
findings or in analogy to similar painted figures can also combine a
change in the aesthetic appearance with a protective function.

It is no doubt self-evident that **a renovation is out of the question
for certain categories of monuments because only conservation and re-
storation work are within acceptable limits.** Renovation must be re-
jected as a legitimate method for a great number of "art monuments"
in particular, objects which in general can only be conserved or under
some circumstances restored but which should not be renovated. These
include paintings and sculptures or examples of arts and crafts work;
the chalice in a church vestry would, for example, be impaired in its
historic value by a complete re-gilding, an approach we would classify
as renovation. This applies also to archaeological monuments and to
fragments, which may be conserved and, as far as appropriate and
necessary, restored; but a total "renovation" of these objects would de-
stroy their character as evidence. **The widely propagated methods of
renovation are acceptable in preservation practice only if original fabric
is no longer technically conservable and must be replaced or if old
fabric can no longer be exposed to the effects of environment and use**

---

and must be covered over for protection. In both situations renovation work should be justified and supported by preservation-oriented preliminary investigations and by a preservation plan.

In the case of historic buildings, renovation work can also be appropriate in particular locations, for example in parts of a monument where there is no longer historic fabric to be protected because of previous extensive alterations, so that compatibility with the remaining monument fabric is the only point that must be heeded, or where preservation concerns for retaining historic fabric could not be made to prevail over other interests.

To conclude this attempt to differentiate between conservation, restoration and renovation work, it must be emphasized that **together they constitute a graduated system of preservation measures**; in other words, there are monuments that under certain circumstances should only be conserved but not restored, or that may be conserved and restored but never renovated. Furthermore, **conservation, restoration and renovation measures are interconnected**, so that, according to the circumstances, they may be carried out one after the other or simultaneously. The gilding of a plastered concave molding in an interior space can serve as an example. For the well-preserved components mere conservation is enough; in some places small gaps must be filled in and certain pieces "polished up" in order to more or less attain the overall aesthetic appearance of the conserved elements –hence, restoration; on one side of the room the gilding, severely damaged and to a large extent lost because of water penetration, must be renewed according to traditional gold leafing techniques--hence, renovation. In other cases renovation can even be considered a conservation measure, at least to a certain degree: for instance, partial re-exposure of one or more historic paint schemes within the framework of investigative analyses, consolidation (i.e., conservation) of the lathing, and complete renovation over an intermediate layer of one of the schemes. Underneath the new plaster all the historical layers remain better conserved (at least in the case of an exterior façade) than they would be if subjected to complete re-exposure, which is always combined with losses, and to subsequent conservation and restoration of the original fabric and the concomitant exposure to dangers of weathering.

V. REPLACEMENT AND COMPLETION OF COMPONENTS

Conservation, restoration and renovation measures give rise to different responses to the issue of completion and replacement: where only conservation of existing historic fabric is involved, there is in general no need for replacements; restoration on the other hand includes the closing of gaps and a certain degree of replacement, as would also be required under certain circumstances for a renovation. Regarding the exchange or replacement of elements, article 12 of the Venice Charter therefore maintains under "restoration" that *Replacements of missing parts must integrate harmoniously with the whole, but at the same time must be distinguishable from the original so that restoration does not falsify the artistic or historic evidence.*

In this context it must at first be pointed out that certain monuments are documents of history precisely in the fragmentary state in which they are passed down to us. The fragment of a gravestone, the torso of a figure, the remnant of a wall painting, the remains of a city wall or the castle ruin: these are only to be conserved and not − or only to a very limited extent − to be restored; replacements cannot be made without danger of falsification or impairment of their monument character. This is also particularly valid for small and even minimal replacements which are often completely unnecessary; arising only from an exaggerated urge for perfection, they needlessly destroy the "age-value" of a monument. An example would be the completely unnecessary "clearing up" of all minor damages in an ashlar stone facade using an artificial stone material, whereas the closing of a dangerous joint or a hole can indeed be necessary in order to avoid future major replacement of original materials. **It is important to guard against excessive replacement on both a large and a small scale.**

On the other hand, historic buildings, especially if they are in use, sometimes practically require repair work that involves considerable replacement. This is especially true for the large number of monuments that are used for residential purposes or as public buildings. The bay of an arcaded courtyard that has collapsed because of structural damages must be replaced; damaged building surfaces must be replaced, sometimes already for reasons of hygiene. The lost head of a statue of Nepomuk, saint of bridges, must be replaced if the figure is to fulfill its function in an understandable manner. In general an element of reserve must be maintained regarding replacements because the historic fabric should still "dominate" and should "carry" the added fabric, so that a monument does not appear more new than old. Moreover, the individuality and the artistic quality of a monument are of critical importance in the issue of replacement; in some circumstances they prohibit any replacement work other than a neutral retouching without which the overall appearance would be impaired. On the other hand, the original artistic plan sometimes makes completion of missing elements necessary, such as the filling in of a gap in a stucco ceiling, or closure according to the original design of the ground floor zone of a Neo-Renaissance facade which has been disfigured by the addition of storefronts, etc.

In principle a monument that has evolved over various epochs will be less in need of replacement than a "Gesamtkunstwerk" that was created according to a single coherent plan and that is unchanged in its appearance, where every gap is just as disturbing as the gap in a painting. Finally, the filling in of a gap immediately after its badly felt loss is more compelling than the sometimes dubious practice of replacing details that have already been lost for decades or even centuries.

The arguments for and against replacement, dependent on various artistic, historic and also functional factors, can only be clarified after being given careful consideration in the restoration concept that is worked out for a specific case. The "how" of replacements, ranging from neutral retouching in a restoration project to partial copying or partial reconstruction, is of equal concern, raising questions as to whether a replacement should imitate the original or show its own signature, the latter being more or less perceived as a contrast to the original fabric. In this context the issue of the use of historic or modern materials and techniques also arises.(see p.27)

Reference must be made again to article 12 of the Venice Charter, already quoted above, according to which the replacements *must integrate harmoniously with the whole but at the same time must be distinguishable from the original,* always assuming that the replacement has not already gone so far as to represent a "falsification" of the original. This applies, for instance, to the various forms of retouching that are necessary for a restoration; according to the significance of the gap for the overall appearance of the object, completions range from merely a pigmented or neutral "tuning" to a "depiction" that derives from the existing composition but which on detailed inspection (or at least from close up) always should be recognizable as a replacement. On the other hand the completion should not give the effect of a strong contrast, which could only further impair the overall appearance of the work of art. In this sense a sculptural group in a park which is so badly damaged that its message is no longer comprehensible could be treated differentially: the detailed completion of small gaps would be consciously avoided, and only the elements that are important for an understanding of the monument would be replaced, in a reversible manner. Likewise, with a badly damaged gravestone or a wayside shrine the restorer would not replace fragmentarily preserved ornamental and figural elements which are still comprehensible but rather would complete the outer frame in a neutral manner and would renew (according to the old form) the cornice and projecting roof that are important as protection against weathering. With architectural fragments replacements which may be necessary for purely conservation reasons (such as a new covering) or for structural reasons (filling in of a crack) can also be kept neutral by using a material that sets itself apart somewhat from the historic fabric (for instance a different brick format or different method of setting stone). Thus the character of the architectural fragment is not falsified by an "imitation" that feigns another state of preservation or by a modish "contrast".

For completions that are necessary within the framework of normal repair work, the principle of the use of authentic materials in an appropriate, traditional manner is applicable, insofar as conservation reasons do not preclude it. The situation is different if new elements are necessary for functional reasons, for instance in the design of new fittings (modern forms and materials can of course appear next to the old) or the design of modern additions needed to extend the use of a historic building complex. Perhaps new choir stalls are needed in a church, or an addition must be made to the vestry – for such cases article 13 of the Venice Charter makes special reference to the caution and respect that must be shown for the preservation of existing fabric: *Additions cannot be allowed except in so far as they do not detract from the interesting parts of the building, its traditional setting, the balance of its composition and its relation with its surroundings.*

Furthermore, **the "how"of replacements depends critically on the design and condition of the part to be completed as well as on our knowledge of the earlier situation**. If a severely damaged, no longer repairable component is replaced, or an interrupted profile is filled in, or a volute gable that is only half preserved is completed, or the missing piece of a symmetrically designed stucco ceiling is replaced–then a replacement that copies the original is possible and for the most part even necessary. The appearance of the part that is to be replaced can be reconstructed using exact graphic or photographic materials that show its previous state. However, if there is no detailed knowledge of a component that has perhaps been missing for a long time, either no replacement should be attempted at all, or, as with retouching, the original should be replaced "neutrally" in the manner discussed above. With figural decoration, such as figures missing from a gable, even if there is some knowledge of the no longer extant predecessors this is perhaps the opportunity for modern sculpture, adapted of course to the surrounding context of the lost work.

Finally there are categories of monuments, particularly certain industrial monuments which are still in use, for which components must be exchanged continually in their original form and original materials A special form of continuous replacement, which could also be understood as continuous repair, involves the replacement of stones by the stonemason workshops of cathedrals (see p. 18). This involves the exchange of damaged elements, from crumbling ashlar to artistically designed components such as tracery and pinnacles, work that has been oriented over centuries to the form, materials and craftsmanship of the existing historic fabric. Recently on some such monuments less detailed or consciously more "coarse" work has been carried out; only on close observation is this perceived as a "modern" development.

Although in the end this constant exchange can approach a total renewal of the original stone materials, as a stonemason's tradition that has continued unbroken for centuries it is to be considered a necessary process which falls in between maintenance and repair. The procedure is more a routine safeguarding or restoration of the monument than it is a renovation, since the surface of a building is never totally reworked, even in larger sections. Such partial exchanges require not only traditional craft techniques but also as far as possible the use of material from the original stone quarry, or at least of a comparable stone with similar properties if the original is no longer available or is not resistant enough to environmental pollutants (and would therefore require another renewal after an unacceptably short interval).

Even with replacements that are correct in themselves in terms of craftsmanship, according to the principle of limitation to the necessary only deteriorated stones should be exchanged, whereas harmless small damages would not justify replacement of the original. The process of examining the stonework must also be seen in this context; it is a procedure that is often overlooked or not executed thoroughly enough by the cathedral stonemasons precisely because replacement work is a traditional matter of course in their craft. The goal of this examination must be conservation in situ, particularly of richly designed components such as profiles, tracery, pinnacles, sculptural elements with their individual artistic signature or components with a key function in terms of a building's construction history. Thus the stonework would be preserved without any reworking that destroys not only the surface but also any surviving stonemason symbols and the traces of age that are caused by minor damages and weathering. An appropriate plan for safeguarding the stones must be developed on the basis of detailed conservation-oriented preliminary investigations.

Replacement by Copies

In some cases a study might show that figural elements on the exterior are already severely damaged and can only be saved from further deterioration through the production of replicas by the stonemasons and the transferal of the originals to the interior or their deposition in a secure place. The possibility of copies in the context of a restoration concept, not explicitly mentioned in the Venice Charter, was already critically commented in the Athens Charter, but not excluded for certain states of decay of monumental sculptures: *With regard to the preservation of monumental sculpture, the conference is of the opinion that the removal of works of art from the surroundings for which they were designed is in principle to be discouraged. It recommends, by way of precaution, the preservation of original models whenever these still exist or if this proves impossible the taking of casts.*

Replicating – i.e., making a copy of an existing original or of another replica –has a long tradition in art history, as illustrated by the "multiplication" of a famous pilgrimage painting or statue through countless small copies. **But replication can only be considered a preservation measure if the copy is made in order to protect an existing original: the copy as a means of saving a monument.** We must always remain conscious of the uniqueness of the original because, no matter how faithful in form, material and scale, a replica is always a new object and merely a likeness of the original with its irreplaceable historical and artistic dimension.

Production of a replica to replace an original, already referred to in the context of facade sculpture, can make it possible to remove and protect a work of art that can no longer be preserved on its original location, without thereby disrupting the meaning of a superordinate pictorial program of which it is a part; well-known examples include the sculptures personifying the Church and the Synagogue on the cathedral of Strasbourg. To a certain degree such a replica can be understood as a partial replacement, a completion that serves restoration of the whole. This can also be a valid approach for sculptures in a park, each of which is an essential element, in its particular location, of an overall artistic concept; if leaving them exposed to continued negative environmental influences is no longer justifiable, the originals can be replaced by replicas while they themselves are given the protection provided by a museum-like environment. Depending on the individual case, a combination of measures may be sensible: replication of endangered components of a whole, or the completion and conservation of originals that are already so badly damaged or that have been so severely altered during earlier restorations that their non-reversible state of deterioration would make exhibition in a museum pointless. Given the abundance of affected monuments – just among stone sculptures, for example –it must be emphasized that this approach nonetheless has narrow applications: even if appropriate storage places are available, the deposited originals must undergo conservation treatment so that the decay does not continue, an aspect that is often overlooked. And which museums or depots should accept the stained glass from a cathedral that has been replaced by copies? With the exception of a few special cases, such windows should be saved and restored on their original location by means of suitable protective glasswork.

The testimonies in stone that characterize many cultural landscapes – the wayside shrines, stations of the cross, road markers, boundary stones, etc. –must be preserved in situ as long as possible using stone conservation treatments, even if we know these techniques are inadequate; if necessary they must be repaired by restorers. In these cases only the threat of total, non-stoppable loss can justify replacement of the original with a replica.

A further issue is the extent to which a replica should duplicate the original in materials and technique: in each individual case careful consideration must be given as to whether the best solution calls for a handcrafted or sculpted copy in the original materials or for one of the modern casting techniques, some of which are very highly developed; of course a prerequisite for the latter is that no damage be done to the original during the process.

Apart from the examples mentioned here, the possibilities for saving a monument by bringing it into a protected space are very limited because normally a historic building cannot be moved, nor can it be replaced by a replica. However, there are **exceptional cases of replicas in order to save significant monuments endangered by modern mass tourism.** The paintings in the caves of Lascaux, unchanged over thousands of years, became threatened by the climatic fluctuations caused by visitors. Closure of the cave and construction of an accurately scaled replica nearby, which has enjoyed acceptance by tourists, has helped to save the original paintings. Another successful example is the "tourist's copy" of the famous Thracian grave of Kasanlyk in Bulgaria. This approach could serve as a model for other objects that are afflicted by mass tourism.

VI. MAINTENANCE, REPAIR AND STABILIZATION, REHABILITATION AND MODERNIZATION

Whereas in former times conservation and restoration were practiced primarily in the context of works of art and monuments of art and history, that is in the field of "classical" conservation/preservation, certain forms of maintenance, repair and stabilization, reconstruction and rebuilding have been practiced ever since there has been architecture. Therefore, as customary building methods they are not only of interest for the conservation / preservation of monuments and sites. But of course especially the practice of maintenance and repair plays a decisive role in this context, and many conservation principles could also be described under the heading "repair", even if the term "repair" is not explicitly named in the Venice Charter. Instead, under the heading "conservation" article 4 on the necessary maintenance of monuments and sites stands here in the first place: *It is essential to the conservation of monuments that they be maintained on a permanent basis.*

Maintenance

Entire cultural landscapes are perishing for lack of building maintenance, affecting the age – old traditional earthen architecture particularly dependent on constant maintenance as well as stone buildings of abandoned villages and towns. A lack, for various reasons, of the most basic maintenance work is a problem that is sometimes overlooked for so long in preservation practice that expensive repairs become necessary. In such situations the question may arise of whether the damages are already so advanced that repair is no longer possible; then either the ultimate loss must be accepted or a drastic renovation and rehabilitation may have to be undertaken as the only alternative. In the following the repair of monuments is understood as a general term that may include measures of conservation and stabilization/consolidation, measures of restoration and renovation, and the replacement of missing elements, whereas maintenance is used to mean limited, continuous preservation work.

In contrast to normal building maintenance, maintenance of historic buildings must always take into account the monument value of the fabric as well as the monument character of a structure. Under these conditions, proper maintenance can be the simplest and gentlest type of preservation because it guards against potential damages, especially those caused by weathering, and thus preserves monuments intact over centuries.

The maintenance of a historic building includes seemingly self-evident measures such as the cleaning of gutters or the re-nailing of damaged roof tiles, work that an owner can carry out himself and that wards off extensive damage. Obviously such maintenance work should be oriented to the existing materials and skilled craft techniques with which the historic building was erected. For maintenance measures such as plaster repairs or paint work on historic building components or on a facade, the professional advice of a preservation agency is necessary. Proper maintenance is a direct outcome when a historic building is used appropriately (particularly in the case of residential use). The maintenance work carried out on individual historic buildings can add up to an old town that does not deny its age but is nonetheless very much alive, an old town that neither seems unnecessarily "spruced up" nor approaches a state of decay that might be picturesque but in fact is highly dangerous to the historic fabric.

Apart from buildings in continual use, some categories of monuments – from stone boundary markers to castle ruins – require only occasional maintenance measures, but the work must be done again and again; removal of plant growth that endangers the fabric of a ruin is one such example. Still other types of monuments such as historic parks with their paths and plantings require constant intensive care (cf. the section "Maintenance and Conservation" of the Florence Charter).

Certain industrial monuments – an old locomotive, a steamship or a power station, for instance – that are outdated technically and have become more or less museum objects must also be intensively "serviced", just as if they were still in use. On the other hand, our underground archaeological monuments could survive without any maintenance for centuries and millennia – if only they were protected from constant endangerment caused by human interference.

Special problems of maintenance are presented by the decorative features of historic buildings. There is a broad spectrum of possible damages resulting from neglect, from incorrect climate control in interior spaces, from improper handling of flowers or candles in churches, and even from cleaning or dusting undertaken in the name of monument care. For sensitive works of art even a seemingly harmless cleaning can have a damaging effect; in such cases maintenance should be entrusted to appropriate specialists only.

In this context reference can be made to a trend-setting model, of which little use has been made to date: maintenance contracts with restorers for outstanding decorative features which are particularly endangered, for instance for climatic reasons. Threats to works of art could thus be identified early; minor initial damages could be repaired year for year by a restorer without great expense. Over the long term the sum of simple conservation measures would make major restoration work superfluous – certainly the ideal case of maintenance but in fact nothing different than the usual care that every car owner bestows on his automobile in order to preserve its value. Yet the car is an item of daily use that can be replaced by a new one at any time, whereas the unique fittings of our historic buildings cannot be replaced; waiting until the next major restoration becomes due often means an irretrievable loss. With modifications this model could also be applied to maintenance contracts for the general preservation of historic buildings; restorers or craftsmen specialized in certain fields could look after certain historic buildings, of course in coordination with the state conservation services.

Just how seriously the issue of maintenance must be taken is shown by the **possibility of deliberate neglect,** whereby the conditions needed for a demolition permit are quite consciously attained. Finally, certain **precautionary measures against catastrophes and accidents** (such as systems for fire prevention, theft security, etc.) could also be counted as part of the continual maintenance that guarantees the survival of a monument. Planning for such measures must, however, is coupled with appropriate preservation-oriented preliminary investigations.

Repair and Stabilization

Even if the boundaries between maintenance and repair are fluid, in general the repair of a monument would be defined as work which occurs at greater intervals and is often necessitated by inadequate maintenance. Individual components of a monument might be repaired, added to or replaced. We can even speak of continuous repair concerning the routine replacement of stones on certain monuments, as exemplified in particular by the stonemason workshops of medieval cathedrals.(see p.18)

A first principle of repair should be: **Following thorough analysis all work is to be limited to the truly necessary!** It is a mistake to assume that nowadays the higher costs for unnecessary work would anyway ensure that only necessary work will be done. Quite apart from increased costs, various factors – ranging from a change in use, an increase in the standards of the use, inadequate preliminary investigations, improper planning, inappropriate techniques, poor execution of work, or sometimes even a misguided "preservation" plan that inclines toward perfection – can also lead to an **unnecessary, radical renewal** after which practically nothing is left of the historic fabric.

Out of the principle of limitation to the necessary – in fact self-evident but nonetheless always in need of special emphasis – arises the principle that repair takes priority over renewal (that is, replacement of components): **As far as possible repair rather than renew!** In general repair is understood to mean the most careful and localized exchange of materials or building components possible.

Without going into the parallels to this principle in the field of art restoration, the principle of limitation to the necessary together with the principle of the priority of repair over renewal should be made clear to planners and especially to the craftsmen who carry out the work – craftsmen whose training today has accustomed them instead to building a new wall, replastering an old wall, carpentering a new roof frame, re-tiling a roof, making new floors, new windows and new doors, etc. The fact that preservation principles call for limitation to absolutely necessary measures, and thus for repair work that is adapted to the actual extent of damages – in other words stabilization and repair of the existing wall, refilling of the gaps in the old plaster, re-nailing of the roof covering, mending of the poorly closing window and the old door – often demands radical rethinking not only on the part of planners and craftsmen but in particular on the part of monument owners. In our modern throw-away society the abilities to repair materials and to use them sparingly – in earlier centuries a matter of course for economic reasons – are often underdeveloped or completely lost. Instead we produce not only consumer goods but to a certain degree even entire buildings on the assembly line, and after depreciation they are in fact "used up" disposable buildings. Everyone understands today that an old country cupboard, after its repair, satisfactorily fulfills its purpose as a cupboard and simultaneously represents a valuable original piece (paid for dearly on the art market), whereas a new cupboard made in imitation of the old has a comparatively low value. Quite apart from the issue of material value, a respect for the value of the original as historic evidence –respect which would call for repair instead of replacement of the historic stairs and the banister railing, refilling of gaps in plaster rather than complete renewal of the plaster –unfortunately cannot be taken for granted.

Just as the maintenance of a monument preserves original materials which have been worked in traditional techniques, the repair of a monument must be carried out in appropriate materials and techniques, provided that a modern conservation technique does not have to be used to ensure preservation. That means: **Repair using traditional materials and techniques!** A door, a window frame, a roof structure are thus best mended using an appropriate wood; old plaster is best supplemented in an analogous technique; likewise brick masonry is best repaired with bricks, a rubble wall with rubble stone, etc. Used as an addition to old plasterwork or as new plaster over old masonry walls, modern cement plaster for example is not only an aesthetic problem but also soon becomes a serious problem leading to further deterioration.

As far as possible all such repair measures are to be executed according to skilled craft techniques. Of course, in many cases modern hand tools or small electric machines can also be used to a reasonable extent, but the technical aids of the modern large-scale construction site should in general not be employed as they can only lead to unnecessary destruction in a historic building. In such cases sensitive skilled repair that is adapted to the old methods of construction and especially to the old surfaces is much more the issue than is the demand for imitation of historic techniques.

The principle of repair using traditional materials and techniques does not mean that in special cases the most modern techniques must be excluded, for instance if traditional repair cannot remedy the cause of damage or if repairs would destroy essential monument qualities whereas modern technology would guarantee greater success in the preservation of historic fabric. In certain cases the use of conservation oriented technology for stabilization and consolidation is unavoidable.

In general the same preservation principles are also valid if, in addition to mere repair work, certain ruined components have to be completely exchanged: for example, use of traditional clay roof tiles which, aside from their aesthetic effect, possess different physical properties than substitute materials such as concrete tiles; use of wooden window frames instead of plastic ones, of window shutters instead of roller blinds; rejection of all the popular facade coverings of asbestos cement or plastic, etc. This means **renunciation of modern industrial throw-away products** that are propagandized daily in advertisements; aside from their other characteristics, these products can in fact only disfigure a historic building.

Another point that is of importance for all preservation work involves the **principle of reversible repair**: interventions necessary in connection with repair work such as mending and replacement of components should be "undoable". This principle, not directly addressed in the Venice Charter mostly involves approximate values –more or less reversible – rather than an "absolute" reversibility that can only rarely be guaranteed.(see pp.37/38)

But it is obvious that repair work which is limited to the truly necessary – the mending of a damaged stone stair step by means of a set-in piece, or the replacement of a ceiling beam – is certainly more easily reversible (for instance when further repairs or alterations become necessary in the future) than is the replacement in concrete of entire structural components or systems such as stairs, ceilings, girders or supports. Aside from the irretrievable losses that arise at the time such work is done, it would be much more difficult or almost impossible in the future to remove an entire concrete framework than it would be to exchange a few beams. Moreover, even without being demolished a totally "rebuilt" historic monument for which the principle of reversible repair has been neglected will lose its character as historical evidence.

Repair of monuments also encompasses technology for stabilizing and safeguarding monuments. Whereas repair work in general involves removal of damaged elements and replacement with new materials – resulting in a very careful exchange of materials or building components limited to the actual location of the damage –**stabilization measures have a conservation-oriented objective that excludes as far as possible the replacement of materials or structural elements**. Here, too, interventions in the original fabric cannot be avoided, for example in cases involving consolidation, hardening, impregnation, pinning or injections of substances such as lime trass or cement suspensions. Often just such "invisible" interventions as these are rather massive. Techniques also include substitute structural systems and protective fittings against weathering, the effects of light, etc. Stabilization technology covers the broad spectrum of materials and constructions within a monument, from the conservation of pigments, paint layers and plasters to the structural securing of historic foundations, walls and load-bearing systems. Deciding whether and how repairs should be made or how a safeguarding measure should be carried out are certainly among the more difficult, specialized planning tasks for which the preservationist together with the engineer, chemist or restorer must work out a technical plan that accords with the nature of the monument. Without preliminary investigations to ascertain a building's particular historic features and to identify damages, qualified decisions in this field are not possible; moreover results will be random and hardly controllable for preservation purposes.

Rehabilitation and Modernization

In connection with the repair of monuments the term rehabilitation refers in current practice to more comprehensive and far-reaching work than is involved in the forms of preservation- oriented repair described here. Today the term rehabilitation implies much more than "recovery": rather, it refers to work that is in part necessary but also is in part much too extensive and radical. Such work often results from the need to accommodate modern standards and provisions or to change a building's use; sometimes it is an outcome of revitalization measures that are not necessarily focused on a building's historic fabric.

Rehabilitation work undertaken to accommodate a building to today's residential needs (for example through installation of a new heating system or renewal of electrical or sanitary systems) usually involves **necessary modernization measures which go beyond purely pres-ervation-oriented repair work.** But the basic preservation principle is valid here, too: interventions in the original fabric made in connection with modernization work should be kept as limited as possible while nonetheless enabling reasonable further use. The more conscientiously the preservation-oriented preliminary investigations which are essential for such a project are carried out, the more favorable will be the overall circumstances for preservation. A preliminary investigation shows, for instance, where new ducts could or could not be laid, where later walls could or could not be removed without damage, how the structural system could be most carefully corrected, etc. This ap-plies to historic dwellings, from farmhouses to palaces, as well as to ecclesiastical buildings. For churches, rehabilitation and "modernization" (typically installation of a heating system) often involve major inter-ventions in the floor and thereby in a zone of important archaeological findings. It is obvious that the rehabilitation of public buildings can lead far beyond the repair that becomes necessary from time to time, involving massive interventions that are determined by the building's function and by special requirements and that are regulated by the rel-evant provisions and standards, including fire walls, emergency routes, new staircases, elevators, etc.

The term **urban rehabilitation** is used to refer to the rehabilitation of an urban quarter or an entire city. Extensive investigations of the eco-nomic and social structure can precede urban rehabilitation. In some circumstances they are based on general demands – for example for transformation into a "central business district" with department stores, for provision of parking buildings, etc. –that simply deny the given historic structure. Clearance urban renewal as practiced widely in the past decades has resulted in either total removal of all historic build-ings and thus, from a preservation standpoint, has actually achieved the opposite of "rehabilitation", or it has involved extensive demolition and restructuring with the retention of a few historic buildings, which is likewise tantamount to far-reaching annihilation of the monument

stock and the historic infrastructure. The readily used term "urban re-
newal" can signal "urban destruction" from a preservation perspective.
By now clearance renewal has hopefully become the exception, and in
many cases urban rehabilitation is being practiced "from house to
house". In the best cases of urban rehabilitation repair in a preserva-
tion-oriented sense is being practiced according to the principles of re-
pair already described (see p. 27/28), and the necessary modernization
work is carefully accommodated to the historic fabric. And of course
the success of rehabilitation depends critically on a compatible use of
the historic buildings.

As the most telling example of the "achievements" of modern tech-
nology, clearance renewal has proved that rehabilitation which is going
to have a preservation orientation has need from the beginning of
"gentle", more traditional practices. Modern technologies are un-
desirable if their implementation requires procedures according to the
tabula rasa method, or if they cause enormous initial damages: for in-
stance, the large opening made in the city walls (indeed demolition of
half the structure that is actually intended for "rehabilitation") just in
order to get the equipment "on the scene" and to work "rationally".
Here in many cases it would be more advantageous economically as
well to work from a preservation-oriented standpoint. Of course this is
valid for the principle of limitation to the truly necessary and thus for
the principle of repair, emphasized here again: For the replacement of
truly worn out historic fabric, the replacement of windows, etc. the
principle of repair using traditional materials and techniques must be
applied.

VII. RECONSTRUCTION, REBUILDING AND RELOCATION

Reconstruction refers to the re-establishment of structures that have been destroyed by accident, by natural catastrophes such as an earthquake, or by events of war; in connection with monuments and sites in general to the re-establishment of a lost original on the basis of pictorial, written or material evidence. The copy or replica, in contrast to the reconstruction, duplicates an original that still exists. Partial reconstruction as a preservation procedure has already been discussed under the topic of completions and replacements.

Reconstruction is by no means expressly forbidden by the Venice Charter, as is often maintained; the passage in question in article 15 - *All reconstruction work should however be ruled out a priori. Only anastylosis, that is to say, the reassembling of existing but dismembered parts, can be permitted* - relates exclusively to archaeological excavations. In contrast the Athens Charter mentions the method of anastylosis, a special form of reconstruction in connection with ruins of all kinds: *In the case of ruins... steps should be taken to reinstate any original fragment that may be recovered (anastylosis) wherever this is possible* (Athens Charter, VI, Technique of conservation). There are good reasons for the preference for anastylosis in archaeological conservation, although for didactic reasons archaeological preservation work sometimes does involve partial reconstructions for the interpretation and explanation of historic context (see Charter for the Protection and Management of Archaeological Heritage, article 7 on reconstruction). In another special field, historic gardens, reconstruction also plays a decisive role for obvious reasons (see Florence Charter, "Restoration and Reconstruction", art. 14.17). However, in general we can conclude that the authors of the Venice Charter, based on the charter's highly restrictive overall attitude also in regard to replacements (which according to article 12 should be *dis-*

tinguishable from the original), were very skeptical of reconstruction work.

The **skepticism regarding any form of reconstruction** is based first of all on the knowledge that history is not reversible: in certain circumstances a fragmentary state offers the only valid, un-falsified artistic statement. Indeed even a totally destroyed monument is evidence of history, evidence that would be lost in a "reconstruction" just as some castle ruins fell victim to "re-building in the old style" in the nineteenth century. Where such traces of history must be conserved, reconstruction is totally out of place. Furthermore, the monument that could be restored or renovated, or perhaps stabilized and repaired, must not be demolished and recreated as a reconstruction "more beautiful than before." But precisely this approach is being proposed daily. Thus the negative attitude to reconstruction is based on recognition of a genuine danger to our stock of historic buildings today, rather than merely on an aversion (found in preservation theory since the turn of the century) to 19th century "restoration" work and the disastrous damage it caused to original historic fabric, particularly on medieval monuments, through reconstruction trends based more or less on "scientific" hypotheses à la Viollet-le-Duc (cf. his definition of "restoration").

A reconstruction that does not replace a lost monument but rather justifies and facilitates demolition of an existing monument is in fact a deadly danger for our stock of historic buildings. As far as "art objects" are concerned, it is the undisputed opinion of the public that **a reconstruction cannot replace the original**, but there is need of intensive public relations work to convince this same public that an object that is in use, such as Baroque church pews, similarly cannot be replaced by a replica; this lack of understanding often also applies to historic buildings. Thus, because of imagined or actual constraints on their use, houses and commercial buildings in particular are threatened by demands for total renewal instead of repair, for demolition and reconstruction "in the old form" – preferably then of course with a basement that never existed or with that inevitable underground garage. In this context the concept of "reconstruction" generally anyway refers only to the exterior, whereas the interior is reorganized and floor levels revised so that the "reconstructed" facade must be "lifted" because of an additional story. What remains of the monument are perhaps a few building elements taken up in the new structure as a "compromise": a stone with a coat of arms, an arcade, etc.

A reconstruction on the site of an existing monument, necessitating removal of the original monument, can thus be ruled out as a preservation solution. A modification of this approach – **dismantlement and re-building using the existing materials** – also almost always leads to critical losses, although it is technically conceivable with building elements of cut stone or wood that is not plastered and have no fill materials. Log buildings can usually survive such a procedure with limited loss, if the work is done with care and expertise. With buildings of cut stone, the joints and the connections to other building components are lost; the loss of context is anyway a problem with every reconstruction that incorporates existing elements. Buildings with in-fillings or plastering, conglomerate structures, massive masonry, etc. usually forfeit the greater part of their historic fabric in such a project. Thus a reconstruction using existing material, through dismantlement and reassembly, can be successful only with very few objects. Prerequisites are preservation oriented preliminary investigations and an endangerment to the existing object which cannot be countered by any other means.

Despite the mentioned dangers, under certain conditions reconstruction can be considered a legitimate preservation method, as are conservation, restoration and renovation. In a preservation context reconstruction generally is related to the re-establishment of a state that has been lost (for whatever reason), based on pictorial, written or material sources; it can range from completion of elements or partial reconstruction to total reconstruction with or without incorporation of existing fragments. Within the framework of renovation projects reconstruction of the original paint scheme – for instance re-establishment of a room's interior decoration or repainting of an exterior according to the findings of color research – can serve the overall aesthetic effect of the monument. The reconstruction of the historic fittings of a building, appropriate only in well-justified situations, can also be seen in this context. Finally, we should not forget that the historic appearance of a building can be reconstructed in designs and models to provide a very useful foundation for deliberations on a conservation concept project although for good reasons the reconstruction may not be turned into reality.

A necessary prerequisite for either a partial or a total reconstruction is always extensive source documentation on the state that is to be reconstructed; nonetheless, a reconstruction seldom proceeds without some hypotheses. One of the criteria for the inscription of cultural properties in UNESCO's World Heritage List according to the Operational Guidelines of the Convention is *that reconstruction is only acceptable if it is carried out on the basis of complete and detailed documentation on the original and to no extent to the conjecture.* Thus, in connection with the inscription of cultural properties in the World Heritage List reconstructions are not excluded, but they require a sound scientific basis. The comments in article 9 of the Venice Charter are in a sense also valid for reconstruction: *The process of restoration is a highly specialized operation. It is... based on respect for original material and authentic documents. It must stop at the point where conjecture begins...*

The preceding discussion perhaps suggests that, although reconstruction is not "forbidden" and does not necessarily represent a preservation "sin" – the pros and cons must nonetheless be very carefully weighed. Just as a reconstructed completion that is based on insufficient evidence or questionable hypotheses in fact falsifies a monument, so an unverified "creative reconstruction" cannot really restitute a lost monument, not even formally – and certainly not in its historical dimension. In addition there is often confusion about the materials and the technical, skilled and artistic execution of the lost original. Under some circumstances a reconstruction requires, in addition to a sound scientific basis, execution in the original forms and materials, necessitating appropriate craftsmanship and artistic capabilities; of course any extant historic fabric should be integrated to the greatest extent possible. On principle, reconstructions that involve an original that was unaltered are more easily justified than reconstructions attempting to recreate an organic state that evolved over the centuries and thus can hardly be "reproduced".

In special cases a reconstruction may also be conceivable in order to elucidate a fragmentary monument, to reestablish the setting for extant fittings and decorative features or significant building components. In this context the roofing over of a masonry wall or other fragments through reconstruction work can sometimes also have advantages in terms of conservation. In order to tolerate this type of approach there must be no loss to the existing historic fabric, for instance through the replacement of original foundations or through other stabilization measures. Finally, a reconstruction may be justified within a historic complex or in a particularly uniform ensemble in which a gap (for whatever reason it has developed) reduces, impairs or disfigures the ensemble. A prominent example is the reconstruction in 1908 of the Campanile of San Marco in Venice, after its sudden collapse, because it was an indispensable element of the historic square.

In this context the **rebuilding after catastrophes and events of war** must also be addressed. Quite independent of preservation considerations, such rebuilding has seldom been a process of totally new beginnings, even in past centuries and millennia. For reasons of economy, a frugal handling of available materials tended to pick up on what already existed; indeed this sometimes led to a "reconstructing" approach. A case in point is the cathedral of Orleans: destroyed by the Huguenots, it was rebuilt throughout the 17th and 18th centuries in Gothic style. Rebuilding has dimensions that mere reconstruction on a so-called scientific-intellectual basis does not have. The rebuilding of

totally or partly destroyed historic buildings, in particular of mon-
umental buildings which visually embodied the history of a city or a
nation, can be an act of political self-assertion, in a certain sense just
as vital for the population as the "roof over one's head". A pre-
requisite for rebuilding is of course the will to rebuild on the part of
the generation that still feels the hurt of the losses. It is sometimes
astonishing how structures that are rebuilt out of this motivation close
the gap rendered by the catastrophe and are perceived as historic
documents despite the irreplaceable loss of original fabric. This is par-
ticularly true if salvaged original fittings legitimize the rebuilding. It is
also amazing how a rebuilt monument not only can fulfill its old
function, but also can re-occupy the building's old position in history
despite its mostly new fabric, for instance in the case of the Goethe
House in Frankfurt. On the historic site of its old foundations can a
building also integrate as far as possible the remnants of historic fab-
ric that survived the catastrophe, as well as any salvaged fittings and
decorative features. Besides, the rebuilt structure should represent the
state of the historic building before its destruction, if the true intent of
the rebuilding is to close the gap and not to embody the break in tra-
dition that the catastrophe has caused.

A special situation involves the rebuilding of a structure in accord-
ance with how it looked at an earlier time, as documented by archi-
tectural history research, rather than how it appeared before
destruction. In this approach the "mistakes", alterations and additions
of later periods are purified, and even salvaged fittings may be partly
or completely sacrificed to the new plan in order to bring out the
"original appearance" of the architecture once again. A process that is
similar to restoring a building back to an earlier state this approach to
rebuilding is problematic from a preservation standpoint and only justi-
fiable in exceptional cases.

The history of rebuilding in Europe after the Second World War
–with the possibilities ranging from a totally new beginning according
to the rules of modern architecture to cases in which reconstruction in-

deed duplicated the materials and forms of buildings before their destruction – cannot be described here. Even as we mourn what was lost, as preservationists we must now accept the different alternatives used in rebuilding after the war. Indeed we must already look at the results of rebuilding as historic evidence and admit that the buildings that were more or less faithfully reconstructed are the ones that have actually proved most successful in the long run: numerous rebuilt structures are now themselves recorded in monument lists as authentic historic buildings; even if they can never replace the partly or totally lost originals of the pre-war period they are a document for the time of their reconstruction. Opposition to any kind of reconstruction in view of the many historic buildings in ruins quite simply contradicted what had been the natural reaction over centuries: the wish to re-establish the familiar surroundings after a catastrophe, to put the usable materials together again – thus to reconstruct. This basic human concern was not only valid for rebuilding in the period right after the war, but rather is equally true for rebuilding projects that for various reasons first became possible decades later, as for example the Church of Our Lady in Dresden. Beyond purely preservation aspects, the critical factor is the motivation that is behind the will to rebuild, marking the consciousness of loss; under such circumstances the idea of a time frame in which reconstruction is "still" allowed or "no longer" justifiable – as is sometimes suggested – is not relevant.

Sensible handling of the subject of reconstruction requires a correct understanding of monuments "in the full richness of their authenticity", as it says in the preamble of the Venice Charter. According to the document agreed upon at the Nara conference concerning authenticity, in the evaluation of a monument not only the oft-evoked historic fabric but also additional factors ranging from authentic form to authentic spirit play a role. The true substance fetishist, with his "materialistic" understanding of the monument, can only confirm a continual loss of authentic fabric, given his perception of history as a one-way street of growth and decay; he can try to conserve the most recent state of a monument up to the bitter end. But the preservationist who, as a sort of lawyer for the historic heritage in a world that is changing as never before, tries to preserve at least a certain degree of continuity by saving historical evidence must be conscious of all the authentic values of a monument, including a "display" value that may be purely aesthetically motivated or the often neglected "feeling" value that perhaps tends toward reconstructions of a particular form or situation. In conjunction with the deep-felt human concern that arises over rebuilding after catastrophes, there is also always the additional issue of the perceptible presence of the past at the monument site, an issue that involves more than extant or lost historic fabric.

Part of the context of reconstruction is the **relocation of monuments.** In rare cases relocation can be possible technically without dismantling and rebuilding, for instance with small structures such as a garden pavilion which can be moved by inserting a plate underneath it. But with every relocation the critical relationship of the monument to its environment and surroundings is lost, together with that part of the building's historic message which relates to its particular location. In this context article 7 of the Venice Charter can also to be applied to relocations: *A monument is inseparable from the history to which it bears witness and from the setting in which it occurs. The moving of all or part of a monument cannot be allowed except where the safeguarding of that monument demands it or where it is justified by national or international interests of paramount importance.*

Thus from a preservation standpoint **relocation is only admissible if the monument can no longer be preserved at its original location,** if it cannot be protected in any other manner, if its demolition cannot be prevented. This situation becomes relevant not only in such cases as the removal of historic buildings for brown coal mining or the flooding of a village for a man-made lake, but also in the case of the approval of a new building on the site, regardless of why the permission was granted. There is even some danger that the mere possibility of the relocation of a monument to the next open-air museum will be taken as an excuse for the sought-after demolition. It is mostly rural houses and farm buildings that are relocated, not only for open-air museums but also out of private interests. The first requirement in such cases is to ensure that the historic building, though removed from its original surroundings, is at least re-erected in a comparable topographical situation. In general relocation to a site that is as close as possible to the original location and as similar as possible to the original landscape situation is to be preferred.

Ultimately, the crucial requirement for a relocation is that the historic building can in fact be moved, i.e., that the original fabric (or at least the majority of the most essential components) can be relocated. Thus for purely technical reasons genuine relocations generally involve wooden buildings, in particular building types that were relocated at times in past centuries as well. The nature of their construction makes log buildings particularly suited for dismantling, transport and reconstruction. Under certain conditions buildings of cut stone can be relocated, stone for stone and course for course. In contrast the relocation of most other massive buildings is usually pointless, since a plastered rubblework wall can at best be rebuilt using parts of the original material. The same principles that apply for the repair of other historic buildings–regarding the use of authentic materials, techniques of craftsmanship and conservation treatments –are also valid for the repairs and completions that are inevitably necessary on a relocated building. Scientific documentation and recording of the original condition of a building are essential requirements for correct dismantling and rebuilding.

VIII. PRINCIPLES FOR THE CONSERVATION PRESERVATION OF ARCHAEOLOGICAL HERITAGE, HISTORIC AREAS (ENSEMBLES) AND OTHER CATEGORIES OF MONUMENTS AND SITES

The Venice Charter refers to all kinds of monuments and sites, as defined for instance in article 1 of the World Heritage Convention of 1972 as cultural heritage. On the basis of this Charter other charters and principles were later developed for individual categories of monuments and sites. The Venice Charter itself devoted an entire article to only one classical monument category, namely to archaeological heritage (see article on "Excavations"), for which the ICOMOS General Assembly in Lausanne in 1990 ratified the Charter for the Protection and Management of the Archaeological Heritage. For underwater archaeology this Charter was completed by the Charter for the Protection and Management of Underwater Cultural Heritage, which was ratified in 1996 by the ICOMOS General Assembly in Sofia. In the following no further reference will be made to the framework of underwater archaeology described in detail in that Charter.

Archaeological Monuments and Sites

Archaeological monuments and sites are those parts of our cultural heritage that are investigated using the methods of archaeology; mostly hidden in the ground or underwater, they are an irreplaceable source for thousands of years of human history. Archaeological heritage conservation is understood here as a "safeguarding of traces", and not as "treasure-digging". A strict differentiation between archaeological and architectural monuments does not always seem appropriate, since archaeological monuments in fact frequently consist of the vestiges of buildings that are hidden under the earth: structures of stone or wood, remnants of walls, colorations in the ground, etc. as well as the remains of their former fittings. Indeed to a certain extent an archaeological excavation can turn an archaeological monument back into an architectural monument, for instance if the remains of a ruin within a castle complex are exposed and subsequently must be conserved. On the other hand many architectural monuments and even urban districts are simultaneously archaeological zones because of the underground remains of predecessor buildings.

Since archaeological monuments of different epochs are hidden beneath the ground or under water, special survey, excavation and documentation methods have been developed to record and investigate them. Survey methods include field inspections and the collection of materials which make it possible to designate archaeological zones (topographical archaeological survey), aerial photography, and the recently developed geophysical survey methods (magnetometry). These survey methods, which do not need to be described here in any more detail, are already tied to the first basic requirement, or principle, in the field of archaeological heritage preservation: A survey of the archaeological monuments of a country using these methods must be carried out as accurately and comprehensively as possible. As in all fields of preservation, **a survey of the existing stock is a prerequisite for its protection.**

Of course the general principles of the Venice Charter are also valid for the particular circumstances of archaeological heritage preservation. Archaeological monuments and sites should be preserved in situ and as intact as possible; they must be maintained, conserved, and under certain circumstances restored. Article 15 of the Venice Charter deals separately with archaeology: *Excavations should be carried out in accordance with scientific standards and the recommendation defining international principles to be applied in the case of archaeological excavation adopted by UNESCO in 1956. Ruins must be maintained and measures necessary for the permanent conservation and protection of architectural features and of objects discovered must be taken. Furthermore, every means must be taken to facilitate the understanding of the monument and to reveal it without ever distorting its meaning.*

According to the above-mentioned UNESCO Recommendation on International Principles Applicable to Archaeological Excavations, passed by the General Conference in New Delhi on 5 December 1956, the best overall conditions for the protection of the archaeological heritage call for the coordination and central documentation of excavations by the relevant public authority of each country in conjunction with support of international collaboration; further, unauthorized digs and the illegal export of objects taken from excavation sites should be prevented. Particular value is placed on preservation of the findings from excavations and their retention in central and regional collections and museums in the territory of the excavation, or in collections directly connected to important excavation sites. However, the recommendation from 1956 does not yet emphasize clearly enough that excavated findings, just as fortuitous findings, are always only part of a monument which embodies multifaceted historical relationships; the goal of modern preservation practice as a comprehensive "safeguarding of traces" is to preserve this whole to the greatest extent possible. But the long-antiquated idea of archaeology as mere "treasure digging" even seems to lurk behind the relevant paragraphs in some of our modern monument protection laws.

Another critical criterion for the practice of modern archaeological heritage preservation is missing from the recommendations of 1956: the differentiation between excavations carried out for purely scientific interests and the unavoidable **emergency or salvage excavations** which in many countries have become the rule because of threats to archaeological monuments on a scale that was barely conceivable in previous decades. It is not only private construction projects that are repeatedly causing destruction of unrecognized archaeological monuments, but also a general "upheaval of land" in the course of public works, gigantic architectural and civil engineering projects, new transportation facilities, and especially intensive agricultural use with its concomitant land erosion. At least in conjunction with preservation projects involving historic buildings efforts can be made to **avert interventions in the ground**; a typical example would be leaving the "terra sancta" under the floor of a religious building untouched –ground which is almost always of interest archaeologically but is often endangered by installation of modern heating systems.

In light of the ubiquitous threats that force a profusion of emergency excavation and salvage operations in many countries – in such numbers that they can hardly be executed according to the strict scientific standards of modern archaeological practice –the Charter for the Protection and Management of the Archaeological Heritage (Charter of Lausanne) defines comprehensively for the first time the conditions, goals and principles of archaeological preservation. The validity of the most important principle of conservation –as far as possible monuments are to be preserved intact at their original site – for archaeological monuments as well is emphasized in article 6 in particular: *The overall objective of archaeological heritage management should be the preservation of monuments and sites in situ, including proper long-term conservation and curation of all related records and collections etc. Any transfer of elements of the heritage to new locations represents a violation of the principle of preserving the heritage in its original context. This principle stresses the need for proper maintenance, conservation and management. It also asserts the principle that the archaeological heritage should not be exposed by excavation or left exposed after excavation if provision for its proper maintenance and management after excavation cannot be guaranteed.* The latter principle is well worth heeding, considering the zeal – on an international level – with which archaeological sites are laid bare, only to be left exposed to the disastrous effects of tourism without *proper maintenance, conservation and management.*

The Charter of Lausanne also clearly differentiates between unavoidable emergency measures precipitated by threats to a site and excavations undertaken for purely scientific reasons; the latter can also serve other purposes such as improvement of the presentation of an archaeological site. According to article 5 *Excavation should be carried out on sites and monuments threatened by development, land-use change, looting or natural deterioration.* When an archaeological site is doomed because all possible protective measures have failed or could not be implemented, then of course its excavation must be as thorough and comprehensive as possible. In comparison, excavations for purely scientific purposes of archaeological evidence that is not endangered must be justified in detail; these are explicitly designated as exceptional cases in the Charter of Lausanne: *In exceptional cases, unthreatened sites may be excavated to elucidate research problems or to interpret them more effectively for the purpose of presenting them to the public. In such cases excavation must be preceded by thorough scientific evaluation of the significance of the site. Excavation should be partial, leaving a portion undisturbed for future research.* Thus interventions in archaeological sites which are not endangered or which can be protected despite endangerment by the available legal resources should be avoided as far as possible, except for special cases in which specific scientific problems are to be explored by excavations that are limited to part of a site or a scientifically and didactically motivated presentation area for visitors is to be developed. The prerequisite for these special-case excavations is always that the exposed site can in fact be conserved and permanently preserved. If the requirements for the continued maintenance of an archaeological site are not met, then such "exposures" can on principle not be justified.

The above-mentioned limitation on excavations of non-endangered archaeological sites to those that can be warranted not only under scientific but also under conservation standpoints should anyway be an outcome of the most reasonable application of limited resources: *Owing to the inevitable limitations of available resources, active maintenance will have to be carried out on a selective basis,* according to article 6 of the Charter of Lausanne. Moreover, a crucial reason for exercising the greatest possible restraint is the fact that every excavation means destruction: *As excavation always implies the necessity of making a selection of evidence to be documented and preserved at the cost of losing other information and possibly even the total destruction of the monument, a decision to excavate should only be taken after thorough consideration* (article 5). With excavations that are motivated purely by research interests it is sometimes possible to limit interventions significantly when the objectives can be met without employing the usual horizontal-stratigraphic methods but rather by excavating a narrow field; for instance one sector of a ring wall could yield all the necessary information. In this way the archaeological monument is mostly undisturbed and is preserved in situ, thus remaining available for later investigations with improved scientific methods. The UNESCO recommendation from 1956 had already made a proposal in this sense: *Each Member State should consider maintaining untouched, partially or totally, a certain number of archaeological sites of different periods in order that their excavation may benefit from improved techniques and more advanced archaeological knowledge. On each of the larger sites now being excavated, in so far as the nature of the land permits, well defined "witness" – areas might be left unexcavated in several places in order to allow for eventual verification of the stratigraphy and archaeological composition of the site.*

In this context the Charter of Lausanne also refers in article 5 to an important basic principle that must be applied to excavations of non-endangered sites, a principle that moreover encourages the use of non-destructive sampling methods in place of total excavations: *It must be an over-riding principle that the gathering of information about the archaeological heritage should not destroy any more archaeological evidence than is necessary for the protectional or scientific objectives of the investigation. Non-destructive techniques, aerial and ground survey, and sampling should therefore be encouraged wherever possible, in preference to total excavation.*

The principles that are valid for preservation in general also apply to the preservation of archaeological sites and artifacts. The often very fragmentary condition of the objects makes it possible to limit work more to conservation instead of restoration or renovation; completions are carried out either sparingly or not at all. Other problems of repair and rehabilitation which arise with architectural monuments, especially in conjunction with modern uses of historic structures, are largely unimportant in archaeological heritage management. When the completion of an authentic fragment appears to be appropriate, the work should be distinguishable, for instance by means of a dividing joint or layer or by a different format in the brick. Additional layers of masonry, for instance to make the ground plan of an early medieval church visible once again, can also serve as protection for the original foundations that were discovered through excavation; however they should not replace the originals. In fact some excavation sites with their neglected, gradually disintegrating remnants of walls would indeed be much better off if they were concealed once again under a **protective layer of earth.**

Archaeological monuments are often presented to the visitor as "visible history" with the help of partial or total **reconstructions,** a legitimate approach as long as history is not falsified and the original remnants –the actual monument – are not removed. Indeed in some circumstances reconstructions, which always should remain recognizable as such, can be erected at another location so that they do not endanger the existing remains. In this context article 7 of the Charter of Lausanne states *Reconstructions serve two important functions: experimental research and interpretation. They should, however, be carried out with great caution, so as to avoid disturbing any surviving archaeological evidence, and they should take account of evidence from all sources in order to achieve authenticity. Where possible and appropriate, reconstructions should not be built immediately on the archaeological remains, and should be identifiable as such.*

A special variant of reconstruction, **anastylosis**, and a method developed in the field of classical archaeology but also applicable for partially destroyed monuments of later epochs is referred to in article 15 of the Venice Charter: *All reconstruction work should however be ruled out a priori. Only anastylosis, that is to say, the reassembling of existing but dismembered parts, can be permitted. The material used for integration should always be recognisable and its use should be the least that will ensure the conservation of a monument and the reinstatement of its form.* According to this method the fragments of an ashlar stone building – for instance a Greek temple – found on or in the ground could be put together again; the original configuration is determined from the site and from traces of workmanship, from peg holes, etc. If extant, the original foundations are used in situ. Such a re-erection demands preliminary work in building research; an inventory of all the extant building components, which must be analyzed and measured exactly, results in a reconstruction drawing with as few gaps as possible so that mistakes with the anastylosis can be avoided. A technical plan must also be worked out to preclude damage during re-erection and to address all aspects of conservation, including the effect of weathering. Finally, the didactic plan for an anastylosis must be discussed, with concern also being given to future use by tourists.

In order to be able to show original fragments –a capital, part of an entablature, a gable, etc. – on their original location and in their original context as part of an anastylosis, there is of course a need for more or less extensive provisional structures. The fragments in an anastylosis should only be conserved and presented as originals; they are not completed as in a restoration or embedded in a partial or complete reconstruction. The limits of anastylosis are reached when the original fragments are too sparse and would appear on the auxiliary structure as a sort of "decoration". Anastylosis, an approach which can indeed serve to protect original material in certain circumstances, also illustrates the special role of the fragment in archaeological heritage preservation.

Finally reference must be made again to the necessity of a **comprehensive record and inventory of archaeological monuments as a basic requirement of archaeological heritage preservation**, expounded in ar-

ticle 4 of the Charter of Lausanne: *The protection of the archaeo-
logical heritage must be based upon the fullest possible knowledge of
its extent and nature. General survey of archaeological resources is
therefore an essential working tool in developing strategies for the
protection of the archaeological heritage. Consequently archaeological
survey should be a basic obligation in the protection and management
of the archaeological heritage.* According to article 5 this should in-
clude appropriate reports on the results of archaeological excavations:
*A report conforming to an agreed standard should be made available
to the scientific community and should be incorporated in the relevant
inventory within a reasonable period after the conclusion of the ex-
cavation* –quite an understandable wish given the many scientific re-
ports that do not appear within a "reasonable period" but are very
long in coming. Moreover, because of the almost unavoidable profu-
sion of emergency and salvage excavations with their immense
"publication debts" and the excessive stockpile of artifacts, it has to
be clear that it is now more important than ever to protect our ar-
chaeological monuments from intervention. In the final analysis an ex-
cavation without a subsequent scholarly publication and without con-
servation of the findings is totally useless.

The importance of comprehensive documentation and scientific pub-
lication of all work undertaken in archaeological heritage management
must be emphasized again and again. Documentation and publication
are absolutely essential because every excavation is in fact an irrever-
sible intervention that partially or totally destroys the archaeological
monument; indeed in many cases after completion of an excavation the
monument, apart from the artifacts, exists only in the form of a scien-
tific description and analysis, and no longer in the form of undisturbed
historic fabric. From this situation comes the principle: **no excavation
without scientific documentation.** In a certain sense the scholarly pub-
lication, which conveys all the phases of work and thus makes the ar-
chaeological monument virtually re-constructible in conjunction with the
salvaged artifacts, has to replace the original monument. The doc-

umentation for an excavation must include all the overlapping layers from various epochs and different building phases; all traces of history must be given serious consideration. A particular historic layer should not be studied and others neglected in the documentation; for instance the classical archaeologist cannot heedlessly remove Byzantine remains or the prehistoric archaeologist neglect the remains from medieval times that would be of interest to an archaeologist of the Middle Ages.

The obvious care that must be given to **conservation of the excavated artifacts** from all historical epochs must also be seen in this context. The conservation of archaeological findings – the reassembling of ceramic shards, the preservation of wooden materials found in the damp earth or of a practically unrecognizably rusted metal artifact which would rapidly and completely decay without conservation treatment – is also a prerequisite for correct publication of the excavation. Subsequently, after their scientific treatment, groups of artifacts that belong together should not be unnecessarily split up and distributed among various collections, but rather should be housed in a nearby museum of the particular region so that the crucial relationship to the original monument site is at least to some extent preserved.

Historic Areas (Ensembles)

The Venice Charter defines monuments and sites in the widest sense and refers explicitly not only to the individual monument but also to its surroundings: It says in article 1 *The concept of a historic monument embraces not only the single architectural work but also the urban or rural setting...*, which together with article 6 (*Wherever the traditional setting exists it must be kept*) can be understood as a reference to a certain **ensemble protection.** In the Venice Charter ensemble protection did not yet play the decisive role which it received in the theory of conservation / preservation in connection with the European Heritage Year of 1975. Furthermore, there is article 14 on

"Historic Sites" which points out that when it comes to conservation and restoration the same articles of the Venice Charter apply as for single monuments: *The sites of monuments must be the object of special care in order to safeguard their integrity and ensure that they are cleared and presented in a seemly manner. The work of conservation and restoration carried out in such places should be inspired by the principles set forth in the foregoing articles.* Here with "sites of monuments" not only archaeological sites are meant, but also groups of buildings, ensembles, small and large historic areas, historic villages and towns. The fact that the authors of the Venice Charter were very much aware of the problem concerning historic centers is shown by the "Motion concerning protection and rehabilitation of historic centres" adopted in 1964 by the same International Congress of Architects and Technicians of Historic Monuments. However, in view of the sparse reference in the Charter to this important category of monuments and sites the Charter for the Conservation of Historic Towns and Urban Areas (Washington Charter 1987), adopted by the ICOMOS General Assembly in Washington, was meant to be understood as a necessary step *for the protection, conservation and restoration of such towns and areas as well as their development and harmonious adaptation to contemporary life.* For the rest, in addition to these brief directions to the very far-reaching topic of historic areas and ensembles in connection with urban conservation/preservation in general one can only refer to further international papers, especially to the UNESCO Recommendation Concerning the Safeguarding and Contemporary Role of Historic Areas (Warsaw/Nairobi 1976); furthermore, the discussion of the topic of Historic Urban Landscape (HUL), which is meant to result in a revised UNESCO Recommendation and the Xi'an Declaration on the Conservation of the Setting of Heritage Structures, sites and Areas of 2005.

Other Categories of Monuments and Sites

As another necessary addendum regarding categories of monuments not expressly mentioned in the Venice Charter has to be understood the Florence Charter of 1981 on the preservation of historic gardens: *As monument, the historic garden must be preserved in accordance with the spirit of the Venice Charter.* However, since it is a living monument, its preservation must be governed by specific rules which are the subject of the present charter (Florence Charter, article 3). The Charter on the Built Vernacular Heritage ratified by the ICOMOS General Assembly in Mexico in 1999 is also to be understood as an addition to the Venice Charter. The ICOMOS Charter on Cultural Routes ratified by the General Assembly in Quebec in 2008 has also opened up new perspectives for the protection and preservation of this special category of monuments and sites. In the years to come we can expect from ICOMOS and its International Scientific Committees charters, principles and guidelines on further topics, perhaps also on the current topic of "Modern Heritage", the heritage of the 20th century, the documentation and preservation of which are highly demanding.

IX. THE OPTION OF REVERSIBILITY

The term reversibility, not mentioned even once in the Charter of Venice, has in the meantime become common in connection with conservation / restoration/ renovation issues and the conservation / preservation measures of all kinds mentioned in the preceding chapters. Of course, our monuments with all their later changes and additions which indeed are to be accepted on principle as part of the historic fabric are the result of irreversible historic processes. Their "age value" is also the result of more or less irreversible aging processes. It can hardly be a question of keeping there "natural" aging processes (catchword "patina") reversible, of rejuvenizing the monument, of returning it to that "original splendor" that is so fondly cited after restorations. Rather it is only a question of arresting more or less "unnatural" decay (for example the effects of general environmental pollution), of warding off dangers, and simply of keeping all interventions that are for particular reasons necessary or unavoidable as "reversible" as possible. "Reversibility" in preservation work as the option of being able to reestablish – in as unlimited a manner as possible –the previous condition means deciding in favor of "more harmless" (sometimes also simply more intelligent) solutions and avoiding irreversible interventions which often end with an irreversible loss of the monument as a historic document.

In this sense we can speak of a reversibility option within the context of several principles of modern preservation laid down in the Charter of Venice. Regarding the maintenance of monuments there are measures that must be repeated constantly and thus to a certain degree are reversible. It can be assumed that a certain degree of reversibility is guaranteed regarding repair measures as well, if the important principle of repairs using traditional materials and techniques is observed. For instance in case of repairs that become necessary again in the future or in connection with use-related changes, repair work that is limited to the strictly necessary is more likely to be reversible than would be the renewal of entire components using the arsenal of modern materials and techniques. This is not to mention the fact that a historic building, rehabilitated "from top to bottom", for which every principle of repair has been disregarded, can completely loose its significance as historic evidence without demolition taking place. Insofar as traditional repairs are limited to the replacement of worn-out old materials with new materials only on truly damaged places, the reversibility option refers essentially to preservation of the "ability to be repaired" (repeated "reparability"). In this sense the replacement of stones by the cathedral stonemason workshops, seen as "continuous repair, can be understood as a "reversible" measure (insofar as it keeps its orientation to the existing forms, materials and craftsmanship), although the continuous loss of material is naturally an irreversible process.

The principle of reversibility will also be very helpful in judging a rehabilitation measure. For instance, the partition wall necessary for use of a building can be "reversibly" inserted as a light construction without massive intervention in the wall and ceiling, and thus could be removed during future alterations without difficulty. The same applies to certain necessary interior fittings in historic spaces (for example sanitary modules) that also can be made reversible like a "piece of furniture". In this context the preservationist must always pose critical questions: why must a roofing structure be converted into a "coffin lid" of concrete that burdens the entire structural system of a building, why is the entire foundation of a church to be replaced irreversibly in concrete? Is this intrusion in the historic fabric from above or below really necessary for preservation of the building? Is there not a much simpler, less radical, perhaps also essentially more intelligent solution? From a larger perspective the new building which accommodates itself within a gap in the property lots of an old town undergoing urban rehabilitation–a modest solution reduced to the necessary – will also appear more reversible than a structure such as a parking building or a high-rise that irrevocably breaks up the urban structure by extending over property lots, causing damages that from a preservation standpoint can hardly ever be made good again.

Also in the field of modern safety technology (technology that for conservation reasons is indispensable for the preservation of materials and structures), where interventions such as fastenings, nailings, static auxiliary structures, etc. are often "invisible" but nonetheless serious, the principle of reversibility can be introduced at least as a goal in the sense of a more or less reversible intervention, for example an auxiliary construction, removable in the future, which relieves historic exterior masonry walls or an old roof structure. The issue of more or less reversibility will naturally also play a role in the weighing of advantages and disadvantages of purely craftsman-like repairs as opposed to modern safety techniques, quite apart from the questions of costs, long-term effects, etc. For example, is the consolidation of a sandstone figure using a silica acid ester dip or an acryl resin full impregnation simply unavoidable because there is no other alternative or, instead of adhering to a – more or less – hypothetical "reversibility" should we talk here about various degrees of "compatibility". In the case of a compatible (that is, adapted in its nature to the original material) "non-damaging" substitute that serves to stabilize and supplement when used in conservation or restorations work, we can at any rate more likely assume that this material can to a certain degree be employed "reversibly".

With all conservation measures on a work of art – stabilization of the paint layers on a panel painting, consolidation of a worm-infested wooden sculpture, etc. – the materials that are introduced should at least be examined regarding their relative reversibility; sometimes a cautious "bringing-it-through" with interventions that are perhaps less permanent but to a certain degree reversible should be given preference. This would also depend on the use of materials for which a kind of "antidote", in the sense of the reversibility of the procedure, is always held in readiness. Thus if the surface of a monument pos-

sesses several "finishes", we must be conscious that every "re-ex-
posure" of an older finish means the – irreversible –removal of a
younger but likewise "historic" finish; that re-exposure is not in fact a
foregone conclusion but rather is only justified after a comprehensive
analysis which favors it as having "great historic, archaeological or
aesthetic value", as the Charter of Venice says. Even such a
"harmless" measure as the removal of a yellowed varnish layer, which
in the sense of a cyclic renewal may seem to be "reversible" because
varnish is replaced again and again by varnish can be connected with
irreversible damages to the paint layer. The demand for reversibility is
valid moreover for many restorative additions. With appropriately cau-
tious treatment of the transition "seam" between the new and the his-
toric fabric, we can speak here of an almost complete reversibility, for
instance the closure of a gap in a painting using watercolor retouching
that can easily be removed. Just as we can speak about reversibility in
the sense of "ability to be repaired again" (see p. 28) here we are
concerned with the option of being able to conserve or restore again
with as little damage as possible.

It is no coincidence that the "reversibility debate" was inaugurated
primarily in the literature on the restoration of paintings: presumably
painting restorers have always been vexed by the irreversible inter-
ventions of their colleagues in the near and distant past. But even if
restoration history is in many cases a downright alarming process, it
does not allow itself to be reversed in the sense of a "de-restoration".
The restorer will hopefully be careful about removing retouching and
additions that already are a part of the "historic fabric" as if they had
been applied earlier as "reversibly" as we can expect today from such
a work – work which should at least be left open for possible correc-
tions by future colleagues who are perhaps equipped with better tech-
nical possibilities and new knowledge. In addition to the reversibility
option suggested for conservation and restoration work, this approach
can eventually also is helpful in renovations. Renovations – of surfaces
– are perhaps the sole means not only to pass down the architectural

appearance of a monument but also to conserve the surviving historic fabric under a new "wearing course" as it were –provided that this wearing course (for instance a new coat of paint according to historic evidence) is reversible; that is a renewed re-exposure of the original would be just as possible as renewed renovation (the ability to be renovated again).

Even where the principle of reversibility is legitimately brought into play, it is never a matter of a total reversibility but rather of reversibility options, of a more or less genuine reversibility, if the work is not absolutely irreversible but rather remains "to a certain degree" reversible. Thus there is a clear discrepancy between theoretically conceivable and practically realizable reversibility. A very helpful aim for preservation practice seems to be in this context the possibility of repeating certain measures, thus the already mentioned ability to repair again, to conserve again, to restore again, to renovate again, to add again: a monument that is to survive the coming centuries in spite of its increasing "age value" is never repaired and restored "once and for all", as one must sometimes fear given the wild perfectionism of our time, which naturally has not skirted the field of preservation.

Finally, the issue of reversibility is naturally to be subordinated, as are other preservation principles as well, to the principle of conservation as the highest tenet; in other words, in preservation there must also be deliberate or unavoidable irreversibility, the irreversible intervention as the only possibility for preserving a monument. However, decisions for reversible or irreversible measures naturally presuppose thorough preliminary investigations; investigations involving restoration findings as well as building research, the "art" of which should be to manage themselves with interventions which are as slight as possible. Moreover, these investigations should actually be repeatable in the future on the object, in order to be able to control results and eventually to make corrections.

X. CONSERVATION POLITICS IN
A CHANGING WORLD

Today for the conservation and restoration of historic buildings we have an almost inexhaustible arsenal of materials and techniques at our command; there are countless opportunities and challenges, we are equipped not only with documentation methods that range from exact measurements to virtual reconstructions of every state of a building but also with highly developed conservation and stabilization techniques for the most varied types of materials and structures. Naturally this is an arsenal that will be tested further and developed continuously in coming decades. Given the complex tasks in the field of conservation this development will also include a corresponding diversity in participating professions: not only architects, art historians, archaeologists and restorers, but also various natural scientists such as geologists or mineralogists, not to forget anthropologists, lawyers etc. But in spite of the accomplishments of a "science"-oriented conservation profession, in which work is scientifically justified, prepared, carried out and documented, we must be aware that in the majority of cases it is traditional maintenance measures and traditional skilled repairs using traditional materials and techniques that are most appropriate, since in fact our basic concern, the preservation of authentic historical evidence, is often better served by limitation of work to the truly necessary.

From the perspective of ever-increasing worldwide exchanges of experience we will continue to give careful consideration to how we can avoid further destruction and best achieve our objective. And in the often desperate battle against destruction of the historic heritage global conservation practice will have to refer to the authentic spirit of monuments as described in the Nara Document of 1994, an authentic spirit that is not only found in „historic fabric" but also is expressed in form and design, in the historic location and setting and in the historic function. This has consequences not only for the principles of conservation that are relevant in the particular case, but also for the politics of conservation, for which different nations and regions may set different emphases in accordance with cultural diversity.

Today, monument protection and conservation are or at least should be a part of the self-image of every community, of every state party claiming to be a cultural state. There is no longer concern only with a comparatively limited number of "art and history monuments" which the so-called "modern cult of monuments" had in mind one hundred years ago, but rather –and this is perhaps the most important consequence of the definition of "monuments" in protection laws around the world – there is an attempt to give consideration to the entire wealth of monuments and sites that contribute to our understanding of the history of a pluralistic society. In Germany there are now supposedly almost a million listed historic buildings, plus historic districts (ensembles) and building complexes that encompass an even greater number of structures. On average, however, only about 3% of the current building stock is under monument protection, since in the 20th century, and particularly in the period since the Second World War, more "building mass" has been produced than in all the centuries before.

Dealings with monuments, real "objects of remembrance", have their particular appeal in a world that is increasingly determined by virtual experiences. In a world civilization in transition from an industrial society to a communication society, where everything is becoming banal and the same under the heading of globalization, conservation will also experience positive impulses which could have an effect on cultural politics. The global outlook opens up new opportunities for global conservation politics. Thus in the future we hope for a greater number of serious initiatives for the protection and conservation of monuments and sites on a worldwide level, and we expect more international exchanges of experience in practical issues of conservation / preservation.

Reflecting the role of monument conservation in the wide field of cultural politics one tends to forget that conservation is not only an important "school of architecture" especially for the treatment and use of traditional materials and techniques, but at the same time it is a challenge for new architectural and artistic developments. After all, conservation in the way it has developed since the 19th century has always been in close interrelation to the "modern" architecture of the time. However, since a certain "crisis" of modern architecture at the end of the post-war building boom and with the so-called "post-modern" architecture when anything seemed to be allowed once again ("anything goes"), the interrelation between conservation of monuments and sites and new architecture seemed once more fundamentally changed. To the horror of some colleagues it could even be stated that monument conservation itself has always been, so-to-speak, "post-modern" in dealing with the cultural heritage of all ages, monument conservation therefore being a kind of avant-garde in an "age" of Post-Modernism, which in certain expressions of its architectural language has in the meantime itself become history. At the beginning of the 21st century it is at least noticeable that compared with former decades modern architecture and town planning have far more possibilities to carefully integrate monuments and historic urban contexts. In the sense of a new "repair society" there is even a tendency to mitigate the destructive effects of brutal building projects. On the other hand, it cannot be denied that the strategy practised so far of constant renewal of large parts of the built environment is becoming more questionable, anyway. In the sense of the justly demanded ideal of a sustainable development it is very likely that, independently of questions of conservation / preservation and merely for ecological and economic reasons tomorrow's society will simply no longer be able to afford the extensive replacement of everything that has been built in previous centuries. Now already one of the main tasks of urban renewal is to repair and re-use existing buildings.

The special role of conservation in relation to trends in modern architecture as sketched here shows that in the future monument protection and conservation will be viewed not only from the perspective of cultural politics but also from environmental, economic and so-cio-political perspectives. The considerable economic significance of monument protection, maintenance and conservation/restoration is still underestimated. On the one hand it needs to be stated that the main-tenance and repair of historic buildings and districts requires appro-priate skilled workmanship, and thus also ensures jobs for the future; masons, carpenters, joiners, etc. with their traditional skills are needed. On the other hand historical architecture is of considerable importance for the "image" of a place, for the inhabitants just as much as for visitors from other countries. This is the reason for the relevance of conservation for the tourist industry, which uses and markets monu-ments as "attractions", – in some countries tourism even seems to be the only incentive for a kind of monument protection politics. Here we could ask if the globally operating tourist industry in particular should promote not only the (sometimes destructive) use of the cul-tural heritage but also its preservation. Under these circumstances it has so far been a disappointment that, despite the many assurances at countless conferences on the theme of tourism and preservation, there is a lack of commitment by the tourism industry, which by now with its sales in the billions is the most important branch of industry world-wide. In many cases the tourism industry exploits the cultural heritage through over-use that is sometimes ruinous, but does not ren-der any serious financial contribution to the protection and preservation of the cultural heritage. On the other hand, a community-based soft tourism naturally could have its positive effect on preservation. But the consequences of mass tourism, to which entire cultural landscapes have fallen victim over the last decades, are all too evident.

Future "politics of conservation" should not only be determined from the perspective of cultural and economic politics. In order to be successful it must also be accepted and supported by society. In this context the often neglected emotional basis of conservation quite defi-nitely plays a role: an emotional concern by society for the historic heritage which, thanks in part to the mass media with its generally very positive reporting on conservation issues in recent years, must be reckoned with by anyone who desires to disfigure, remove or destroy monuments, for whatever reason. Perhaps in the past we have not been sufficiently interested in certain values in our field that are more difficult to define in a positivistic sense, such as spirit and feeling. "Monument feeling" has to do with the aesthetic dimension, in the sense of enthusiasm for a work of art; as a "breath of history" it has to do with the historic dimension, beyond a strict historical or scientific understanding of conservation criteria. Is this monument feeling different at the beginning of the 21st century ? 100 years ago, particularly in Europe, national feeling, the pride in one's national history was considered as a mainspring for conservation. In his "Modern Cult of Monuments" published in 1903 Alois Riegl, the famous Austrian conservator, linked this monument feeling to his central concept of "age-value" expressed in traces of ephemerality. If Riegl's age-value has been connected with a certain longing for death –the 1900 fin de siècle idea of "letting things pass away in beauty" – in contrast now, at the beginning of the 21st century, a kind of longing for survival can be identified as an essential mainspring for our new "cult of monuments": an attempt to preserve memory in a world that is changing as never before.

Going beyond issues of cultural and economic politics, from our current perspective it is a self-evident, fundamental prerequisite in our field that the politics of conservation be viewed within the framework of a general environmental policy; conservation politics cannot be separated from environmental-political issues. Instead of going into detail here concerning the diverse connections between monument protection and environmental protection, a reference to the subject of air pollution and its horrible effects on monument fabric of stone, glass or metal will suffice. The aspect of a general environmental protection which aims at saving not only the natural environment but also the environment created by man in the course of his history – that means our "cultural heritage" including monuments and sites – is confronting all actors in conservation/preservations with new tasks. These tasks require much more than a consistent application of conservation methods and technologies, general "managing" and a smooth handling of administrative matters. We need new initiatives in the future, initiatives supported by society to combat the worldwide advancement of environmental destruction on a gigantic scale, and it can only be hoped that the dramatic consequences of global climate change will finally force the international community to fight together against the impending disasters (compare a series of articles in *Heritage at Risk 2006/2007, pp. 192–227)*.

Recognizing that such developments gravely threaten future generations, already the United Nations conference in Rio de Janeiro in 1992 agreed upon an action program for the 21st century, the so-called AGENDA 21, which formulates objectives and guidelines for politics and economics: the model for sustainable development. The programmatic demand for a unity of ecological, social, economic and cultural goals also opens new perspectives for conservationists and frees up the practice of conservation from a certain isolation that is sometimes perhaps too anxiously and dogmatically cultivated by professionals in our field. Conservation of historic buildings and ensembles together with their "setting", the natural or built environment in fact can offer crucial contributions to the model of sustainable development. As an alternative to the short cycles of demolition and construction that are usual today –and in the long-run represent an intolerable burden on our environment because of the materials that must be disposed of –historic building fabric in general proves to be comparatively long-lived. Besides, historic buildings usually consist of relatively solid building materials that are even "ecological" from today's perspective, among them structures that have survived over centuries: our historic building stock as an important "resource". Monuments serve as examples of the sustainability of products: "Five Hundred Year Guarantee" was the title of an exhibition on the subject of conservation and examples of sustainable development range from wooden windows that can be repaired again and again to entire urban ensembles. Conservation of monuments and sites as a trailblazer for the future? Regardless of how conservation politics might change in the future under perhaps quite different economic and social circumstances we can state that conservation of monuments and sites, a theme which was only peripheral during much of the 20th century, has become, in a surprisingly short period since the mid-1970s, an issue of public concern in many countries, an issue that has broad general support and receives much attention from the media: monument protection and conservation not as a fashionable trend, but as a general political concern.

Michael Petzet : Publications on Principles of Conservation /Preservation

Denkmalschutz und Umweltschutz, in: *Jahrbuch der Bayerischen Denkmalpflege,* 39 (1985), München 1988, pp. 15–22

Denkmalpflege und Kulturpolitik, in: Wolfgang Lipp (Hrsg.), *Kulturpolitik, Standorte, Innenansichten, Entwürfe, Schriften zur Kultursoziologie,* 11, Berlin 1989, pp. 215–235

Ergänzen, kopieren, rekonstruieren, in: *Das Denkmal und die Zeit, Festschrift fürr Alfred A. Schmid,* Luzern 1990, pp. 80–89

Grundsätze der Denkmalpflege, in: *Jahrbuch der Bayerischen Denkmalpflege,* 41 (1987), München 1991, pp. 227–239

Les ruines comme objets de restauration, théorie et pratique en Allemagne, in : *Faut-il restaurer les ruines? Actes des Colloques de la Direction du Patrimoine,* 10, Paris 1991, pp 32–35

Grundsätze der Denkmalpflege / Principles of Monument Conservation / Principes de la Conservation des Monuments Historiques (ICOMOS – Hefte des Deutschen Nationalkomitees / Journals of the German National Committee, X), München 1992

Reversibility – Preservation's Fig Leaf?, in: *Reversibilität – das Feigenblatt in der Denkmalpflege?* (ICOMOS – Hefte des Deutschen Nationalkomitees / Journals of the German National Committee, VIII), München 1992, pp. 81–85

Was heißt Reversibilität?, in: *Restauro,* 98 (1992), pp. 247–251

Praktische Denkmalpflege (mit Gert Th. Mader), Stuttgart / Berlin / Köln 1993, 2nd ed. 1995

Denkmalpflege heute. Zwanzig Vorträge zu grundsätzlichen Fragen der Denkmalpflege 1974–1992 (Arbeitshefte des Bayerischen Landesamtes fürr Denkmalpflege, 60), München 1993

Kopie, Rekonstruktion und Wiederaufbau, in: *Jahrbuch der Bayerischen Denkmalpflege,* 42 (1988), München 1993, pp. 175–179

Der neue Denkmalkultus am Ende des 20. Jahrhunderts, in: *Die Denkmalpflege,* 52 (1994), pp. 22–32

Der neue Denkmalkultus am Ende des 20. Jahrhunderts, in: Wilfried Lipp / Michael Petzet (Hrsg.), *Vom modernen zum postmodernen Denkmalkultus? Denkmalpflege am Ende des 20. Jahrhunderts* (Arbeitshefte des Bayerischen Landesamtes fürr Denkmalpflege, 69), München 1994, pp. 13–20

Grundsätze der archäologischen Denkmalpflege, in: *Jahrbuch der Bayerischen Denkmalpflege,* 43 (1989), München 1994, pp. 9–12

"In the full richness of their authenticity" – The Test of Authenticity and the New Cult of Monuments, in: *Nara Conference on Authenticity in relation to the World Heritage Convention,* Proceedings edited by Knut Einar Larsen, Trondheim 1995, pp. 85–99

Reversibility as Principle of Modern Conservation, in: *Restauro, quaderni di restauro dei monumenti e di urbanistica dei centri antichi,* XXIV, no. 131–32, 1995, pp. 81–89

"Nicht nur historische Dokumente konservieren, sondern Monumente pflegen" – Aspekte eines neuen Denkmalkults am Ende des 20. Jahrhunderts, in: *Denkmalkunde und Denkmalpflege, Wissen und Wirken. Festschrift fürr Heinrich Magirius zum 60. Geburtstag,* Dresden 1995, pp. 541–546

Konservierung, Restaurierung, Renovierung, in: *Restauratoren Taschenbuch* 1996 (hrsg. von Ulrike Besch), München 1995, pp. 111–121

Grundsätze der Denkmalpflege / Principles of Monument Conservation, in: Michael Petzet / Wolf Koenigs (Hrsg.), *Sana'a. Die Restaurierung der Samsarat al-Mansurah* (Arbeitshefte des Bayerischen Landesamtes für Denkmalpflege, 70, und ICOMOS – Hefte des Deutschen Nationalkomitees / Journals of the German National Committee, XV), München 1995, pp. 92–98

Rekonstruieren als denkmalpflegerische Aufgabe?, in: *Deutscher Kunstverlag 1921–1996, Geschichte und Zukunft,* München / Berlin 1996, pp. 50–59

Was heißt Authentizität? Die authentische Botschaft des Denkmals, in: *Restauratoren Taschenbuch 1998 (hrsg. von Ulrike Besch),* München 1997, pp. 141–161

Principles of Monument Conservation / Principes de la Conservation des Monuments Historiques (ICOMOS – Hefte des Deutschen Nationalkomitees / Journals of the German National Committee, XXX), München 1999

Politics of Conservation and Sustainable Development / La politique de conservation et le développement durable, in: *ICOMOS News, 9,* no. 3, December 1999, pp. 2–5

The Spiritual Message of Monuments and Sites, in : *Historická Inspirace / Sporník k Pocté Dobroslava Líbala,* Praha 2001, pp. 331–333

The Politics of Conservation on the Threshold of the Third Millennium, in: *More than Two Thousand Years in the History of Architecture, Proceedings of the International Congress, Paris 10 – 12 September 2001,* UNESCO 2003, pp. 26–28

Principles of Preservation. An Introduction to the International Charters for Conservation and Restoration 40 Years after the Venice Charter, in: *International Charters for Conservation and Restoration / Chartes Internationales sur la Conservation et la Restauration / Cartas Internacionales sobre la Conservación y la Restauración* (Monuments and Sites, I), 2nd ed. München 2004, pp. 7–29

Princípy ochrany kultúneho dedicstva, in: *Ochrana Kultúrneho dedicstva v medzinárodnych dokumentoch. 2. diel – Deklarácie.* ICOMOS Slovensko, Bratislava 2004, pp. 5–64

The Venice Charter – 40 Years Later / La Charte de Venise –40 ans plus tard, in: *The Venice Charter / La Charte de Venise 1964–2004–2044?* (Monuments and Sites, XI), Budapest 2005, pp. 138–142

Denkmalpolitik und Denkmalkultus an der Schwelle zum 3. Jahrtausend, in: *Jahrbuch der Bayerischen Denkmalpflege* 49-53 (1995-1999), München 2005, pp. 19–24

Remarks on the Theme of the Conference, in: *Nuevas Miradas Sobre la Autenticidad e Integridad en el Patrimonio Mundial de las Américas / New Views on Authenticity and Integrity in the World Heritage of the Americas* (Monuments and Sites XIII), San Miguel de Allende 2005, pp. 31–34

Introduction, in: *The World Heritage List, Filling the Gaps – an Action Plan for the Future / La Liste du Patrimoine Mondial, combler les lacunes – un plan d'action pour le futur.* An ICOMOS study compiled by Jukka Jokilehto, with contributions from Henry Cleere, Susan Denyer and Michael Petzet (Monuments and Sites XII), München 2005, pp. 12–15

Introduction, in: *The World Heritage List, What is OUV?* An ICOMOS study compiled by Jukka Jokilehto, with contributions from Christina Cameron, Michel Parent and Michael Petzet (Monuments and Sites XVI), Berlin 2008, pp. 7–10

Rekonstruktion als denkmalpflegerische Aufgabe / Reconstruction as a task for historical conservation, in: Bundesamt für Bauwesen und Städtebau (Hrsg.), *Jahrbuch 2007/08, Bau und Raum / Building and Space,* Hamburg 2008, pp. 26–31

Genius Loci – The Spirit of Monuments and Sites, in: Laurier Turgeon (ed.), *Spirit of Place: Between Tangible and Intangible Heritage,* Québec 2009, pp. 41–52

Genius Loci – The Spirit of Monuments and Sites, in: N. Stanley-Price and J. King (eds.), *Conserving the Authentic: Essays in Honour of Jukka Jokilehto* (ICCROM Conservation Studies, 10), Rome 2009, pp. 63–68

◪ 저자 김광식

서울 출생으로, 서울대 언어학과를 졸업하고 문화공보부(현 문화체육관광부)에서 공직생활을 한 이래 해외홍보와 문화예술 분야에 31년 재직한 문화예술행정가이다. 저자는 일본, 미국, 영국 및 홍콩 등 해외에서 모두 16년 동안 근무 활동하면서 풍부한 해외경험을 쌓았다. 국내에서는 해외공보관(현 해외문화홍보원) 외보과장(1973), 문화예술국장(1982), 국립중앙박물관 사무국장(1985), 국립영화제작소(현 한국정책방송원) 소장(1987)을 역임했고, 주일본문화원장(89-93)을 끝으로 공직생활을 마쳤다.

런던 주재시 City University of London 경영대학원에 주말반 학생으로 입학하여(88), 1990년 예술경영학석사(MA in Arts Management)를 받은 바 있으며, 1998년부터 4년 동안 고려대 석좌 연구교수(세종 캠퍼스)로 재직하면서 학부에서 매스컴론을, 대학원에서 문화재정책학을 강의하였다. 1999년부터 유네스코 문화유산 보존업무에 관계하기 시작하여, 현재 ICOMOS(국제기념물유적협의회) 한국위원으로 세계문화유산 보존분야에 활동하고 있다.

저서로는 『세계의 역사마을 1』(눈빛, 2005), 『세계의 역사마을 2』(눈빛, 2009), 『세계의 역사마을 3』(눈빛, 2013)이 있고, 『유네스코 세계유산 만들기』(2013, 시간의물레), 『문화와 정책 - 지난시대를 회고하다』(2013, 시간의물레) 등이 있으며, 번역서로는 『일본군국주의를 벗긴다』(화산출판사, 1996)가 있다.

오늘의 문화유산 보존과 활용

Cultural Heritage Conservation Today
International Principles And Practice

초판 1쇄 2013년 12월 27일
초판 2쇄 2014년 7월 7일
편 저 자 김 광 식
발 행 인 권 호 순
발 행 처 시간의물레
등록번호 제1-3148호
주   소 서울시 마포구 마포대로 4다길 3(1층)
전   화 02-3273-3867, 070-8808-3867
팩   스 02-3273-3868
이 메 일 timeofr@naver.com
I S B N 978-89-6511-080-4 (93300)
정   가 17,000원
* 잘못된 책은 바꿔드립니다.

【저자의 다른 책들】

문화와 정책 –지난 시대를 회고하다
김광식 지음

가격: 16,000원,
ISBN: 978-89-6511-079-8

이 책『문화와 정책: 지난 시대를 회고하다』
에서는 1970년대 말에서 1990년 문화공보부
가 폐지되었던 시점까지의 정책과, 문화부와
공보처로 분리된 1990년대의 문화미디어 정책
을 주로 다루었다.

유네스코 세계유산 만들기
김광식 편저

가격: 15,000원,
ISBN: 978-89-6511-078-1

이 책은 필자가 세계유산 등재활동에 참여한
경험으로 세계유산을 공부하려는 이들과, 유
사한 유산을 등재하려는 지방자치체에 도움
이 되고자 출판하였으며, 새로운 개념의 문
화유산인 '문화루트'를 소개하고 있다. 부록
에서는 세계유산 운영지침 중 '탁월한 보편
적 가치(OUV)'의 '기준'을 발췌·소개하였다.